*Biblioteca de visionarios,
heterodoxos y marginados*

Recitarios astrológico
y alquímico

© Copyright, 1977
Editora Nacional, Madrid (España)
I.S.B.N.: 84-276-0404-1
Depósito Legal: M. 37.253-1977
Impreso en GREFOL, S. A. Pol. II, La Fuensanta
Móstoles (Madrid)
Printed in Spain

DIEGO DE TORRES VILLARROEL

Recitarios astrológico y alquímico

Preparada por
José Manuel Valles

EDITORA NACIONAL
Torregalindo, 10
Madrid

A Mercedes Pelayo, adepta.

> *«Tú,*
> *luna errante*
> *por la otra mitad del cielo.*
> *Yo,*
> *errado y bien herrado.»*
>
> (HELENA DELAZ: *Teach white down S.E.)*

CONTENIDO

Muchas gracias	13
Mea culpa	15
INTROITO O PROLOGO de prólogos, que incluye uno a don Diego en su sepultura	17
TORRES VILLARROEL Y LA CULTURA ESPAÑOLA DEL SIGLO XVIII	33
RECITARIO PRIMERO, QUE ES ASTROLOGICO ...	39
Los ciegos de Madrid	81
RECITARIO SEGUNDO, QUE ES ALQUIMICO	105
El hermitaño y Torres	113
La suma medicina, o piedra philosophal de el hermitaño	221
ANEXO QUE CONTIENE LAS LLAVES QUE ABREN LA ENTRADA AL CERRADO PALACIO DEL REY	259
TRATADO DE LA ANALYSIS DEL ARTE DE LA ALCHIMIA, PARA NORTE DE SUS AFICIONADOS Y ALUMNOS, por F. Antonio de Texeda (Theophilo)	281
MORALEJA	335

MUCHAS GRACIAS

A ti, lector, que acabas de introducir tus narices en este libro. El tiempo que pierdas arropado entre sus páginas te lo ahorrarás de vivir, que a veces es un fastidio.

A Josefina-escorpión, astróloga racional, que me ilustró ampliamente sobre el paraje de Venus, en la conjunción de Cibeles, el Sol y la hora del vermut.

A Maricruz Palacios, que, con sus valiosas noticias acerca de las operaciones prácticas del *elixir* y de la *Piedra*, contribuyó a avergonzar algunas de mis perplejidades.

A Luis Javier Ruiz, que se preocupó de que se hiciera este Recitario.

A Asunción y Eulogio, que se preocuparon de que se hiciera este autor.

A María Jesús, que mecanografió todo el manuscrito.

A Hetty Vanderlinden, que solventó con pericia todas las dificultades técnicas que surgieron durante la comunicación con los espíritus.

A María Luisa, teórica insigne de la lucha de clases entre el cerebro y la pelvis, que me apartó de la estéril metafísica del womo.

A Pablo Aguilera, que nos contamos la vida de vez en cuando.
A Wolfgang Vogt, que, sin saberlo, me puso sobre la pista de Torres, a pesar de Jovellanos.
A Carmen Mira, que pasó por aquí.
A Miguel Jiménez Monteserín, que me alentó a engolfarme en rudas investigaciones.
A Nacho Marcuello, que me desalentó.

MEA CULPA

Este Recitario —que contiene algunos retazos de retozonas recetas— es, porque así debía ser, cacofónico rosario de disparates. Son éstos de dos clases: *antiguos* —que son los del Torres, el Texeda, y otros autores a quienes pude pellizcar algún juicio—, y *novedosos* —que son las hebras con que he hilvanado la extraña sarta de rosas blancas, rubias, morenas y castañas (éstas sobre todo) que adornan este Purgante, Rosario, Recitario o Refritario.

Los viejos como los nuevos puede guisárselos cada cual como le parezca, que el mal estómago que les ponga el lector no hará que se caiga de este libro una sola letra.

INTROITO O PROLOGO
de prólogos, que incluye uno
a don Diego en su sepultura

«*Los Autores de Libros son (regularmente) unos licenciados tenebrosos, pajizos, tristes, severos, tabacones, confusos, embadurnados de una presunción pegajosa, y sumidos en las honduras de aquella gravedad desconsolada con que se crían en las oscuras cavilaciones de sus aulas, universidades y colegios. Sus tareas se rezuman también de las ceñudas extravagancias de su educación y su melancolía; porque nos remiten desde sus bufetes unos volúmenes regañones, hoscos y tan satisfechos de sus máximas que desde el pergamino empiezan jurando la utilidad y la doctrina.*»

(Torres Villarroel, del «Prólogo General» a sus Obras.)

«*Metido estoy en el Gremio más numeroso y más venerable de los doctos de Es-*

paña, y cada día me siento más rudo en las materias que continuamente estoy construyendo y manoseando. Antes de ser Doctor bien sabía yo que era necio; después que soy graduado, me quieren persuadir a que me barrieron con la borla del bonete las ignorancias de la cabeza; pero a cada hora me miro más cubierto del polvo de las indiferencias y las locuras. Yo no podré negarme lo maestro ni lo doctor, porque son alhajas que se dan en las universidades, y éstas por la gracia de Dios las guardo y las tengo con mucha honra: pero lo sabio y lo entendido, ni yo sé dónde se imprime, ni dónde se vende, ni yo lo he comprado, ni lo he hurtado, y mírenme todo, verán cómo soy hombre, aunque alegre de juicio, amante solamente de la verdad y la razón.
(...)
Nunca tuve traza, inclinación, medios ni lugar para ser estudiante; siempre caminé vago y altanero sin libros y sin voces, que son las muletas que sostienen y dirigen a los racionales a la sabiduría. Las ciencias en que yo manifesté alguna inclinación estaban aborrecidas y arrojadas de los estudios públicos y Universidades de España.
(...)
... ni cito Autores, ni textos en mis papeles; solamente hablo muy rara vez de alguno; y no para apoyo de mi sistema, sino porque casualmente se me vino a la pluma y me pareció soberbia y desprecio callar su doctrina. Tampoco sigo la cos-

tumbre escolástica de silogizar: Lo primero, porque yo no escribo para los porfiados Lógicos, ni los juguetones Dialécticos; sino para los puros Políticos que desean entender algo de lo que se grita en las Escuelas. Lo segundo, porque no es necesario para persuadir una opinión o paradoja vestirla con los relumbrones de los ergos, y los farrapos del Barbara celarem. *Lo tercero, porque tengo ojeriza a esta casta de locuciones, porque la contemplo chismosa y llena de artificios y yo deseo hablar claramente con todos, y en todo. Y lo cuarto, porque tengo devoción a no desazonarme, y no siempre hemos de estar los Escribientes debajo del gusto de los Lectores; y quiero quedar con algún contento, ya que me expongo a quedar mal pagado. No escribo en latín porque apenas lo entiendo; y en ese idioma lo más que conozco son algunas voces facultativas y otras muy consonas a mi lenguaje nativo: ahora estoy aprendiendo a hablar castellano, no sé cómo saldré de este intento. Si Dios quiere que en el círculo de diez años entienda alguna cosa, trabajaré después en la inteligencia de la latinidad.*
(...)
Si con estos avisos que te doy en la puerta de este Prólogo te atreves a entrar dentro de la obra, pasa adelante, y cúlpate a ti si no tropiezas con la diversión y la doctrina; que yo bastante hago contra mí en hablarte con esta claridad, lo que no hace ni ha hecho ninguno de los contrabandistas y faranduleros de las letras,

pues todos te prometen en sus tiendas grandes géneros, y suelen salir con unas drogas podridas, rancias y caducas.»

(Torres Villarroel, del Prólogo a su Anatomía de todo lo visible e invisible..., *1738.)*

Don Diego de Torres Villarroel —astrólogo, catedrático, alquimista, sacerdote y torero— está enterrado en el buche de unas famosas cuevas que hay en Salamanca. Hállanse éstas ocultas tras las candilejas de la Universidad; y es fama que quienes allí penetran corren gravísimo riesgo de perder su sombra, lo que no es de maravillar dado que las luces faltan tanto fuera como dentro.

El Obispo Lanciano (*Abdita rerum*, lib. III) es quien ofrece el panorama más completo de las diversas creencias referidas a estas cuevas. Acoge, entre muchas otras, la especie de que no fue otro que el divino Platón el primero en dejarse la sombra enredada entre los cuernos de los doctos cavernícolas infernales.

Comenta Lanciano que en el tiempo primordial no existía separación entre las cuevas y la ciudad. Eran la misma cosa. Todos aquellos hombres y mujeres eran fuertes, sabios y no adoraban dioses.

Así pasó mucho tiempo.

Un día cayó una piedra del cielo, y muchos la adoraron: edificaron un templo grandioso [1], se apro-

---

[1] Notamos aquí una aparente contradicción entre la versión de Lanciano, que adscribe la «construcción del Templo» entre las

piaron todo el ganado, e hiçieron la guerra a los demás, matando muchos y esclavizando a los restantes. Los pocos que pudieron escapar a la masacre y a la servidumbre tuvieron que refugiarse en las cavernas. Allí cultivaron la antigua sabiduría y, de su comercio carnal con los diablos autóctonos íncubos y súcubos, se originó una raza innumerable e innombrable de malditos, que crecieron, se multiplicaron, se dividieron y llenaron la tierra... por dentro.

Diego de Torres fue un descendiente de estos precitos por partida doble. Salió de los senos de la tierra envuelto entre flatulencias de un maloliente regüeldo ctónico que conmovió todas las esferas superiores, y abolló por todas partes sus cristalinos contrachapados en forma nada aristotélica. Salió, pues, de los entresijos de la tierra y, aburrido del mundo que amanecía a sus ojos, se tumbó bajo un árbol a soñar. Lo cual hizo con ronquidos tan desgañitados que hasta los muertos se sacudían las legañas de su conformidad y acudían con todo el mundo a comprar los bostezos de Torres.

Cuando despertó éste, desengañado y cansado al fin de ser pastelero de su propia Vida y panadero de las ajenas, decidió recoger el zurrón y volver a la

---

cualidades negativas, y la concepción masónica, que, como es sabido, resulta exactamente la opuesta. La clave que deshace el equívoco se halla en la doble concentración de simbolismos sobre la imagen prometeica de Caín. Según Lanciano, Abel era ganadero; recibió los favores del Sol —la piedra sagrada— y le construyó un templo. Caín era agricultor y artesano; jamás fue constructor de templos, como quieren los Hijos de la Viuda, sino solamente filósofo. Y *fabricó* la Piedra.

Este texto impío del mismo Lanciano (obispo sin grey, hereje y aficionado al horno químico) nos aclara la cuestión definitivamente:

"Dijo entonces el Hombre: 'Hagamos a Dios a nuestra imagen y a nuestra semejanza, para que domine...' Y Dios fue hecho. Y el Hombre le abandonó el Paraíso. Y Abel mató a Caín por los siglos de los siglos."

caverna, cosa que efectuó sin sentir en absoluto la mudanza.

(Hasta tal punto «las tinieblas que hay arriba son como las que hay abajo», que dijo Hermes Trimegisto, corrigiendo y aumentando el cervantino «asno se es de la cuna a la mortaja».)

«Mi vida, ni en su vida ni en su muerte, merece más honras ni más epitafios que el olvido y el silencio. A mí sólo me toca morirme a escuras, ser un difunto escondido y un muerto del montón, hacinado entre los demás que se desvanecen en los podrideros. A mis gusanos, mis zancarrones y mis cenizas deseo que no me las alboroten, ya que en la vida no me han dejado hueso sano.»

«Y finalmente, si mi vida ha de valer dinero, más vale que lo tome yo que no otro; que mi vida hasta ahora es mía, y puedo hacer con ella los visajes y transformaciones que me hagan al gusto y a la comodidad; y ningún bergante me la ha de vender mientras yo viva; y para después de muerto, les queda el espantajo de esta historia, para que no lleguen sus mentiras y sus ficciones a picar en mis gusanos. Y estoy muy contento de presumir que bastará la diligencia de esta escri-

tura, que hago en vida, para espantar y
aburrir de mi sepulcro los grajos, abejones y moscardas que sin duda llegarían a
zumbarme la calavera y roerme los huesos.»

*(Torres Villarroel, de la «Introducción» a su
Vida...)*

El Gran Piscator de Salamanca yace sepultado bajo una montaña de papel impreso, amortajado en los catorce tomos de sus Obras, que recopiló él mismo en 1752. Un verdadero tesoro polvoriento sobre el cual ha acumulado el tiempo (y los hombres) su enorme boñiga de olvido.

Hemos bajado al fondo de la caverna y excavado con uñas y dientes aquellos dos costrones que recubren el corpachón de nuestro amado difunto.

Nada extraordinario hemos visto allí, salvo que Torres todavía hiede a *perro* muerto, de lo que conjeturamos que es bienaventurado, pues en vida nada buscó con más afán que venderse como *cínico* y, sin embargo, ser tenido por discreto.

Como no se movía, ni abría los ojos, ni dejaba de bailarle en la calavera cierta mueca burlona que tenía trazas de llevar allí más de doscientos cincuenta años, me colgué de sus orejas, y le descerrajé la osamenta con el siguiente

PROLOGO
O ARCABUZAZO A TORRES, QUE LE DIRIGE UN LECTOR
QUEMADO POR LOS INNUMERABLES QUE DE AQUEL SUFRIO

Me encontraba, no hace mucho tiempo, pordioseando a la puerta del Hospicio de la Historia, convertido en mero unto de sus umbrales, con las carnes descosidas y sobreabundantes en roñas y erupciones, agresivos y elocuentes los muñones, y devorada el alma por tres horribles llagas que mordían en lo Natural, en lo Moral y en lo Político, respectivamente.

Siendo desmembrado de todas partes menos de una, me veía obligado a reptar arrastrando el vientre que, cesante como estaba, accedía gustoso a desempeñar tan bajo cometido, por olvidar el suyo propio.

Mantenía con grandes dificultades mi cuasi-ser en cuarto menguante, disputando a las ratas las caridades y los desperdicios del santo Convento, hasta que —aleccionado por la experiencia de ver gordos a los de dentro, siendo tan burros como los que merodeábamos extramuros— tomé la determinación de marchar lejos a buscar fortuna. Era mi ánimo iniciar alguna noble y esforzada empresa que me diera gloria y dineros, una modesta dignidad tonsurada o, quién sabe..., alguna de esas sabrosas canonjías de ama en cama y peces alados por Cuaresma.

Preparé todo lo necesario y partí en dirección a Salamanca, tomando como guía al ciego Cosme Mocorroño, que juró socorrerme como luminaria hasta tu mismísimo sepulcro.

Y aquí he llegado, Grande Piscator, para rogarte que me seas propicio y me ayudes a mejorar mi suerte, dejándome tu Vida (que tan en desuso veo) por ver si puedo, como tú, hacerla oro.

Préstame tu cuerpo —que son tus obras— para que busque en sus simas los Pronósticos que corresponden a mi siglo (que este ciego berreón sabrá pregonarlos) y examine tu anatomía, tentándote —como me fue encomendado— lo visionario, lo heterodoxo y lo marginado que en ella se encuentre. Y, aunque una vez dijiste que «A los muertos, ni los sube ni los baja, ni los abulta ni los estrecha la honra o la ignominia con que los sacan segunda vez a la plaza del mundo los que se entrometen a historiadores de sus aventuras; porque ya no están en estado de merecer, de medrar, ni de arruinarse», no seas aguafiestas y permite que yo al menos lo intente, que tengo que vivir.

Puso fin a mi parlamento la batería más loca que he oído en mi vida. La carcajada de Torres corría tras sus quijadas, que rodaban desencuadernadas por el suelo; el resto de la huesa acompañaba con un ritmo tropical bastante heterodoxo. Y algunos costillares, muelas y vértebras yacían por doquier, tristemente marginados.

Yo no salía de mi estupor, y el ciego y feo Cosme se quedó viendo visiones.

TORRES VILLARROEL Y LA CULTURA ESPAÑOLA DEL SIGLO XVIII

La actitud restauradora como ascesis estética

(COMPRENDE DOS RECITARIOS)

ADVERTENCIA AL LECTOR INGENUO Y ANIMOSO

Acabo de ahorcar de la página que has pasado un título formidable, enorme, ceñudo y tonto como el mismísimo Jerepe que asustaba mis noches de mil novecientos cincuenta y seis. Mas no le hagas ascos, que no muerde. Tras las centellas del epígrafe no pondré munición, que éste no parece momento ni lugar apropiados para las maniobras de artillería. Me limitaré a zurcir mi sermón, como cualquier otro fray Gerundio, de los retales que encuentre más a mano, sin olvidarme de soltar de vez en cuando alguna que otra impertinencia de cosecha propia. Pues en esto ha de consistir todo buen Re-citario o «libro a cachos».

No es posible conocer a Torres sin sentirse inmediatamente implicado, seducido, obligado a amarle o a huir de él. Por ello, nosotros no hemos podido resistirnos al impulso que lleva siempre a imitar al amigo en los menores detalles, a copiarle sin querer gestos, palabras y maneras, apropiándonos indiscriminadamente todas sus locuras y, por lo general, formando en nosotros una imagen del modelo pobre, sin brillo y adulterada, hija boba y malcriada de nuestra admiración.

Eso es lo que hemos hecho en el desdichado Prólogo que antecede; y consuélese el lector, que, si a él no le gustó, a nosotros tampoco.

Ahora, sin embargo, nos es preciso adoptar un aire más frío y circunspecto, poner distancia a nuestros afectos, y eruditos cilicios a nuestra risa, porque deseamos ser recibidos en las solemnes estancias donde languidecen, lujuriosas de afeites, ciertas sesudas materias que se nos ha antojado cortejar en las páginas que tras ésta amenazan. Y nadie se alarme, que la cortesía tendrá su crecida ley de chichisbeo, y las novias han de quedar finalmente burladas, deshonradas y escarnecidas.

No hay cosa más instructiva para cualquier joven deseoso de ver el mundo que asomarse un poco al hospicio de la Historia, que es una de las más oscuras oficinas del Gran Teatro de las Burocracias Culturales.

En ese siniestro Tártaro donde no penetra jamás luz alguna (si no es para agonizar y morir), se arrastran multitud de condenados: sísifos eternos de piedra-arriba, piedra-abajo, y vuelta a empezar; penélopes adustas que envejecen tejiendo y destejiendo incansables desde la guerra de Troya, insensibles a toda seducción no estrictamente «textil»; legiones inmensas de torturados obreros de la piedra tallada y pulimentada que luego acarrearán con reverente paciencia de acémilas hasta los sumos sacerdotes-arquitectos, ocupados unos en construir de día y otros en destruir por la noche. Pirámides y pirámides que se alzan un día y se desmoronan otro porque su base es la mentira, su cúspide la ambición, y en su interior sólo viven los muertos. Y, en fin, bella e inmutable, lejos de allí, la Gran Esfinge, a quien todos aman de palabra pero ninguno de obra, que permanece virgen, aburrida de sus enloquecidos y ridículos amantes.

Hemos introducido en la cochambre nuestros cuerpos hábilmente disfrazados, engolada la voz, grave el acento, ceñuda la mirada y cruzadas las piernas en caprichoso churrito tecnocrático.

Así aparejados, a modo de eruditos escarabajos de la patata, hemos conseguido amasar una bonita pelota de mugre y papiro que, rodando rodando, acabó convirtiéndose en el curioso recitario que sigue a continuación.

RECITARIO PRIMERO

QUE ES ASTROLOGICO

«Sintiendo mis pasadas fortunas y llorando el tiempo perdido de mi vida, me hallé en esta Corte roto y hambriento, cargado con veinte años y cincuenta calamidades. Ya me reprehendía el tiempo, que me acusaban mis obligaciones, la melancolía empezó a reírse de mí, la confianza a zumbarse, a darme brega la flojedad, y últimamente a aguijonearme la desnudez y la flaqueza, que son dos espuelas que hacen brincar al espíritu más remolón. Acosado del conocimiento y perseguido de mi necesidad, eché el discurso y la diligencia a la solicitud de una decente oficina para gastar y acabar de romper en ella la raída vitalidad que me quedaba. Apetecían mis perezosos talentos unas tareas entre mecánicas y escolares, que al paso que me entretuviesen, me alimentasen, huyendo siempre de pedir a otra mano mis alivios. Con esta meditación y deseo registré mi salud, reconocí mis miembros, visité mi cabeza; y después de haber recorrido la larga y estrecha choza de mi racionalidad,

> *mendigando al cuerpo sus fuerzas y sus discursos al alma, sólo me socorrió la memoria con mostrarme unos retazos astrológicos, que, como enredos y no con alhajas, había guardado en los primeros años de mi juventud. Examinada, pues, la opinión del oficio, me pareció menos vileza ponerme a matemático que a sastre, ladrón, lisonjero o embudista; y firme en este propósito, me acabé de arropar en la tienda astronómica, y salí en estatua con mis adivinaciones por esas calles, gritado de ciegos y perdularios.»*

(Torres Villarroel, Diego de: Visiones y visitas de Torres con don Francisco de Quevedo por la Corte, *Edición de Russell P. Sebold. Clásicos Castellanos. Espasa-Calpe. Madrid, 1966. Páginas 149-150.)*

En 1718 publica Torres Villarroel el *Ramillete de los Astros*, que es su primer almanaque y, como señala Guy Mercadier [2], quizá su primera obra impresa, si bien Antonio de Villarroel y Torres, en la relación de obras con que termina el panegírico de su primo, al principio de la *Anatomía de todo lo visible e invisible...* (1738), menciona otras actividades astrológicas (más tempranas, al parecer) como traductor y divulgador del «Gran Piscator Sarrabal de Milán». Este Sarrabal fue un astrólogo italiano que vivió en el siglo XVII; sin embargo, en el XVIII todavía seguían haciéndose almanaques con su nombre, y gozaban de gran popularidad en España. El mismo Torres, como vemos, aprovecha esta popularidad adoptando incluso el nombre de «Gran Piscator» [3].

Desde aquel primer almanaque de 1718, los Pronósticos de Torres no dejaron de salir al público cada año, durante los cincuenta siguientes, con su

---

[2] TORRES VILLARROEL, Diego de: *Vida...*, edición de Guy Mercadier, Clásicos Castalia, Madrid, 1972, pág. 111, núm. 98.

[3] Se encuentra gran cantidad de referencias a este Piscator Sarrabal en las obras de Torres; es uno de los corresponsales del *Correo del otro mundo*, etc. Por otra parte, GONZALO ANTONIO SERRANO (el Gran Piscator Andaluz), en su *Theatro Supremo de Minerva*, imita a Torres dialogando con este personaje.

extraña mezcla de útiles cómputos cronológicos, recetas de medicina casera [4], predicciones astrológicas envueltas en unas coplillas misteriosas e inquietantes de puro zumbonas; y, en fin, esas Introducciones al juicio del año que, por la misma brevedad y libertad de su asunto, son indudablemente lo más sabroso de los escritos torresianos. En la farragosa relación que de éstos hace Palau, figuran reseñados los Pronósticos de todos los años hasta 1767 (inclusive), si bien no menciona en absoluto el ya citado de 1718, del cual se conserva un ejemplar [5].

Torres recogió en la edición de sus *Obras* de 1752 todos los Pronósticos que tenía publicados desde 1725 [6]. Esta colección es, por tanto, muy amplia, llenando totalmente el tomo IX y casi la mitad del X de las *Obras*. No se recogen, sin embargo, los almanaques tal como fueron publicados, sino sólo en extracto, suprimiéndose todo el aparato cronológico, astrológico, meteorológico y médico.

Que yo sepa, sólo Russell P. Sebold ha concedido a estos almanaques la importancia que merecen. En un trabajo reciente, titulado *Novela y autobio-*

---

[4] En 1731, además del Pronóstico correspondiente a este año, publicó Torres un «doctor a pie», cuyo título completo expresa perfectamente sus inquietudes divulgadoras de una medicina popular, sencilla y barata: *El Doctor a pie, y medicina de mano en mano. Lunario saludable, recetas útiles, y doctrina barata, para mantener a los cuerpos sanos en su presente sanidad, y redimir a los enfermos del tyrano dominio de los que se llaman «Doctores», y de las temporales dolencias ocasionadas de los influxos celestes en este año de 1731.* Este papelillo mínimo (3 h. y 9 p. en 8.°) contiene, además de curiosísimos remedios y prevenciones de todo tipo de achaques, un breve Prólogo que nos parece el más certero y contundente manifiesto contra la profesión médica.

[5] Mercadier da la referencia exacta. Ver *loc. cit.* anteriormente.

[6] Ya en 1739 había dado a luz una primera colección de Pronósticos, recogiendo los de los años 1725-1739.

Por tanto, el célebre de 1724 —que pronosticó la muerte del desdichado Luis I— no fue incluido y se ha perdido.

grafía en la «Vida» de Torres Villarroel[7], que incluye como apéndice un breve análisis literario de los «Pronósticos» y una antología muy reveladora, leemos lo siguiente:

> «Los Pronósticos de Torres son desde un punto de vista muy conocidos, pues uno de los detalles más pintorescos y repetidos de todo el folklore relativo a Diego es el hecho de que fue astrólogo, el célebre Piscator de Salamanca; mas, por lo que respecta a los mismos textos de sus almanaques, tan populares y de circulación tan extensa en el XVIII, pocos escritos torresianos hay que sean hoy peor conocidos. Los pronósticos meteorológicos contenidos en los almanaques de Villarroel, es evidente que carecen en absoluto de interés y ya se omitieron cuando se hizo una antología del «Piscator» en los tomos IX y X de la edición de las Obras completas que se imprimió al cuidado del autor (Salamanca, Imprentas de Pedro Ortiz Gómez y Antonio Villagordo, 1752); los pronósticos de sucesos políticos, en los que la prosa alterna con versos detestables, se incluyeron en dicha antología, pero no tienen ya sino el interés anecdótico de meras curiosidades históricas; y aun las dedicatorias y los prólogos de los almanaques, que son algo más interesantes para los especialistas en la obra de Torres y la literatura dieciochesca, poseen escaso valor literario. En cambio, la «Introducción», que sigue al Prólogo de cada Pronóstico y cuyo tema suele dar origen al título general del respectivo almanaque, manifiesta, en la mayoría de los ca-

---

[7] Ariel, Barcelona, 1975.

sos, una intención y un contenido marcadamente literarios, a la par que una técnica sorprendentemente moderna» (Ob. cit., págs. 153-154).

Entendemos el texto de Sebold como el juicio de un especialista; de ahí que le interesen los Pronósticos sólo por lo que puedan tener de puramente «literario». No queremos decir que no considere otro tipo de cuestiones más o menos conexas con lo literario: al contrario, es grande su empeño en relacionar la modernidad de la técnica narrativa de Torres con las más avanzadas concepciones filosóficas de su tiempo, en la línea empirista e inductiva de tradición baconiana. Es más, en su Introducción a la edición de las *Visiones y visitas...* ya citada, Sebold planteó de forma magistral el controvertido tema de las ideas científicas de Diego de Torres. Pero siempre en relación con su obra literaria y en apoyo de la modernidad, de su técnica narrativa: Profesionalidad obliga.

Sin embargo, nuestro punto de vista quiere ser «histórico». A pesar del carácter vagamente deambulatorio de estas páginas, que sólo pretenden «sugerir algunas lecturas posibles», como se dice displicentemente en la jerga intelectual de nuestros días. A pesar del carácter necesariamente fragmentario de estas notas, nos gustaría dejar en ellas bien clara la impresión de un Torres multidimensional, casi corpóreo, o al menos lo suficientemente contradictorio para que siga interesando. Por eso decimos que queremos mirarle con los anteojos de la historia sin adjetivos..., si bien con las naturales reservas que provienen: *a)* de la observación curiosa de lo que hacen los historiadores; y *b)* de una depravada inclinación a la genealogía nietzscheana.

Esperemos que tal perspectiva «histórica sin adjetivos», aun sin librarnos totalmente de los fetiches culturalistas, nos permita arrancar el nombre de Diego de Torres de los inventarios etiquetados de las Historias de la literatura, y sacarle también del escalafón infame de algunas Historias de la Ciencia que tienen a bien incluirle en calidad de payaso.

Todo este trasiego de sacar nombres y echar fuera autores lo emprendemos fundamentalmente porque es de nuestro gusto; pero también porque creemos que es justo que se conozca mejor a un hombre que se atrevió a escribir de las cosas más *serias* con el mayor desparpajo y no poca lucidez. El día que se escriba una verdadera «Historia de la Imaginación» (que es una de las partes principales de la Historia de las ciencias, y viceversa) habrá que considerar muy seriamente cosas como la Astrología, y estudiar la historia de los influjos de la mente humana sobre el mundo sublunar a través de los astros. Entonces se verá con claridad que estos efluvios se componen de números y de palabras jugando eternamente a crear el mundo.

El caso de la Alquimia es muy semejante, y así lo podremos ver más adelante, sobre todo en el propio texto torresiano sobre la Piedra.

Pero es que, además del extraordinario valor que pueden tener las obras de Torres Villarroel para intentar comprender el desarrollo y la estructura del discurso imaginativo en los albores españoles de la Razón Métrica Decimal, en sus obras «científicas» (e incluso en las «literarias», ya que las fronteras afortunadamente no están claras) nos encontramos una serie de materiales fundamentales para cualquier «historia del pensamiento español» al uso (ciencia, técnicas, filosofía, religión, etc.).

No es que Torres sea innovador de la ciencia de su tiempo: en este sentido, creemos que no es «digno» de figurar en esas a-históricas Historias de la Ciencia rellenas de nombres de inventores y descubrimientos. Pero sí que ha de ser tenido en cuenta en todo estudio del pensamiento científico, o filosófico, etc. —otra vez los compartimentos— de la España del Setecientos.

Sus doctrinas no son avanzadas ni originales (como «científico»), sino en el modo de exponerlas. Pero se sustentan profundamente de la masa de ideas dominantes en la época y, por esto mismo, reflejan su crisis y se insertan de algún modo en las características y las limitaciones de la nueva problemática que se está gestando. Y, sobre todo, son imprescindibles porque provienen de una práctica académica y porque fueron piedra de toque en las polémicas filosóficas de los años veinte de aquel siglo.

Queremos decir, pues, que —en una verdadera historia social de las ideas, que no puede dejar de ser a la vez historia ideológica de las sociedades— Torres dejaría de ser ese cátedro grotesco, representante típico de la España oscurantista y supersticiosa contra la que lucha el paladín Feijoo. Y sus obras pasarían a ser una fuente interesante para el estudio de la larga etapa de crisis ideológica que se declara abiertamente en la segunda mitad del siglo XVII (1680 parece ser una fecha crucial en muchos sentidos) y que va a alcanzar un leve período de brillante equilibrio aparente durante los años económicamente expansivos de la segunda mitad del siglo XVIII —que son los años en que se produce la incorporación activa de España a la ciencia europea—, para volver a agudizarse a finales del siglo con los nuevos problemas que suscita la Revolución francesa. Estos últimos años del siglo —y los primeros del XIX— suponen un colapso general de la ciencia española, debido fundamentalmente al endurecimiento de las posiciones tradicionales más intransigentes, como consecuencia de un fenómeno semejante que se produce en los ámbitos político y religioso.

Es hacia estos últimos años del XVIII cuando se definen —con una nitidez ya muy cercana a nuestra comprensión vulgar— los términos antagonistas del típico enfrentamiento ideológico y social entre «progreso» y «tradición» (o atraso), que es paralelo al dualismo entre «revolución» y «reacción», y cuyas causas están estrechamente ligadas. Es, en suma, el origen de las famosas «dos Españas».

Sin embargo, conviene no perder de vista la cronología, y tener muy presente que, aunque se haya asimilado a planteamientos posteriores, la lucha ideológica en la primera mitad del XVIII —en sus aspectos científicos o filosóficos— no se planteó como un enfrentamiento entre dos visiones del mundo redondas, completas e incompatibles entre sí, sino que a menudo se centró en cuestiones que a nosotros nos parecen hoy «marginales», «accidentales», etc. Se trataba, en suma, de un tiempo en el que ni lo «antiguo» había muerto, ni lo «moderno» había terminado de gestarse plenamente.

El siglo XVIII ha tenido la rara fortuna de ser catalogado como «ilustrado»: ahí se ha quedado, con sus primeros cincuenta años, desiertos, vaciados espantosamente de toda noticia que no esté presidida por la «gigantesca» figura del benedictino, «padre de la ilustración» y campeón de la ciencia moderna en España.

El Padre Feijoo parece llenar por sí solo toda la primera mitad del siglo en lo que respecta a la cultura española del setecientos.

Tamaño luminar en tiempos tan ilustrados y esclarecidos debiera habernos dejado el siglo tan clarito que no tuviéramos sino abrir los ojos para ver todo lo que contiene sin necesidad de bucear en él. Sin embargo, no tenemos realmente más que un inmenso rosario de negras lagunas, de silencios, que suelen disimularse, sin demasiada voluntad, con unos retazos de clisés viejos que no pueden llenar en extensión tan gran vacío; no digamos en profundidad.

La consecuencia más lamentable de todo ello es que precisamente aquel fenómeno que tanto solicita la atención general —en este caso la Ilustración— acaba por explicarse a sí mismo, perdiendo absolutamente su «contexto» diacrónico real, y convirtiéndose en un tranquilizador talismán que nos preserva de la molesta necesidad de hacer preguntas cuya respuesta no sepamos ya de antemano.

Quede bien claro que, si nos tomamos la molestia de despotricar aquí contra los «profesionales», no es por el hecho de que existan lamentables lagunas en el conocimiento de nuestra historia: si eso fuera todo, no sería cuestión de parlotear, sino de ponerse a la tarea. Por el contrario, lo que motiva nuestras invectivas es la convicción de que el historiador profesional (y, en general, todo el sistema académico que le sostiene) es ideológicamente culpable de un ridículo «horror theoricus» que hace absurda toda su labor; e ininteligible y superflua, por lo vacía, su jerga ritual.

Como ilustración extrema de lo que llevamos dicho, se puede consultar el capítulo titulado «Cultura y arte» (cuarenta páginas en un volumen de quinientas) del libro de Gonzalo Anes sobre el siglo XVIII español[8]. El lector curioso que se atreva a hurgarlo comprenderá que no queramos copiar ni siquiera un párrafo en un Re-citario tan ávido de parches como éste.

En suma, con píldora tan excelente y con algunos de los elixires mágicos que se venden en cualquiera de las muchas boticas semejantes a ésta, el estudiante avispado llegará a convertirse en un sabio tan redomado que sólo le faltará el pequeño detalle de salir a ver el mundo, montado en una mula como el sublime Doctor Festus.

Pero vayamos a nuestro asunto.

Torres Villarroel vivió entre 1694 y 1770. Las aventuras y vicisitudes que movieron su existencia son muy conocidas, sobre todo los detalles más pintorescos. No vamos a traer aquí esos sucesos, que están referidos por él mismo en su *Vida...*, cuya lectura basta para iniciarse en los misterios de la mitología del Yo torresiano (si es que todavía existe algún lector que no tenga ya aburrida la curiosidad sobre este punto).

---

[8] ANES, Gonzalo: *El Antiguo Régimen: Los Borbones*, vol. IV de la Historia de España Alfaguara, Alianza Ed., Madrid, 1975.

Es libro que parece pósito, pues el trigo fluctúa en su interior con tanta fruición que se desborda por la portada. Una vez molido, toda la harina se reduce a un machacón «quod nihil scitur» que, de puro verdadero, aburre.

Como panorámica general del siglo XVIII español, todavía sigue siendo imprescindible lo que escribió A. DOMÍNGUEZ ORTIZ en el vol IV (1) de la *Historia social y económica de España y América*, dirigida por J. Vicens Vives, junto con otros trabajos de aquel autor. La historia de la primera mitad del siglo está todavía por hacer; el único estudio realmente importante es el de HENRY KAMEN: *La Guerra de Sucesión en España. 1700-1715*, Grijalbo, Barcelona, 1974 (ed. inglesa, 1969). También es fundamental el libro de CARMEN MARTÍN GAITE sobre el proceso de Macanaz, así como el estudio de TEÓFANES EGIDO LÓPEZ sobre *Opinión pública y oposición al poder en la España del siglo XVIII (1713-1759)*.

Todas sus peripecias nos interesan, y a todas nos hemos asomado con nuestro más crítico ceño. Sin embargo, debemos considerar que setenta y seis años de vida son una empanada demasiado imponente para tragar entera. Torres procedió muy bien haciéndola Trozos, y ello fue misericordia de clérigo viejo, bonachón y satisfecho de su fortuna (aunque profundamente nostálgico de la hermosa intensidad de las luchas juveniles). Este catedrático cincuentón, administrador de las posesiones de la casa de Alba en Salamanca, tan cachondo como celoso de su fama y de su salvación eterna, escribió una *Vida...* que es todo un monumento al «sentimiento ascético de la muerte»[9].

Si se considera a esta *Vida...*, con razón, como una obra maestra de sorprendente modernidad, etc., por la objetividad de su técnica narrativa, por su *distanciamiento* novelesco, no hay que olvidar que está escrita en cierto modo desde el sepulcro. La modernidad novelística de Torres (no hablo desde

---

[9] Entre este «sentimiento ascético de la muerte» que hemos endosado a don Diego y el famoso «sentimiento trágico de la vida» que se endosó a sí mismo don Miguel (de Unamuno), pueden descubrirse algunas tangencialidades —como, por ejemplo, las pantarreicas aguas del Tormes—. Sin embargo, son dos cosas muy distintas, como puede verse por el siguiente recio esquema (robado a un seminarista vacilón):

Sentimiento ascético de la muerte (Torres):

— Problemática resuelta dentro del contexto ideológico barroco.
— La convicción religiosa de la inmortalidad del alma y de la vida eterna está firmemente arraigada, y es el foco central que desvaloriza la vida real (temporal) en base a su fin, la muerte, momento clave.
Vida (y muerte) es camino, preparación, etc.: ascesis.

Sentimiento trágico de la vida (Unamuno):

— Contexto ideológico distinto: enfrentamiento moderno fe/razón.
— Aquí ya no hay seguridad, porque es precisamente la trascendencia religiosa lo que está en duda; y, en el fondo, la propia vida real.
Es un conflicto que no se resuelve jamás, sino que, a lo sumo, se substantiviza.

un punto de vista puramente formal ni estrictamente literario), basada en su «objetividad baconiana», tiene otra fuente mucho más clara y directa: la trayectoria crecientemente ascética de su madurez.

Es por todas estas consideraciones que se nos antoja la pedantería de partir a nuestro astrólogo en dos: el «joven Torres»; y el «Torres maduro». Y quedarnos con el primero, por las razones que a continuación van expresadas.

El Torres de 1735-1770 está a la vez más poseído y más alejado de su propio Yo. No es ninguna paradoja. Está alejado de su yo prosaico, cotidiano. Alejado de la contingencia. Lo cual implica evidentemente una huida hacia esferas más sublimes. Le preocupa más que nunca la salvación de su alma, y a ello se aplica. Está realmente tan apegado a su Yo que le preocupa también la perdición de su cuerpo; y, así, goza pintándose difunto, que es un modo de negarlo.

Se dirá que en el Torres de 1727 se hallan también todos estos rasgos. No lo negamos desde un punto de vista formal, pero la función es muy distinta en cada uno de estos períodos.

En los años 1720-1730 se forja toda la mitología (y la mayor parte de las obras) de Torres. Son los años en que, tras la anterior etapa de vagabundeo físico e intelectual, consigue trepar un primer peldaño, apoyándose en el reconocimiento popular y de cierta nobleza felipista; como colofón, la consolidación oficial de su posición en la Universidad. La cruz de esta moneda serán los ataques repetidos por parte de algunos intelectuales de prestigio (Isla, Martínez, Mañer...) y la conciencia de advenedizo que le crearán las suspicacias de los sectores más dogmáticos del mundo académico.

No es fácil fechar tajantemente un lento proceso evolutivo como el de Torres, pero se nos antoja subrayar (sin otra justificación que nuestro capricho) el año de 1730, que es el de publicación de la *Vida Natural y Católica*, obra en la que coexisten las dos problemáticas, de juventud y de madurez.

Del mismo modo podríamos considerar como divisoria la de 1734, en que concluye el último episodio novelesco de su vida: la huida a Francia con don Juan de Salazar, y posterior destierro en Portugal, a consecuencia de ciertas sangrantes «faltriqueras» abiertas en la cabeza de un clérigo. A partir de entonces, el catedrático de Salamanca se encierra en su «vida» entre mundana y recoleta (sin llegar ni a fraile ni a ahorcado), y «las luchas del escritor contra el siglo» se reducen a la publicación de sus «obras completas» y a los trapicheos de la vida académica (la obtención de la jubilación y los cuidados de dejar bien colocados a sus parientes).

Aquí hemos querido traer al Torres joven de 1720-1730, el que se atreve a enfrentarse valerosamente a Feijoo, a Martínez, a Isla, a todos. El que, sintiéndose vencido en lo doctrinal, se retira a los cuarteles de invierno de su imaginación, toma impulso en lo moral y con una graciosa pirueta salta por encima de sus enemigos, del pasado al futuro.

Es este «primer Torres», pues, quien nos interesa presentar. Para ello, juzgamos oportuno acercarnos en primer lugar a la curiosa polémica que se desencadenó hacia 1726 entre «críticos» y «piscatores».

Abrió fuego el padre Feijoo en el Tomo I de su *Teatro Crítico Universal*. El Discurso 8 no pretendía «desterrar del mundo los almanaques, sino la vana estimación de sus predicciones»[10]. Ataca en primer lugar la vaguedad de éstas, que es la clave de los aciertos de los astrólogos. Después, sin negar a los astros cierta influencia en lo sublunar, muestra la imposibilidad absoluta de llegar a la predicción de hechos contingentes concretos, debido a que ningún suceso depende de una sola causa ni de un único agente, sino de una gran diversidad de ellos y de complejas cadenas causales que obligarían a los astrólogos a escrutar y relacionar influencias astrales sobre un número de factores y sujetos siempre ilimitado y absolutamente inabarcable.

Otra objeción, complementaria de la anterior: «Y que no depende ni el género ni el tiempo de la muerte de los hombres de la constitución del cielo que reina cuando nacen, se ve claro en que mueren muchísimos a un tiempo y de un mismo modo, los cuales nacieron debajo de aspectos muy diferentes»[11].

Las predicciones afortunadas que se alegan en favor de la Astrología son impugnadas por Feijoo con dos argumentos: su corto número, que hace sospechar casualidad, y el carácter fabuloso de muchas de ellas. Entre aquellas que pueden darse por ciertas, Feijoo distingue varios casos posibles:

— Aciertos basados realmente no en los preceptos astrológicos, sino en «políticas y naturales conjeturas».
— Muchos sucesos ocurren efectivamente por influencia de la propia predicción.
— «Ultimamente puede también tener alguna parte en estas predicciones el demonio, el cual, si los futuros dependen precisamente

---
[10] Edición de Agustín Millares Carlo, en Clásicos Castellanos, Espasa-Calpe, Madrid, 1968, t. I, pág. 179.
[11] Edición citada, t. I, pág. 186.

de causas necesarias o naturales, puede con la comprehensión de ellas antever los efectos»[12]. Sin embargo, Feijoo no admite este factor en los astrólogos católicos.

Finalmente, se impugna la Astrología criticando sus mismos procedimientos: la inexactitud de sus datos astronómicos, la variabilidad de sistemas empleados, etc.

El mismo tipo de argumentos se aplica después a las predicciones meteorológicas; rematando su discurso con los aspectos canónicos del problema, y la inevitable referencia a la bula de Sixto V que permite «únicamente pronosticar aquellos efectos naturales que pertenecen a la navegación, agricultura y medicina».

Este Discurso feijoniano contra la Astrología judiciaria y los Almanaques estaba incluido, como hemos dicho, en el tomo primero del *Teatro Crítico Universal*, que apareció el 3 de septiembre de 1726.

Ya un año antes había publicado Feijoo un papel en favor del doctor Martín Martínez. Su título: *Aprobación apologética del Scepticismo Médico*, Oviedo, 1 de septiembre de 1725. Martínez correspondió al año siguiente con su *Carta defensiva que sobre el primer tomo del Teatro crítico universal, que dio a luz el Rvmo. P. M. fray Benito Feijoo, le escribió su más aficionado amigo don Martín Martínez*, Madrid, Imprenta Real, 1 de septiembre de 1726; 30 páginas en 4.º En este escrito, Martínez comentaba favorablemente los discursos del primer tomo del *Teatro Crítico*, con algunas reservas referentes al discurso 5[13].

---

[12] *Ibidem*, pág. 193.
[13] Efectivamente, Martínez critica el pesimismo de Feijoo ante la Medicina de la época. Para don Martín Martínez, examinador

No pasó ni un mes desde que salieron estos papeles cuando, dándose por aludido en ellos, se produjo la primera furibunda reacción de nuestro Gran Piscator salmantino con una *Carta a don Juan Barroso,* en que arremetía contra el Doctor Martínez en una larga y despectiva invectiva a guisa de simples «posdatas» [14]. Esta *Carta* es un texto fundamental para comprender las razones que le mueven a Torres a entrar en la polémica y, sobre todo, su postura exacta frente a Feijoo y Martínez. Vamos a copiarla aquí casi en su totalidad:

> «(...) *Cuando empezó a repartir chiflidos y mogicones la pesadez de aquel Reverendo mortal o crítico, que todo es uno, contra las venialidades astrológicas y contra los crímenes* lessae humanitatis *de la Medicina, callé mi pico y me entré al vestuario, porque me aconsejó mi buena crianza que no hay contra un padre razón. En menos tomo le hubiera yo respondido al Padre; pero agradezca su Rma. esta reverencia: y como yo sé muy bien (porque he leído sus Reglas) que todo lo que escribe es ajeno de las austeridades de su obligación, dejé pasar, como entretenimiento, las mal vertidas có-*

---

del Real Proto-Medicato, Presidente de la Regia Sociedad de Sevilla, etc., el benedictino era «demasiado» escéptico.

14 TORRES VILLARROEL, Diego de: *Posdatas de Torres a Martínez, en la respuesta a Don Juan Barroso, sobre la carta defensiva que escrivió al Rmo. Padre Feyjoo. Y en ellas explica de camino el Globo de Luz, o Phenomeno que apareció en nuestros Orizontes el día 19 de Octubre de este año de 1726,* Salamanca, Imprenta de la Santa Cruz (1726), 8.º. La Dedicatoria está dirigida al doctor don PEDRO DE AQUENZA, médico de Cámara de Su Majestad, autor de unos *Breves apuntamientos en defensa de la Medicina y de los Médicos contra el Theatro Crítico Universal,* lo cual no deja de ser sorprendente y significativo.

Las «Posdatas de Torres a Martínez» fueron recogidas en el tomo X de las *Obras,* págs. 192-209 (1752).

leras de su ignorancia. El religioso entró en sus claustros a comer mal, y a azotarse bien; a esconderse del siglo en la pobreza de un melancólico aposento; a barrer conciencias y a elevarse en lo sagrado de un púlpito: si el genio le dicta sutilezas, mortifíquelo; si el cuerpo libertades, azótelo; si la vanidad aplausos, castíguela; y esto conozco yo por Religión, y de todo lo demás me río. Déjese de escribir contra Médicos y Astrólogos que pues nos consiente la Iglesia no seremos el pecado nefando; y no quiera apostárselas a los Santos Concilios que nos sufren y nos gastan. Que el Padre se meta a médico sin licencia de la Bula es buscar irregularidades. Que tome la gorra de astrólogo sin más grado que su buenaventura es hocicar en el gitanismo. Escriba contra las desórdenes de la soberbia, las hinchazones de la carne, y las bestialidades de la gula y servirá a Dios, al mundo y a su Orden. Todo lo que el Padre vomitó en el librote gordo, si V.md. se acuerda señor Don Juan, lo puse yo en una hoja de el Pronóstico de el año de 1724 que se murió el día último de diciembre. Al Médico le dije sus engaños; al Astrólogo sus supersticiones; al Letrado sus embustes; al Físico sus tristezas; y aún a la Ciencia, que la doblamos la rodilla con modestia cristiana, la advertí sus dudas y me gané admirables créditos de loco. Pues ¿qué espera el Reverendo, cuando tiene obligación a no parecer tan delirante, sino satirillas y hacerse irrisible entre las gentes? Si V.md. conoce al Padre, dígale que rece y medrará más, y que no nos quite a los desenfadados los asumptos que nos tiene escogidos la buena política de los estudios: y en fin, que el*

> *Padre diga, que el Padre haga, en mí no tiene que decir ni hacer porque ha meses que estoy dicho y hecho.*
>
> *Lo que no sufriré es que el Doctor Don Duende, o Don Martín (que para mí todo es uno, y ambos a un precio, porque no gasto fantasmas) me azote a mí con la mano, que es la de hierro, y el Padre le agasaje con la de estopa, y que el uno y el otro me machaquen mis huesos astrológicos, cuando yo me estoy por acá emmoheciendo sin salir de la Noruega de mis aprehensiones. Pensará Don Martín Garabato que porque habla por azúcar y caramelos, presumido de que gana mil voluntades en abriendo la boca, porque ha estudiado el Alcorán de los galanes de la Corte, que ya con las fecundias de su presumpción desterró la Astrología, y que las drogas, embustes y delirios de su Medicina las arrempujó con su cuaderno a los servicios más altos de Alcorcón. ¿Le habrá persuadido su inútil vanidad a que yo estoy creyendo que sus remedios y su mano son algún Jubileo de la Porciúncula? Pues lléveme el diablo si tal pienso; y otro me torne si yo les diere fe; y otro me vuelva si yo se los tomare. El Doctor Martinillo pernée sobre sus enfermos y a los demás deles soga, porque no le retornen cordelejo. Y no se meta en defender Padres ni ajar Astrólogos, que éstos le pueden cascar y el Padre no le ha de librar de médico (...)»* [15].

¿Por qué nuestro autor vapulea sin piedad al médico, mientras se limita a ironizar levemente sobre el benedictino? Lo matizado de la reacción de don

---
[15] *Obras*, t. X, págs. 194-196.

Diego es la prueba más clara de que no se trata de una simple pataleta profesional de piscator acosado [16]. Realmente, Torres fue un astrólogo bastante serio en lo matemático de los cómputos, y burlón e imaginativo (a la vez que profundamente moralista) en lo pro-nóstico de sus almanaques. Esta última faceta ha sido mil veces desvirtuada por mentes crasamente supersticiosas que dan en creer que el astrólogo tiene que acertar, ser eficaz ante todo [17].

Se nos ocurre pensar que es la cuestión médica —más que la puramente astrológica— lo que mueve a Torres a entrar en liza. Puede soportar las «ignorantes» críticas de Feijoo contra la Astrología judi-

---

[16] A diferencia de lo que ocurrirá con el *Theatro Supremo de Minerva*, del Gran Piscator Andaluz, don GONZALO ANTONIO SERRANO. Véase más adelante.

[17] Me refiero exactamente a todos aquellos comentadores de la obra de Torres que consideran que su valor como astrólogo está en sus «aciertos» (predicciones de la muerte de Luis I, motín de Esquilache, Revolución Francesa...). Nada más estúpido. El oficio del astrólogo es jugar la matemática de la ambigüedad, la combinatoria moralmente inexorable de la lucidez y la libertad. La cuestión del cumplimiento efectivo de los Pronósticos depende de que la influencia de los hombres sobre los astros tenga fuerza suficiente. A este respecto, la postura del propio Torres es incuestionablemente explícita. Veamos un fragmento del Pronóstico de 1747 («La Gran Casa de Oficios de Nuestra Señora de Guadalupe», dedicado al Rey Fernando VI):

> Segundo Bandarra empiezo
> a tender mis prophecías,
> que vendrán a los sucesos
> si se ensanchan, o se estiran.
>
> Porque al rebés que los Sastres,
> trabaja la Astrología;
> hace los sayos, después
> otros toman las medidas.
> (...)
> Ya di fin; y si a mis Coplas
> las quitan la mascarilla,
> verán, que quieren decir,
> lo que quisieren, que digan.
>
> (*Obras* (1752), t. X, págs. 32-33.)

Y los ejemplos pueden multiplicarse fácilmente.

ciaria y los almanaques, porque —al fin y al cabo— el benedictino no pretende «desterrar del mundo los almanaques, sino la vana estimación de sus predicciones, pues sin ellas tienen sus utilidades, que valen por lo menos aquello que cuestan» [18].

A la vez, Torres no podía menos que apreciar el discurso 5 acerca del atraso de la Medicina y de sus incertidumbres teóricas y prácticas. El sentido de este discurso radica, más que en el escepticismo que lo anima, en un espíritu de crítica sumamente radical que se dirige derecho contra lo que pudiéramos llamar la «ideología médica» de la época, es decir, todas aquellas pretendidas excelencias y sabidurías de la ciencia médica que conspiraban a mantener el prestigio social de la profesión. Feijoo se muestra aquí infinitamente más «escéptico» de lo que el propio Martínez puede admitir (en tanto que «profesional»). Así pues, éste, en su *Carta defensiva...*, aun mostrándose partidario de los discursos del I tomo del *Teatro Crítico*, se ve obligado a romper una lanza en favor de la utilidad de su profesión.

La postura de Feijoo es, por tanto, bastante moderada y no poco ambigua. El doctor Martínez, por el contrario, está atacando a Torres en todos los frentes.

En Torres Villarroel subyace siempre la idea de una correspondencia perfecta entre macrocosmos y microcosmos. En este sentido, sus ideas médicas tienen fundamentalmente una justificación moral. Critica duramente la Medicina de su tiempo no sólo por vanidosa e impotente, sino también porque él concibe la salud, la salvación del cuerpo, como una parte de la del alma, lo que da como consecuencia tera-

---

[18] *Theatro Crítico Universal*, t. I, discurso 8 (en la ed. de Millares Carlo, t. I, pág. 179).

péutica la concepción de un Yo ascético que se cura a sí mismo y que conoce la importancia de mantener su armonía con el «macrocosmos» [19]. El Dr. Luis S. Granjel ha expresado en pocas palabras el ideal médico de Diego de Torres:

> 19 «Esta imbricación de lo moral con lo orgánico, de mal moral o pecado y mal físico o enfermedad, resalta de modo muy especial en su obra *Vida natural y católica*, donde expone las normas a que los hombres deben ajustar sus vidas para librarse, a una vez, de la enfermedad, muerte del cuerpo y del pecado, muerte, más terrible por eterna, del alma. Repetido en otros términos: quiere Torres con su obra ayudar a sus semejantes a salvarse de esa situación postrera, doblemente angustiosa, de que les dio una anticipada imagen, sobradamente ejemplificadora, en los *Sueños morales;* su lector aprendió allí, contemplando el morir de unos " deshauciados del mundo y de la gloria", a qué fin conducen la enfermedad y el pecado; ahora, quien lea la *Vida natural y católica* tendrá en sus manos, tal es la ilusión de Torres, la norma que le permitirá hurtar su personal destino de todo mal, tanto moral como físico.»
>
> GRANJEL, Luis S.: «La obra médica de Torres Villarroel», en *Una figura salmantina. Don Diego de Torres Villarroel*, Salamanca, 1971, págs. 12-13.

Además de este sentido soteriológico o terapéutico, que nace de una concepción analogista de lo físico y lo moral, en Torres aparece perfectamente *viva* y operante la vieja idea de la simpatía entre macrocosmos y microcosmos. Tenemos un ejemplo significativo en su *Anatomía de todo lo visible e invisible,* cuyo solo título ya es harto explícito. En el Prólogo del pequeño *Tratado de los temblores y otros movimientos de la tierra, llamados vulgarmente Terremotos;* ... (1748), leemos lo siguiente:

> "Porque es necesario que V.md. piense y lleve entendido que este cuerpo terráqueo tiene una marabillosa semejanza con el Mundo pequeño del hombre, que no hay contenido en el uno que no se encuentre con poca alteración en el otro, sin otra diferencia sensible que la de la quantidad y la figura; pero su materia, sus órganos, su economía, sus achaques y sus movimientos son tan parecidos que bien examinados los de un cuerpo se hallará nuestro discurso con un claro conocimiento de el otro."

Una inteligente visión panorámica del desarrollo de esta idea del hombre como microcosmos a través de la literatura española puede verse en el admirable libro de FRANCISCO RICO *El pequeño mundo del hombre. Varia fortuna de una idea en las letras españolas*, Castalia, Madrid, 1970; especialmente págs. 159-163, que analizan el significado de esta idea en Torres, con sus evidentes corolarios astrológico y médico. A este respecto, señala Rico

«Renuncia a ejercer la medicina, pero no a hablar de ella; fue Torres, a lo largo de su dilatada vida de escritor, no sólo censor severo del saber y el quehacer de los médicos de su tiempo, pues también hay entre sus obras tratados de clínica y sobre todo libros donde se esfuerza por crear, frente a una medicina académica, tanto antigua como moderna, una medicina empírica, popular, para que en ella todos, el letrado como el ignorante, puedan atender sus propias dolencias y curárselas por sí mismos sin necesidad de solicitar la ayuda de los doctores, personajes para quienes Torres reservó siempre sus más acerbas críticas» [20].

El contenido de la durísima y encarnizada polémica que se abrió entonces entre Torres y Martínez tuvo gran resonancia debido al enorme prestigio de ambos antagonistas. Desde un punto de vista estrictamente científico, hay que reconocer que se impusieron los no siempre sólidos argumentos del doctor Martín, presidente de la Regia Sociedad Médico-Chimica de Sevilla [21]. Pero la discusión era, en realidad, mucho más amplia. El médico atacaba las doctrinas astrológicas de su contrario. El astrólogo no se tomaba demasiado trabajo en refutar intelectualmente las objeciones; sino que situaba su defensa y su ataque en un plano más bien moral. La significación general de esa postura moral está bien

---

acertadamente: «Y sería poco decir que para él la medicina era una parte de la astrología: ambas se confundían más bien en una ciencia única de la naturaleza» (pág. 160).

[20] *Op. cit.*, pág. 9.

[21] «La primera institución científica española al servicio de las ideas modernas», en frase de J. María López Piñero. Fueron aprobados sus Estatutos en 1700, aunque venía funcionando como «academia» informal desde 1697.

clara al principio de las *Posdatas a Martínez* (30 de octubre de 1726):

> «*Diréle V.md. lo primero —porque conozca que he leído lo más de su papel a costa de malquistar mi interior y aventurar mi paciencia— que entiendo muy bien aquellas palabras:* sólo es detestable quien satisfecho con la ruin mecánica de tener que comer, se olvida de la noble tarea de buscar que enseñar. *Y que a esto respondo que cualquiera escritor es más docto que yo, pero ninguno tan humilde. Yo he confesado que escribo para comer, porque nunca presumí talentos con que enseñar. El Doctor come de lo que mata, y yo de el Matadero. Yo como, como Dios me manda, lo que sudo, y el Doctor Martín come de los sudores de otro; a su merced le hacen la olla los tiñosos, cuartanarios y heticos mal humorados; y a mí me dan de comer los hombres de buen humor; que note estas diferencias y resuelva luego quien es* el ruin de la mecánica»[22].

Aunque no lleva fecha, parece que salió a la palestra pública en aquel mismo año de 1726 otro papel firmado por Martín Martínez, bajo el título de *Juicio Final de la Astrología, en defensa del Theatro Crítico Universal*[23]. Este folleto de cincuenta y seis páginas está escrito en forma de escatológica con-

---

[22] *Obras* (1752), t. X, pág. 197.
[23] *Juicio Final de la Astrología, en defensa del Theatro Crítico Universal, dividido en tres discursos. Discurso primero: Que la Astrología es vana y ridícula en lo Natural. Discurso segundo: Que la Astrología es falsa y peligrosa en lo Moral. Discurso tercero: Que la Astrología es inútil y perjudicial en lo Político.* Por el doctor don MARTÍN MARTÍNEZ, Médico Honorario de Familia de Su Magestad, Examinador del Real Proto-Medicato, Professor

troversia entre parciales y enemigos de la Astrología; controversia que no se queda en un mero diálogo de citas librescas, sino que priman los argumentos de razón. Toda la polémica está sazonada con un estilo muy ágil y sumamente irónico, imitando muy bien a Torres en el difícil arte de sacudir osamentas y hacer argüir a los más ilustres difuntos.

Martínez pretende ir mucho más lejos que Feijoo en sus críticas a la Astrología:

> *«Contra esta Hydra doméstica pido la venia para combatir; y porque de las siete malignas cabezas con que nació ha ocultado las cuatro para disfrazarse y vivir disimulada entre nosotros, omitiendo a los Genethliacos y otros de esta farina, que están ya condenados, dadme licencia para persuadir que la Astrología, aun por lo que mira a la Medicina, Agricultura, Náutica, Moral y Política, es vana, frívola, supersticiosa y perjudicial»* [24].

Pretende ir tan lejos que, a veces, pierde de vista su objetividad crítica y arremete, más que contra la astrología, contra el astrólogo, siguiendo en ello los usos intelectuales de la época, que parecían exigir (según la tradición más rancia de las disputas escolásticas) la refutación exhaustiva de todo juicio salido de labios del «antagonista» de turno.

Vamos a ver, como ejemplo, de qué manera razonaba Martínez acerca de las causas que originan las mareas:

---

público de Anatomía, Socio, y segunda vez Presidente de la Regia Sociedad, MédicoChimica de Sevilla. Dedicado al Excmo. Señor Marqués de Santa Cruz y de Bayona, &c. mi Señor. Madrid, Imprenta Real, 56 páginas.

[24] *Op. cit.*, pág. 6.

«Componedme, siendo axioma verdadero en la Phisica que un cuerpo grave que nada en un líquido no gravita sobre los cuerpos inferiores (por lo cual una viga que nada sobre la agua no hace peso sobre un hombre que nada debaxo de ella, ni las nubes que nadan en el aire hacen presión sobre el Mercurio del barómetro, y por ello baxa en los tiempos nublados (que ya he tenido yo también por acá noticia de estas nuevas invenciones). Componedme, vuelvo a decir (supuesto esto) ¿cómo la Luna, que nada en el Ether, puede gravitar sobre los mares que están debaxo? Y cuando gravitase, al pasar por el Meridiano, baxaría las aguas; pero no las hincharía. Decidme, demás de eso, ¿por qué al pasar la Luna por el Zenit de los grandes ríos no causa también en ellos fluxo y refluxo? y no digo sólo de los grandes ríos como el Marañón o Danubio, sino cualquier vaso o tinaja llena de agua u otro licor, debía rebosar si la Luna tuviera el poder de hinchar los cuerpos húmedos cuando llega a tocar el meridiano de las bodegas. En el Negroponto, se dice que un tiempo hubo flujo y refluxo y ya no le hay, sin haber mudado la Luna su carrera.

Y así, quizás estas crecientes y menguantes del Mar son fermentaciones periódicas que se suscitan por el concurso de azufres, betunes, hierro y otros minerales que se engendran en sus entrañas: de modo que por la cacochimia que el mar continuamente acumula, no impropiamente se puede decir que padece una doble terciana subintrante; y quizás las sales combinadas de resultas de estas fermentaciones la dan el sabor salso: en la cual opinión se expli-

can mejor que en la vuestra los fenómenos del fluxo y refluxo» (p. 12).

Si consideramos atentamente este tipo de argumentación, nos daremos perfecta cuenta de que no es oro nuevo todo lo que en ella brilla; y es que, en los primeros años del siglo XVIII, no se puede hablar de una verdadera lucha o enfrentamiento entre ciencia antigua y ciencia moderna, sino de una etapa de *transición*, de gradual recepción de esta última, coexistiendo ambas. En este contexto podemos entender mejor el verdadero alcance «moderno» de textos como éste:

> «*Luego será inútil la célebre división del Zodíaco en sus doce partes que llamamos Signos, y la subdivisión de cada signo en sus treinta grados, y de cada grado en sus minutos? A esto repuso Juvenal: Todas esas divisiones y líneas son tan imaginarias como vuestros Prognósticos. Cada estrella de las que componen un Signo dista muchos millones de leguas de la otra, aunque todas parecen en un plano y engañan vuestra vista: cada una de las fixas tiene su vórtice y es como otro Sol de aquel Orbe, pero de esto bien sé yo que tú no has visto, porque aún no has salido de las butifarras de Ptolomeo y de fingirte el Cielo casco sobre casco, como cebolla*» (p. 22).

La respuesta de Torres, que apareció en marzo de 1727[25], es del mismo tenor que las «Posdatas»,

---

[25] TORRES VILLARROEL, Diego de: *Entierro del Juicio Final y vivificación de la Astrología, herida con tres llagas en lo natural, moral y político, y curada con tres parches*. En Madrid, imprenta de Antonio Marín, 1727 (la Dedicatoria, al Marqués de Santa Cruz es de 28 de febrero de 1727). Hay otra edición de Sevilla. Reimpreso en *Obras* (1752), t. X, págs. 136-191.

pero más detenida y virulenta. Se defiende muy bien de ciertas ignorancias (reales o fingidas) de Martínez acerca de la Astrología [26] como, por ejemplo, su errónea concepción de la Canícula como causante del calor veraniego [27].

Hay, sin embargo, una serie de cuestiones físicas que a Torres interesa —más que impugnar— dejar en el limbo borroso del «nihil scitur» o de la falsa seguridad de las categorías aristotélicas. Tal es su curiosa defensa del influjo de la Luna sobre el mar:

«Ponga cualquiera curioso en un vaso de agua clara un poco de ceniza, y verá que al punto de hacer la Luna su conjunción con el Sol (que es lo que llaman Luna nueva) empiezan a revolverse las cenizas con el agua; ponga otro vaso de agua sola y no verá en ella ni aun el menor movimiento; y es la razón de tan grande diferencia que el agua con la ceniza era materia dispuesta para recibir en sí la impresión de aquel influxo; y el agua de el otro vaso, por no tener la disposición debida, no recibió

---

[26] «No sé cómo sufrió Apolo tan terrible badajada; pues juzgaba este Doctor que los aspectos de el Cielo eran a un tiempo en todas partes, y que los aspectos que acontecen en Valencia servían para Madrid, para el Norte y todas partes; y si es que así lo juzgaba, estaba mui engañado, pues lo que dexamos dicho de la diversidad de Meridianos en Gibraltar y San Lucar, lo mismo decimos de la variedad de aspectos entre Madrid y Valencia, pues no suceden a una misma hora, y a veces suele haber un día, y más diferencia, por donde se conoce con quanta ignorancia trata este Médico de lo que no entiende.» (*Obras* (1752), t. X, pág. 169.)

La «diversidad de meridianos entre Gibraltar y Sanlúcar de Barrameda —que, de hecho, es de un grado aproximadamente; lo cual se traduce en una diferencia horaria de cuatro minutos— es considerada despreciable por Martínez. Torres, por el contrario, exagera al estimarla en «casi dos grados».

[27] Véase *Obras*, t. X, págs. 170-171. Asimismo véase lo referente a la «exaltación» de los planetas, pág. 174.

la influencia. De este modo, a nuestro asumpto: es la Luna en su lleno y conjunción con el Sol la causa eficiente de los fluxos de la mar; y la causa material es el agua con los azufres, betunes y minerales que se engendran en ella: con que cuantas más tuviere de estas disposiciones tanto mayor será el fluxo; y cuando tuviere menos, será menor; y si no tuviere alguna, será tan ninguno el fluxo, o tan corto, e insensible, que parezca no le hay; ...» (pp. 164-5).

Este tipo de «salida» torresiana burlonamente ecléctica es la que encontramos en escritos como el *Sacudimiento de mentecatos, habidos y por haber* [28], en que el más medroso escepticismo no es sino cachaza y sarcasmo contra las academias, alarmadas por el intolerable desprecio de los gallos hacia los husos horarios.

Con todo, creemos que lo más interesante de este *Entierro del Juicio Final...* es la extensa Dedicatoria, que va dirigida, como un verdadero desafío, al Marqués de Santa Cruz [29]. En ella nos presenta Torres en forma harto clara y sincera su actitud «astrológica» que, como ya hemos visto, no puede separarse de su vocación «médica» ni de sus ideas morales. Vamos a extractar aquí los aspectos que juzgamos más significativos:

---

[28] *Sacudimiento de mentecatos, habidos y por haver. Respuesta de Torres al Conde de Maurepas, Fiscal de la Academia de París, y de camino es Carta a todos los Fiscales de sus Obras, sobre la pregunta de la Academia por qué el gallo canta a las doce de la noche en Portugal, y llevado a Francia canta a las mismas doce, siendo así que hay una hora de diferencia,* Madrid, Imprenta de Gabriel del Barrio, 1726, 52 págs. en 8.°

La Editorial Espasa-Calpe hizo en 1968 una edición fuera de comercio, de 3.000 ejemplares, de varias obras de Torres, entre las que figura este curioso folleto (págs. 177-195).

[29] El *Juicio Final de la Astrología,* de MARTÍNEZ, también iba dedicado a este personaje.

«*Concluye Martínez ... diciendo que se destierren los Pronósticos, y que sólo se permita un Lunario y un Kalendario. Algo le han hecho cuando tan mal los quiere: Sí Señor, que sólo quiere Martínez matar sin testigos, y como tiene tantos ojos la Astrología, y desentierra los errores que él oculta, desea ser delincuente sin mirones; en los Pronósticos trabajamos como Philósophos, Astrónomos y Médicos: en esta forma las Lunas, Eclipses, Aspectos y toda la demonstración de los Cielos (parte que no tienen las demás Ciencias) la formamos en virtud de principios evidentes, infalibles, mathemáticos: las lluvias, truenos, granizos, terremotos, inundaciones, y pestes, a éstas nos las enseña a conocer la Philosophía, discurriendo por los movimientos de el ente natural estas alteraciones, y a esta parte llaman los que la ignoran, como Martínez, Astrología por mal nombre, y esta Philosophía pronostica de causas naturales, es tan buena, tan santa y tan sin perjuicio que hay muchos Santos Padres que la han profesado. La parte de las enfermedades la trabajamos como médicos, y estos principios nos los presta Galeno y Hypócrates, ...; y al mismo tiempo la administración de las medicinas, arreglado todo a sus preceptos, pues la Astrología, o Astronomía (como Martínez quiere) no trata de tales juicios, ni tiene más objeto que el Cielo: luego si el poner cólicos, tabardillos, purga, sangra, etc., es delito, ahorquen a los Médicos y quemen sus libros, que los nuestros no nos enseñan más que una celestial contemplación de las estrellas: y en fin, estudien ellos lo que tienen obligación y nos ahorrarán este trabajo; y, entre tanto, permítasenos ponerles sus defectos al rostro para que, avergonzados de sus errores, vivan con más cuidado y sepan que nuestras vidas valen mucho, y para su conservación no se deben omitir ni aun aquellas nimiedades que pican en rediculez de los discursos. De los demás sucesos desacredita mi Religión indignamente, pues no me habrá visto salir de las cláusulas naturales a la adivinación supersticiosa, ni en mis escritos hallará proposición que no esté arreglada al Arte y a la naturaleza; ... Las enfermedades de los Príncipes, Reyes o Sastres, Albañiles, o de otro cualquiera hombre de quien yo sepa la edad, las pronosticaré (sin faltar a mi sagrada Religión), pues por lo dicho en el párrafo antecedente conjeturaré en las alteraciones de su naturaleza su enfermedad; y una vez enfermo, pronosticaré su vida o muerte, como Médico, como hacen y deben hacer todos; y el que lo desprecia es idiota, temerario e indigno de profesar el permitido Arte de la Medicina ...; y, pues el más grave, discreto y religioso de la Santa Inquisición ha dexado correr mis Pronósticos, es mucha osadía de Martínez quererlos desterrar, pues así maltrata su celo, vigilancia y santidad de aquel Conclave quien por tantos siglos les ha concedido libre paso; y discurro que más sabrá la Inquisición que Martínez ...; y es locura que presuma Martínez saber más que los Sumos Pontífices, Consejeros e Inquisidores; y si tiene alma, debe delatarse ante su Tribunal de estos testimonios, pues en su Papel me hace Profesor de lo prohibido, cuando soy el que más me he burlado de los supersticiosos delirios; y para crédito de esta verdad y de el desprecio con que yo me he reído aun de los juicios permitidos, lea a mis Prólogos; ...»* (pp. 145-7).

Finalmente, no queremos despedir el «duelo» sin anotar ciertas expresiones que, si bien marginales al estricto asunto astrológico, ilustran ampliamente acerca del clima político vigente en la España borbónica de los primeros años del siglo. El párrafo de Martínez es jugoso, y merece ser citado:

«Los buenos Príncipes son verdaderas Estrellas, que desde el firmamento de sus leyes inviolables influyen buenas costumbres y fortunas en sus súbditos. Aunque Mercurio influya ladrones, Luis Catorce en Francia le quitó su influencia y, así, apenas allí se ve uno. Aunque Marte en España suscitaba venganzas, nuestro Rey Phelipe Quinto (que Dios guarde) ha ajado su cólera y, contra el Can y León Celeste, ha inspirado en sus Vasallos un influxo pacífico. Y aunque haya Estrella que influya infamias, el Príncipe justo es capaz de hacerlas perder sus influxos, y que nazcan los niños y se conserven los hombres sin inclinaciones malas» (Juicio..., p. 55).

A esto llamará Torres *adulación* [30], pero nos consta por otros muchos textos que es una opinión que comparte: basta repasar la expresiva Dedicatoria de sus *Obras* a Fernando VI.

En la formación de la ideología política del despotismo ilustrado —cuya definición debe situarse ya en los primeros años del siglo— no se puede olvidar el «espíritu de Cruzada» que tan fuertemente impregnó los ánimos durante la Guerra de Sucesión.

---
[30] Dedicatoria del «Entierro...», *Obras* (1752), t. X, pág. 148.

Este «espíritu de Cruzada» rezuma de cada página de los *Comentarios...* del Marqués de San Felipe (B.A.E., t. XCIX), y en el Estudio Preliminar de Carlos Seco Serrano queda perfectamente documentado. Si no nos gusta el término por excesivamente místico (aunque yo pienso que es muy adecuado) podemos sustituirlo y hablar entonces del «formidable aparato de propaganda» borbónico durante y después de la Guerra.

El conservadurismo político de Torres Villarroel (o, más bien, su apoliticismo «ascético», tan distinto de la actitud de don Francisco de Quevedo) es algo que parece fuera de duda, así como las estrechas relaciones que mantuvo toda su vida con diversos elementos de la nobleza española más estrechamente felipista (D. Alvaro de Bazán y Benavides, el Duque del Arco; pero, sobre todo, el duque de Huéscar, el de Alba, Carvajal, Ensenada, etc.)*. Sin embargo, el texto expurgado por la Inquisición en la edición de 1743 de la *Vida Natural y Católica* representa un ataque tan corrosivo contra toda autoridad política que resulta muy difícil entenderlo en el contexto de apoliticismo estoico que parece dominar las ideas de Torres. Es éste un punto que requiere una investigación amplia y detallada que, contrastando dialécticamente hechos e ideas, defina el alcance real de texto tan sorprendente. Por el momento, suscribo plenamente los comentarios de Guy Mercadier al respecto, en su edición crítica del manuscrito neoyorkino de la *Barca de Aqueronte:*

---

* Estos personajes —especialmente Huéscar— son los más significados «dirigentes» de lo que se ha llamado el Partido Español durante los reinados de Felipe V y Fernando VI. Para más detalles que puede verse el documentado estudio de TEÓFANES EGIDO LÓPEZ, *Opinión pública y oposición al poder en la España del siglo XVIII (1713-1759)*, Universidad de Valladolid, Valladolid, 1971.

«*Si es verdad, como ha mostrado Russell P. Sebold en su introducción a las* Visiones, *que Torres hereda del Renacimiento tanto como del Barroco, se tiene muchas veces, al leerlo, la fugitiva sensación de estar en marcha hacia mitos aún por nacer, o por renacer, como el de los Trogloditas o el del Buen Salvaje, hacia ideas que se expandirán cuando el siglo devenga verdaderamente el de las «Luces». Otra prueba, si hiciera falta, de los lazos que ligan en profundidad a dos eras capitales del pensamiento europeo. Cuando Torres proclama: «Los príncipes se formaron de los tiranos que hicieron esclavas las repúblicas; los capitanes, de aquellos espíritus impíos y terribles que quemaron provincias y vertieron la sangre de otros hombres; los reyes, de los que, con violencia escandalosa tomaron posesión de aquel suelo que Dios y la naturaleza habían repartido a cada racional. Mantúvolos la codicia y la violencia en el tirano señorío, hasta que ellos propios hicieron leyes, códigos y pandectas para hacer hereditarias las rapiñas»* (Vida Natural y Católica, A. Marín, *1730, p.* xv), *nos parece oír la gran voz de J.-J. Rousseau reconstituir el proceso de avasallamiento del hombre:* ...»[31]

Pero terminemos de una vez con la polémica astrológica antes de que se nos convierta en un colador de digresiones.

Una vez reseñados con cierta amplitud los textos que definen las tres posturas más importantes (Feijoo, Torres, Martínez), vamos a hacernos eco de

---

[31] *Diego de Torres Villarroel: «La Barca de Aqueronte, 1731»,* edition critique d'un autographe inédit, par GUY MERCADIER. Centre de Recherches Hispaniques, París, 1969, Introduction.

algunas andanadas que volaron de uno a otro campo en los meses siguientes. Agustín Millares Carlo, en el excelente Apéndice bibliográfico con que concluye su prólogo al *Teatro Crítico*[32], cita nada menos que cuatro papeles más que siguieron a los ya comentados. Son los siguientes:

Torres Villarroel, Diego de: Conclusiones de Torres a Martín en respuesta de su Juizio Final... *En Salamanca: En la imprenta de la S. Cruz, 70 págs. y una hoja, 8.° (La dedicatoria es de 7 de marzo de 1727.)*

Mariscal y Cruz, Juan Antonio: Consejos amigables a don Diego de Torres, Cathedrático de Mathemáticas en la Universidad de Salamanca. Escritos por don Juan Antonio Mariscal i Cruz. Procurando desengañarle de sus locuras i reducirlo con razones, i authoridades a la mejor enseñanza. *Impresos en Madrid, i por su original (con licencia) en Sevilla en la imprenta Castellana y latina de Manuel Caballero, 23 págs. 4.° (Van dirigidos contra el Entierro, y fechados en Madrid a 6 de febrero de 1728.)*

Salinero, Juan: Pragmática del tiempo en defensa de la buena astrología contra el Juicio final de la astrología. *En Sevilla, por Diego López de Haro (S.a.), 1 hoja y 6 págs. 4.°*

Serrano, Gonzalo Antonio: Theatro supremo de Minerva con su catholico decreto, y sentencia definitiva a favor de la physica astrología, conforme a derecho natural, civil y canónico, por alegación consultiva y resolución decisiva en la palestra de cada una de las ciencias que propugnan: ser la astrología, buena y

---

[32] Edición ya citada. Ver núm. 10.

cierta en lo natural: verdadera y segura en lo moral: útil y provechosa en lo político; contra el Juicio final de la Astrología escrito por el doctor don Martín Martínez... con una carta proemial, histórica, auxiliar y amigable a don Diego de Torres. *Córdoba. Pedro Arias de la Vega. (S. a.), 10 hojas y 183 págs. (Los preliminares son de 1727.)* (pp. 65-6).

Este último, don Gonzalo Antonio Serrano, era famoso autor de almanakes, que firmaba como el «Gran Piscator Andaluz». El fastidio inenarrable (y, a veces, la diversión) que me produjo la lectura de su *Theatro Supremo de Minerva* debe autorizarme al menos la venganza de un breve comentario.

Este mamotreto monstruoso es, en resumen, un pesadísimo guiso a base de rancios tocinos escolásticos que sobrenadan en un formidable puré de Autoridades arrancadas del fabulario hagiográfico de Lorenzo Beyerlink. El ingenioso e inquieto contradictor de Feijoo, don Salvador José Mañer (1680-1751), describe el libro con estas palabras:

> «*Al referido* Theatro, *más le conviene el nombre de* Varones ilustres, *que el de defensa de la Astrología; porque es menester zambullirse en el dilatado piélago de lo primero, para encontrar con algo de lo segundo. Más de dos tercios de la obra se lleva en solos dos puntos, que Don Diego de Torres en cuatro palabras los concluyó con suficientísima prueba: los influxos celestes, y el fluxo y refluxo del mar, que ambos sin tocar en la Astrología los puede disputar el* Philosopho» [33] (p. 34).

---

[33] MAÑER, Salvador Joseph: *Repasso general de todos los escritos del Bachiller Don Diego de Torres, Cathedratico de Mathematicas en la Universidad de Salamanca, que para divertir los*

Recitarios astrológico y alquímico 77

Como homenaje devoto a este Gran Piscator Andaluz, sublime y heroico defensor de la Astrología —que más de una vez haría a Torres maldecir de la profesión entre dientes—, mostraremos aquí uno de sus más logrados retratos:

> «*No consta ciertamente ser Aristóteles natural de Estagira, porque nuestro famoso y sapientísimo Torreblanca en la Dedicatoria de sus obras* Iuris spiritualis *a la Ciudad de Córdoba, no con pocas autoridades persuade ser español y cordobés, pues dize así:* En el conocimiento de un solo Dios excedió a los demás Aristóteles Principe de la Philosophia; porque según muchos fue español, nacido en Córdoba, y de aquí pasó a Grecia, donde fue discípulo de Platón y Maestro de Alexandro Magno: porque el título que le dan de Estagirita en sus obras (fue muchos años después de su muerte, por los Griegos, que las sacaron a luz) o ya por haber reedificado a Estagira, o ya por haber sido patria de Nicomacho y Festides, sus padres. *Este asumpto prueba largamente el mismo Autor en el lib. 10 cap. 13 n. 91 y 92 de* Iure spirituali; *donde copiosamente trata las excelencias de Córdoba. (...)*
>
> *(...): su afición y aplicación a la Astrología la manifestó plenamente a Calisthenes Philosopho, pues estando de partida en compañía de Alexandro Magno, para las conquistas de Asia, le encargó grandemente remitiese a los Grie-*

---

ociosos, y embarazar los ocupados, ha dispuesto Don ... Con licencia, en Madrid, año de 1728, pág. 34.

Se trata de un papel muy inteligente, muy gracioso y muy bien escrito. Fundamental, como testimonio contemporáneo, para todo acercamiento a cualquier aspecto de la obra de Torres.

> *gos la Astrología de los Chaldeos, si llegaba a ser tomada Babylonia, y consta ciertamente que Calisthenes remitió a Aristóteles las observaciones astrológicas de 3903 años, que halló en Babilonia, (...)*
>
> *Con la noticia de los Sagrados escritos es de creer haberse totalmente confirmado en el conocimiento de un solo Dios, que ya conocía Aristóteles en fuerza de las llamaradas de la luz natural, que resplandecía en su prodigioso entendimiento, que, ilustrado con las noticias de la sacra doctrina, penetró en medio de las tinieblas del Gentilismo hasta el Sacrosanto mysterio de la deseada venida de Christo nuestro Salvador al mundo, (...).*
>
> *(...), pero Aristóteles, temiendo el decreto, secretamente salió de Atenas, y buscando seguridad y descanso, se encaminó a la Ciudad llamada Chalcides, donde pasó el resto de la vida, y murió pidiendo misericordia a la Causa de las causas, (...)»* (pp. 33-5).

Y no menos edificante ni menos celtíbero que el de Aristóteles es el retrato de Séneca. De éste se elogia la «memoria verdaderamente prodigiosa, pues oyendo dos mil nombres continuamente pronunciados, sin discrepancia los repetía con el mismo orden» (p. 35), pero no se olvida subrayar su ferviente catolicismo:

> *«...; y para triunfar de la muerte corporal, viéndose en el último aliento,* addicta voce, libare se liquorem illum Iovi Liberatori, *esto es, ya diminuta la voz, y torpe la lengua, dixo: Esta sangre de mi corazón consagro en víctima al verdadero Dios»* (p. 38).

Finalmente, permítame el lector (si alguno hubiera sobrevivido hasta aquí) un ejemplo —breve aunque igualmente abrumador— del estilo polémico de este verdadero sub-Piscator *:

> «*Todo lo que se difine general y específicamente, tiene ser y actual existencia: Es así que la Astrología se difine por género y diferencia, como se verá en la Conclusión siguiente: Luego, la Astrología tiene ser y actual existencia. Todo lo que el hombre conoce de la naturaleza de los Astros y sus propriedades es verdadera Astrología: Es así que yo y otros muchos conocemos no poco de la naturaleza y proprias pasiones de los Astros: Luego yo juntamente con otros muchos tenemos en actual posesión la verdadera Astrología*» (pp. 46-7).

---

* Este Piscator Andaluz (1670-1761) publicó en 1744 una traducción de los famosos cómputos de Riccioli, con el título de *Tablas filípicas, católicas o generales de los movimientos celestes*.

LOS CIEGOS DE MADRID
Almanak para 1732

Diego de Torres Villarroel

Publicamos aquí uno de los almanaques de don Diego de Torres, tal como fue recogido en la edición de 1752 de sus *Obras:* ya hemos dicho que Torres seleccionó sus pronósticos suprimiendo de ellos todo el aparato puramente cronológico, médico y meteorológico.

En la ya citada antología de pronósticos, que preparó Russell P. Sebold, se tomaron —por su extraordinario interés literario— las «Introducciones», despreciando la segunda parte del material seleccionado por el mismo Torres: las copillas o jácaras que componían el «juicio del año» y las correspondientes a las «lunaciones».

Estas coplas —que Sebold consideraba, con bastante razón, detestables desde el punto de vista estético— son, sin embargo, el meollo *astrológico* de los almanaques. Por eso me he atrevido a copiar íntegras éstas de 1732.

No tendría ningún sentido considerar la Astrología del Setecientos —como hemos hecho hasta aquí— en función solamente de los papelones con que se abofetearon entre sí «críticos» y «piscatores», sino que es muy preciso ver con atención cuál era en realidad la *práctica del discurso* astrológico.

Aquí no es posible tratar a fondo esta cuestión: entre otros motivos, porque mi labor debe reducirse a presentar unos textos y no a destriparlos.

Sin embargo, quiero hacer notar algún que otro aspecto referente a los Almanaques. Especialmente, la condición divertidamente *escindida* de su discurso.

La Ciencia Astrológica es un *código* que rige todo un *juego:* pero en este caso —por una vez...— está absolutamente claro que lo importante es el juego; que éste es autónomo respecto de la norma, e incluso la fundamenta como ley de lo eternamente vario (que es lo idéntico, analógicamente, y viceversa). El código ofrece los Signos; y el juego los somete a la más insaciable de las Combinatorias. Pero esto no lo hace el astrólogo. El astrólogo juega sobre los Signos: contempla con su anteojo todo lo que se mueve en el cielo y lo proyecta a la escala del microcosmos humano (o de las naciones). Ve las relaciones y debe cifrarlas en números, figuras y palabras: en ello se encerraban las obligaciones de los astrólogos de las antiguas escuelas (salvo, claro está casos tan especiales como el inglés Simon Forman —astrólogo y alquimista, de extraordinarias capacidades libidinosas— de quien las numerosas clientes siempre conseguían algo más que un horóscopo).

Pero un zurcidor de Almanakes es algo más, y también algo menos. Se vale de un vehículo de expresión tremendamente poderoso: la imprenta. Su alcance es, pues, muy grande; llegando a ser estos almanaques —como consta del caso de Torres— unos ancestros bastante próximos de nuestra cultura de masas. Como contrapartida, el discurso ha de quedar escindido: fuera del dominio directo del astrólogo. El oficio de éste, debido a su impregnación

Recitarios astrológico y alquímico

y proyección social, se centrará casi exclusivamente en el juego de la ambigüedad prosaica y, muchas veces, irrelevante: un juego, evidentemente, mucho más pobre y restringido que el de los astrólogos antiguos.

El pronosticador de piscatores queda así constreñido a crear un «texto» que no es tal, sino «pre-texto». Sobre este último elabora cada individuo su *texto* (que es exégesis) particular, su pronóstico de andar por casa. Es en ese nivel donde tiene interés estudiar la práctica del discurso astrológico: el Almanak como estímulo y reflejo de un clima político, social, religioso, etc., en un tiempo determinado.

Nosotros nos quedamos en la puerta: en el «pre-texto» que elabora el astrólogo, tras echarse sus cuentas sobre las Casas, los Aspectos, los Signos, los Planetas y sus revoluciones, paralajes, conjunciones, oposiciones, etc.

El pronóstico que viene a continuación ofrece —además de la graciosa aventura de la vejancona y el ciego— una serie de materiales sobradamente ilustrativos de todo lo que hemos apuntado hasta aquí. Pasen ustedes, y disfrútenlo como si fuera el del año que viene.

LOS CIEGOS DE MADRID. PRONOSTICO QUE SIRVIO
EN EL AÑO 1732

Ello es cosa sensible que a un hombre honrado no le han de creer que es embustero, cuando lo dice con seriedad. ¿Sobre qué, señores lectores mentecatos, me han de levantar ustedes el falso testimonio de que digo verdades? Si sucede algún incendio, lo dixo Torres; si murió algún príncipe, Torres anunció su muerte en el Pronóstico; si hay alguna guerra, Torres lo había profetizado. Señores botarates, Torres no se acuerda en toda su vida de incendios, ni de príncipes. Las guerras, las prisiones, las caídas, los naufragios, y todas las demás inquietudes y acaecimientos del mundo político, están fuera de su memoria y de su consideración. Cuando hace el Pronóstico sólo se acuerda de los mamones que están esperando sus chanzonetas como si fueran profecías: todo su intento es llevar la pluma al compás del cumbé y de la gaita gallega y de los otros sones que alegran a las gentes y al populacho. Los vulgares y los que no hacen ciencia, virtud, o juicio de la gravedad, melancolía y desabrimiento, en oyendo sus xacarillas, se ríen hacia fuera, alaban el humor de Torres, y ponderan sus chistes. Los circunspectos y catonianos se ríen hacia dentro, y dan su carcajada entre cuero y carne. Dicen que Torres es un loco, pero compran su juicio.

Lo que tiene que oír es cuando se juntan media docena de mamarrachos a leer mis coplillas y a comentarme las expresiones, empujando mis palabras hacia el sentido que pretenden, tirando de mis xácaras hasta que respondan a sus antojos y dexándome a que sustente otros tantos hijos pegadizos cuantas son sus disparadas inteligencias. Un escritor candonga, que sabe mucho de Chímica para hacer Kalendarios, y tiene una ración de hambre en su ingenio, solicitó el año pasado descomponer mi serenidad y echar a perder mi fortuna interpretándome una copla; pero se quedó ahorcado de su misma esperanza.

Desengáñense ustedes, señores cabalgaduras, que nadie tiene poder para hacerme infeliz: mi ventura la tengo encerrada en el puño, y ninguno puede abrirme la mano.

Torres no teme más que a Torres: yo sólo puedo hacerme mal. Los demás tiran cornadas a su nombre y pellizcan sus escritos, que es lo mismo que contentarse con la capa. Así, no hay más sino desvelarse en mi daño, que ustedes se quebrarán los colmillos, y yo he de pasar mi vida en una carcajada. Vuelvo a decir que no hay que andar levantándole los faldones a mis xacarillas, que cada una es solamente un títere que va en requisitoria de la risa y el pasatiempo. Adiós, señores majaderos.

Introducción y juicio general del año

Ea, Torres; ya te puedes meter a guisandero de comedias: no hay cosa más fácil que rebuznar octavas, décimas, romances y ovillejos. Para tres jor-

Recitarios astrológico y alquímico

nadas, ya sabes que sin mucho trabajo puede hacerlas en este tiempo cualquier pollino. Déxate, pues, de la locura de tus adivinallas; reniega del disparatorio de tus Lunarios; echa a los diablos los compases, anteojos, bolas y bigotes, y toda la catalineta de los Pronósticos. Ponte a casamentero, que más vale mentir de texas abaxo. Y si no, éntrate a Director de potras; acomódate, si te parece, a sastre de bragueros; gradúate de maestro de caparazones; introdúcete a mondar nalgatorios, a galopín de emplastador, a confitero de julepes, a regatón de ayudas, arlequín de los filósofos del servicio, o metemuertos de Medicina. Los Kalendarios rinden tan poco que no los quieren ni aun a trueque de maldiciones. Este año de 31 ha habido langosta de astrólogos y pulgón de almenakes. Esto de Piscator tiene calidades de tiña: no hay oficio tan pegajoso. Muchos de los lunarios que se imprimieron han servido para camisones de especias y para aforrar traseros de ojaldres. Otros autores se han conchabado con el gremio de los coheteros; no hay duda que lucirán sus obras: los más escritos de esta calaña sirven para que se ensucien sobre ellos los boticarios, cuando les piden algún unto. A buen librar, irán los tuyos a componer cartones para formar las carántulas de los Cagalasollas, o se destinarán a moqueros y escarbadientes de los ojos.

¿No estás cansado de que te anden los ciegos arremangando por medio de esas calles; de escribir obras que se despachen a pregón como si escribieras repollos, requesones o espárragos? De que éstos te vendan, aquéllos te pellizquen, te muerdan los burros, te acoceen los médicos, te ahorquen los letrados y te emborrachen todos?

¿Qué tienes tú que andar avisando a los otros del aguacero que habrá tal día, u de la tronada?

Si lloviere, métanse en un portal; y si tronare, encomiéndense a Santa Bárbara, que lo mismo haces tú cuando llueve o truena. Ponga cada uno la capa donde no se la meen los nublados y dispóngase para cuando lo llamen a cuentas; advirtiendo que para que dispare Dios los rayos formidables de su justicia no es necesario que haya turbación en el aire, ni que amenace desde las nubes a los hombres.

En no habiendo agua cuando tú lo previenes, te meten el vino a puñadas en el celebro, y Torres se ha embriagado siempre que se les antoja a los botarates. Si alguno ha de purgarse, allá se lo haya con su purga, y no te mates tú sobre que no lo mate el doctor. A éstos dexalos que sean ponzoñosos, que receten puñaladas de barbero o porquerías de boticario. Si tú sabes aquellos días en que son nocivos los purgones, brebajes y lanzadas, aprovéchate de la noticia y no te aventures a que te desprecien el aviso. Fuera Kalendarios, escribe loas y villancicos, y lloverán sobre ti sacristanes de monjas y mayordomos de cofradías como credos en ahorcado.

En esta conversación estaba yo con mi capote en un cuarto que empieza a ser baxo desde el techo, derribada la calavera sobre el bufete, machadas las narices contra la tabla, cruzadas las manos en el cogote, tragado de los pensamientos, y engullida toda mi atención en el cuidado de buscar oficio para no ser zángano en esta gran colmena del mundo, cuando me amoqueteó las orejas el «¡Ah de casa!» cascarón y desapacible, pasado por entre los colmillos de una vejancona remendada de dueña y de diablo, fantasma familiar, visión entrometida, marimanta doméstica, zancarrón mohoso, piltrafa de la naturaleza, arambel de la humanidad, corcovada, tuerta, cojitranca, y machorra, con su pelambrera de bigotes y un par de berrugas gordales jineteando sobre media libra de narices: traía sus chorreras de arrope de tabaco y columpiándosele dos tetas de marrana, prietas y blandujas.

Ensartóse, pues, en mi aposento y, reatado de un farrapo de su mantilla, se coló detrás de ella un espantoso mamarracho, con dos varas y media de cabalgadura, el salvaje más descomunal de cuantos aúllan gacetas y Kalendarios por las plazas, ladran xácaras por las calles, y gruñen oraciones por las esquinas. Quitóse al entrar por la puerta una plasta de paño y sebo que venía haciendo el papel de montera sobre su calvaria, y se le descubrió en el calabazo un lobanillo tan gordo como un puño; su frente estaba repartida entre bollos, chincharrazos y costurones; barbón de cejas, estercolado de lagañas, más chato que un cerdo, con una cara racimo llena de granuja y teñida a ramalazos de carraspada. Traía pendiente del pescuezo una capacha de pellejo de burra, grasienta, asquerosa y rebutida de manojos de xácaras, novenas, sonetos chabacanos y ensaladillas, entre algunos zoquetes pringados. Colgábale del hombro izquierdo una vihuela cubierta de botañas, remiendos, cataplasmas y parches; y todo tan mugriento, sucio y andrajoso que podría sin duda servir de vómito al estómago más robusto.

Sorprendido quedé de los dos espantajos que de repente se me ofrecieron a los ojos. Pero la vejancona, sin aguardar a que yo la preguntase con qué destino se me introducía en mi aposento, me dixo:

—Aquí tiene su mercé, señor Piscator, al Implusulta de la Cieguería, y a la flor de las guitarras de Madrid, al señor Cosme Mocorroño, que a fee que me tiene su mercé por allá algunos pares de oraciones, porque las Animas Benditas lo hagan bueno y lo libren de las malas lenguas, para que percure el bien de los Ciegos y les dé a ganar dos dedos de pan con sus Almenakes: dambos dos venimos a pedirle una petición de parte de toda la Hermandá, y es de menester que la otorgue como buen hijo, ansí vea criados los que tuviere, para honra y gloria de Dios y de su Santísima Madre.

—Sea loado Dios —añadió Mocorroño— y guarde a su mercé, señor Torres, de soplones y testigos falsos, y amanezca con bien.

Yo, que aún no había podido hacer baza con la tarabilla de la Vieja, correspondí a sus salutaciones sencillas y a sus cumplimientos palurdos diciéndoles cariñosamente:

—Abuela, buenos días; bien venido, feo Mocorroño. ¿Qué es lo que se ofrece? Digan lo que buscan, que ya saben que Torres no es de la trulla de los zainos; y el amigo Rebollo, el Papudo, Culo de Perol, Orche, el Tiñoso, Arrastracardos y los demás de la Cofradía tienen conocimiento de que no es zurdo el Piscator de Salamanca, y que hace a dos manos por los hombres de bien.

—De gloria lo halle su mercé —dixo la visión de la Vieja, con muchas ponderaciones en el gesto— cuando se lo lleve la descarnada.

—Mis compañeros —dixo el buen Mocorroño— como en el esteuto barruntan el aquel que tiene el señor Torres por los ciegos, se atreven a pedirle una petición; y yo vengo en persona de toda la Gente del Garrote a meter el empeño para sacarla a su mercé la palabra: Diz que su mercé no quiere hogaño dar a la Emprenta su Almenake, por yo no se qué cancamurria que tiene con los pronostiqueros. Los probes están con este Judío y si su mercé se las tiene tiesas bien nos podemos ir a buscar la cagada de lagarto por esos andurriales.

—Lo que se ruge por Madril —acudió la Vieja—
es que su mercé tiene la tirria con tantos boloños
que quieren meter su hocico en boñiga, como si el
hacer Kalandarios juera escribanear a troche y a
moche, a salga pato o gallareta.

—Ahora mismo, feo Mocorroño —respondí yo—
estaba confirmándome en la resolución de no escribir más almanakes; porque ya se han criado
tantos astrólogos que ni a mí ni a los ciegos les
puede tener cuenta lo que yo escriba.

—Tenga su mercé la mano, señor Piscator —replicó el ciego—, que los pronósticos de los otros no
perjudican al que su mercé saca de su calletre:
que, como los demás Kalandarios no van aparejados
con los pelendengues, bolras y arrumacos que su
mercé les cuelga a los suyos, toda la gente se come
las manos detrás de ellos; y esta experiencia la
tenemos a ojos vistas; y se despachan que es una
bendición de Dios. Y, aunque salgan más prenósticos,
que no sé que me diga, los de su mercé se han de
vender a moxicones: por eso, señor Piscator, no hay
que enfurruñarse. Ropa juera y manos a la obra,
que no lo perderá de los probes ciegos.

Añadió a esto el buen Mocorroño todas las cosas
que le dictó su retórica parda y su elocuencia
roma; y no se descuidó Marinuño en hacer rogativas
revueltas con ademanes y pucheros: con que los
hube de conceder lo que me pedían, diciéndoles:

—Ahora bien, feo Cosme Mocorroño, por este
año haré lo que me piden mis amigos los ciegos.
Pero tengo intención de poner aparte las coplas que
han de corresponder a las lunaciones, para que
ustedes puedan cantarlas y venderlas a su placer.

—Bien está —replicó Mocorroño—; pero si su
mercé nos da el Pronóstico a secas, sin coplones y
cascabeles, se nos queda el rabo por desollar.

—Pues para que tenga algún sainete —le respondí— le pondremos por introducción esta misma diligencia de ustedes. Y en las lunaciones, dos o tres coplas de las Xácaras o Siguidillas que se han de cantar, y que yo mismo iré repartiendo entre los Hermanos; y Cristo con todos.

—Ello por ello —dixo la Viejarrona—; ya no hay que pedir sino es cutufas: permita su Magestá dárselo al Cielo, y el Señor se lo multiplique. Zafemos de aquí, señor Mocorroño, que ya semos al cabo de la enfecultá.

Despidiéronse con esto los dos estantiguas, cerré mi aposento, y formé los cálculos y juicios del año, reduciendo los sucesos políticos de las Estaciones a las cuatro xácaras siguientes.

Primavera

¡Con qué soberbia levanta
un verde laurel su copa!
¡Qué pocas son sus raíces!
¡Y qué muchas son sus hojas!

En las mismas que le sirven
a su esplendor y a su pompa,
se escribirán algún día
los sucesos de su historia.

Sobre su verdor lozano
sus esperanzas apoya,
sin ver que la noche quita
los colores a las cosas.

Resplandece con el Sol,
y se ríe con la Aurora:

Teme que se vuelva el aire
jurisdicción de la sombra.

Contra el tiempo se rebela,
y a sus leyes imperiosas
juzga hurtarse, cuando al tiempo
hasta los cedros se postran.

Los desprecios de la envidia
son de su dicha carcoma,
que en el puerto confianzas,
son escollos en las ondas.

¿Qué es lo que le ha dado en prendas
la fortuna varia y loca?
Cuya condición dos veces
la padece quien la ignora.

El pie le besa un aroyo
por adulación forzosa:
¿A cuántos troncos, a cuántos,
besa los pies la lisonja?

Mordiendo le va lo propio
que con rendimiento toca,
y en pasando le murmura
aun lo mismo que le adora.

Su fin le avisa un nocturno
pájaro, y su voz ahogan
ruiseñores lisonjeros
con cantadas armoniosas.

Despreciando éste los rayos,
que a Jove Vulcano forja,
como si a Jove faltaran
otras armas poderosas.

Un huracán formidable
desvanecerá sus glorias,
que glorias que escribe el viento,
es el viento quien las borra.

De el estío

Para componer un tres,
 seis sacristanes están,
 seis, que de música tienen
 no más que lo sacristán.

El que más de estos cermeños
 tiene tanta habilidad,
 que a una letra de Aleluya
 solfa de Requiem pondrá.

Con muchas velas se alumbra
 aquella comunidad,
 todas de cera, y a fée
 que no tiene colmenar.

Pondrán la solfa, porque
 saben de puntos no mal,
 que el menor de ellos ha sido
 zapatero en su lugar.

A las lámparas de un templo
 chupan el olio vital,
 y con música pretenden
 satisfacer la deidad.

Buen arrullo le disponen
 al inocente rapaz,
 su música de relinchos
 es buena para arrullar.

Al son de un órgano, que
　es de una capilla real,
　cantarán; mas ésta tecla
　no la quiero yo tocar.

Un descompasado antojo
　ha de llevar el compás,
　si no fuere lo que suena,
　lo que fuere sonará.

Todas tres voces iguales
　quieren poner, sin mirar,
　que no hay armonía, donde
　falta la desigualdad.

¡Qué bravos casamenteros
　hemos llegado a encontrar!
　Que procuran neciamente
　desposar a Gil con Blas.

A cada punto que ponen,
　humedecen el tragar,
　apuran las vinajeras
　mas no la dificultad.

Sobre las voces del tono
　a las greñas andan ya;
　y metiendo el pleito a voces
　a tirar de un Muerto van.

De el otoño

Todo el mundo es desconcierto,
　desorden todo y baraja:
　La mayor desdicha es que
　la fortuna se emborracha.

En una Casa de Orates,
  para loqueros señala
  a un chímico y a un poeta,
  ambos merecen la jaula.

Un facineroso insigne
  sobre un throno se levanta,
  y verás que da la ley
  aquel mismo que la agravia.

Coronados de laurel
  entran al son de una salva,
  con los bigotes postizos,
  un capón y una beata.

Cierto capitán parece
  con un plumaje en la plaza,
  y son plumas de gallina
  las que componen su gala.

Para la salud de un Reino
  consultando está un Monarca
  a un mal galenista, que
  sangre de pobres derrama.

El Mayordomo avariento
  pone con ciega ignorancia,
  para una sardina sola,
  doscientos gatos de guardia.

De remotas tierras viene
  un cocinero de fama,
  y viene desde tan lexos,
  para hacer una ensalada.

Terrible incendio ocasionan
  las lágrimas de una dama,
  para que se vea un fuego
  que debe su oriente al agua.

La montaña está confusa,
todo es ruido en la montaña
y se miran ya las cumbres
inferiores a las faldas.

En el banquete ha propuesto
la discordia su manzana,
y llega el tiempo de que
se maduren las granadas.

Cañas buscan los morlacos
para pescar oro y plata,
y los más de los bastones
se van convirtiendo en cañas.

De el invierno

Carátulas quita el tiempo,
que es quien todo lo revela
a todos los que componen
una mogiganga seria.

Un reverendo togado
el primero se presenta,
oidor lo creyó el engaño,
sordo la verdad lo encuentra.

Se descubre un estadista,
a quien la paz se encomienda,
que con un fuelle por boca
sopla el fuego de la guerra.

Más bigotes que un tudesco
cierto general ostenta;
quítale el tiempo el embozo,
y se descubre una dueña.

Uno, que por justiciero
se nos vende acá en la tierra,
vende la justicia, sin
que jamás justicia venda.

Por las pragmáticas, que
todos los puñales vedan,
de un protomédico ilustre
se prohiben las recetas.

En plumas de secretarios
duerme un Señor sin cautela;
quien ahora en plumas duerme,
sin pluma después despierta.

No hay que buscar los del Tribu
en narices aguileñas,
que una procesión de chatos
se ve venir de Judea.

De Catón jura un Ministro
de barba y de ropa lengua,
síguele el tiempo, y lo ve
entrar en una taberna.

A un Príncipe negligente
sus vasallos lisonjean,
en su persona lo escupen,
lo adoran en su moneda.

Por el mar transporta el oro
la codicia marinera,
y apuestan el mar y el hombre
a quién traga más riquezas.

Todo es chamusquina y humo
y a la misma chimenea
yo tan sólo me caliento,
mientras los otros se queman.

Los sucesos de las lunaciones van en las coplas siguientes

A reculas caminan
 los Sabios nuevos,
 por no ver lo que obraron
 nuestros traseros:

Lo yerran todo,
 si a las cosas pasadas
 no abren el ojo.

¿Qué importa que furiosos
 vengan los duelos,
 si el pan sabe quitarlos,
 o hacerlos menos?

Vengan quebrantos,
 como no nos engullan
 lo quotidiano.

Por alterar las testas
 andan los textos,
 y se juntan las Togas,
 mas no el consejo:

Que quiere Marte
 que se grite la ofrenda,
 pero el don falte.

Mira, Baxel hermoso,
 que son muy falsas
 las promesas que te hace
 cruel la playa:

¡Ay, que Neptuno
 no te llama a la vida,
 sino al sepulcro!

En las jarcias que llevas,
 el daño escondes,
 que sustenta tu buque
 jarcias peores:

Pues en él llevas
 la codicia y altura
 de la soberbia.

Alcabalas y cientos,
 y aun otras sisas,
 podrán ser otorgadas,
 mas no cumplidas:

Que esta demanda
 lo mismo es que pedirle
 pueblos a Francia.

Ganapán de monedas
 eres, mezquino,
 de ellas andas cargado,
 no socorrido:

Sabe que el oro
 aún más tiene de peso
 que de socorro.

Esta Luna y tus Soles,
 Filis hermosa,
 ya que no los eclipsa,
 me los asombra:

Huye de Marte,
 que Mercurio te guarda
 buen hospedaje.

Para poblar de leños
las dulces aguas,
vienen como llovidas
las embaxadas:

Los ríos callen,
que tan sólo uno de ellos
sale de madre.

Ya mi gozo en el pozo
cayó postrado,
y sacarle no puede
mi garabato:

Porque sus garras
la lima de unos dientes
tiene cortadas.

RECITARIO SEGUNDO
QUE ES ALQUIMICO

Nuestro primer Recitario, que fue astrológico, tenía la intención, y tal vez la utilidad, de servir para formar con él una especie de cucurucho o canuto de papel a modo de telescópica caña de «piscar». Creemos que tal artefacto permitirá a los astrólogos de las letras rebajar dioptrías, disculpar cataratas y desemborrachar órbitas críticas.

Este segundo, que es alquímico o chemista, comprende una colección de recitas y anotaciones muy diversas, yuxtapuestas unas con otras o —como diría Torres— *reatadas* y recosidas después en forma de mugriento y ahumado cuadernito práctico que debe servir al chemista (= adepto de *la quema)* para consignar meticulosamente cada una de sus operaciones, cotejar experiencias, interpretar resultados, extractar textos de otros sabios adeptos, y almacenar observaciones, chispas y petardazos.

Es evidente que sólo con las recetas que se contienen en nuestro presente cuadernito nadie puede fabricar sol (oro) ni luna (plata) filosóficos (a no ser por especial gracia divina o porque reciba la piedra de algún adepto). Pero con ellas puede muy bien creerse que hemos formado la más clara y útil guía manual para que, cualquiera que no sea avaro de su tiempo, su salud o su dinero, pueda iniciarse por sí solo en cualquiera de las vías del Arte transmutatoria. Sólo debemos advertir que nadie debe aplicarse inmediatamente a recalentador de hornos, empollador de crisoles ni suprainductor de formas, sin haber antes considerado con aplicadísimo estudio y profunda atención todos los principios y fundamentos teóricos que rigen la transformación y perfeccionamiento de la materia por medio del artificio. El aprendiz de la Crisopeya o de la Argiropeya debe comenzar por imponerse en aquellos fundamentos a través del conocimiento de los escritos de los filósofos y adeptos antiguos y modernos, la meditación profunda de sus metáforas, y la conversación y constante relación con los demás hombres (sobre todo con los no-adeptos, de quienes necesariamente habrá de aprender muchas cosas útiles a la rectitud del Arte). Pero, sobre todo, el estudioso de esta filosofía deberá considerar constantemente las operaciones que ejecuta la naturaleza para engendrar, criar y perfeccionar los metales, piedras y medios minerales que digiere en sus cavidades subterráneas, cociéndolos ya sea con el calor del Sol, ya con el de sus internas profundidades.

El itinerario lógico de nuestras operaciones presentes, tal como queda reflejado en la ordenación de las recetas y anotaciones de nuestro cuadernillo, es como se sigue.

El texto central, el que ha motivado toda nuestra penosa labor recitatoria, es el breve tratado titulado *La Suma Medicina o Piedra Philosophal de el Hermitaño* (1726). Mi primera intención fue realizar una verdadera «edición crítica» del mismo, emplastando la recia concisión práctica de las operaciones que en él se refieren con todo un andamiaje de notas eruditas, acotaciones sabiondas y escolios impertinentes, que —sin negar su utilidad, cuando se emplean con moderación y oportunidad— son las más de las veces merengues y milojas que empalagan al más goloso.

Cuando ya había acarreado una cantidad de material que, por su bulto, parecía destinado a glosar todo el «*Theatrum Chemicum praecipuos Selectorum*...» descubrí que el opúsculo de Torres se me había quedado enterrado bajo la abrumadora sedimentación de parches acumulados.

Decidí, pues, despojarlo de tamaño estercolero y ofrecerlo limpio y desnudo en su intención y en sus silencios.

Por otra parte, el tratado de la Piedra no debía publicarse como algo separado ni completo en sí mismo, ya que constituye la continuación o segunda parte de esa fantástica tertulia literaria, científica y filosófica que es *El Ermitaño y Torres*... (1726). Este «viaje verdadero y aventura curiosa, aunque infeliz» es no sólo el necesario complemento de «La Suma medicina o Piedra Philosophal», sino que puede ser considerado como la mejor introducción a las ideas científicas y literarais de Torres: es, en suma, una verdadera «anatomía soñada» de su mundo intelectual.

A pesar del ilustre y revelador precedente de Quevedo; a pesar, también, de las *Visiones y visitas*..., los eruditos, plumíferos y demás calamares (que viene de cálamo) han segregado hasta el presente muy poca tinta acerca de lo que podemos llamar «la importancia del modelo onírico» en la construcción de las obras de Diego de Torres. Las razones de tan culpable estreñimiento ellos las sabrán, pero no creo que sea el tema tan tacaño en propinas de listeza como para despreciarlo.

Las obras de Torres emanan del hontanar de su propio Yo irrenunciable: no nos referimos a que sean más o menos autobiográficas —cuestión secundaria—, sino al hecho más trascendente de que el sujeto que escribe *necesita referir* constantemente el texto a sí mismo; *necesita eternizar* el huidizo presente del acto creador que da a la vez vida y muerte a las palabras: esto es, *necesita negar* la radical contingencia de lo escrito-creado porque determina e implica la propia contingencia del autor.

Dicho brevemente: Diego de Torres es *el Unico y su propiedad.*

En las *Visiones y visitas...* el modelo onírico está perfectamente explícito; en otras obras, algo más excusado. Pero en ningún caso deja de ser esencial.

Es sabido que los mecanismos del sueño producen —mediante el desplazamiento y la condensación de los contenidos psíquicos— un material onírico o «contenido manifiesto» consistente en la mera yuxtaposición analógica de los elementos más heterogéneos. Pero, para que ello se produzca, es preciso que se relajen los controles (la censura) de la conciencia y que se adormezcan los sentidos *. Así es como se producirá el tránsito ficticio —en Torres— entre la dimensión espacio-temporal real del autor y la de lo escrito, evitando de pasada el tan temido

---

* «Con este consuelo (propio alivio de un genio perdulario) y aquella melancolía (natural aviso de nuestro frágil ser) fui perdiendo por instantes el tacto de los ojos y la vista de los otros tres sentidos y medio; y cuando, a mi parecer, el discurso estaba más despabilado, viene el sueño y, ¿qué hace?: da un soplo a la luz de la razón; y me dejó el alma a buenas noches y a mí tan mortal que sólo cuatro ronquidos, unos por la boca y otros por lo que no se puede tomar en boca, eran asqueroso informe de mi vitalidad.

Acostada el alma, y ligados los sentidos a escondidas de las potencias, se incorporó la fantasía, y con ella madrugaron tam-

escollo de reconocer la autonomía objetiva del texto. Esta función de pasarela entre realidad y sueño, entre autor y texto, la desempeñan los prefacios e introducciones de sus obras (y muy especialmente en los almanaques). En las que aquí hemos desempolvado, encontramos ejemplos muy significativos: en el Almanak de 1732, la historieta del ciego y la vieja; en la «Suma Medicina», la de los gañanes del pueblo, que es consecuencia de la que pone fin a «El Ermitaño y Torres...». Esta última, que es un verdadero «sueño filosófico, científico y literario», tiene como «introducción» la sugerente aventura de la mula*, cuyo mismo nombre ya va anunciando lo filosófico del asunto **. La «introducción» a la materia del «sueño» es gradual y muy matizada. Torres difumina el tiempo y el espacio:

— La ermita —que representa la serenidad moral y el distanciamiento metodológico indispensables para encontrar la sabiduría— se halla a una distancia *indefinida* del lugar donde perdió la mula (flaca, rancia y candonga, como la vieja ciencia de las escuelas).

— El tránsito a la dimensión onírica se establece a través de dos peldaños: el restablecimiento de las fuerzas, perdidas por causa de la mula, y el apacible dormirse entre «hornillas y otros instrumentos del arte de empobrecer».

---

bién otro millón de duendes que se acuestan en los desvanes de mi calvaria; y entre ellos se movió tal bulla que a no ser yo tan remolón de talentos y tan modorro de sentidos me hubiera desvelado los mismos arrullos que me mecían el letargo.»

(*Visiones y visitas*... Ed. cit., págs. 16-17.)

* Acuérdese el avisado lector de la famosísima disputa del apóstata fray Anselm Turmeda con un asno, animal —como es sabido— eminentemente filosófico.

** «Candonga», además de «mula de tiro o vieja», significa «que huye mañosamente del trabajo».

— Cada conversación es un capítulo. Pero, en un libro de «sueños», no hay capítulos, sino *noches.*

Además de la peculiar relación autor-texto, de la que ya se ha dicho bastante, hay que señalar otro par de conexiones cuyo establecimiento persigue Torres en sus obras de forma casi obsesiva.

La primera es la *figura de enlace,* la imagen ficticia que ha de llamar a Torres desde el mundo trastocado de sus «sueños» y guiarle a través de tan fantásticos vericuetos. En las *Visiones...* será Quevedo; en nuestro almanaque de 1732, la vieja y el ciego, que *irrumpen* en su gabinete; en los dos tratados filosóficos que aquí editamos, el Ermitaño.

La segunda conexión a que nos referimos es la que trata de afianzar por medio de los innumerables «prólogos al lector». A través de ellos, intenta no sólo afirmar incontestablemente su derecho de «propiedad» sobre lo que ha escrito, sino incluso controlar el otro proceso que completa el sentido objetivo de un texto: la lectura.

En el relato del viaje de Torres a través de los libros de su Ermitaño, no hemos resistido la tentación de colgar alguna que otra nota dispersa al azar de nuestra propia curiosidad. Esas notas no tienen en absoluto la intención de documentar críticamente todas las referencias bibliográficas, sino tan sólo de picotear aquí y allá y meter alguna baza entre Torres y el Ermitaño.

En la Botica, no he querido ni entrar.

EL HERMITAÑO Y TORRES

Aventura curiosa en que se trata de lo más
secreto de los mysterios arcanos
de los chemistas

AL LECTOR

A raíz de esta ridícula aventura con el Ermitaño en que procuro burlarme de los embustes astutos de los Alchemistas he querido malmeter las utilidades de una Práctica oportuna para los rústicos, los eclesiásticos y los médicos. Yo bien sé que debía poner estos últimos cuadernos en una separación tan dilatada que no sólo no se mezclasen, sino que ni se oliesen de cien leguas los unos a los otros; pero ha convenido a mi necesidad esta encuadernación; y cuando en ella no se aparece más peligro que el de tu desabrimiento he determinado dexarte decir lo que quisieres y hacer yo mi gusto y mi comodidad. Tres Cartillas contienen los pliegos que se siguen después de la Piedra Philosophica; y en ellas pongo unas reglas breves para la práctica de la Agricultura, para el uso dichoso de la Medicina en la aplicación de los medicamentos y para el hallazgo de los Cómputos con que encuentra nuestra Madre la Iglesia perpetuamente sus festividades movibles. He procurado ponerlas tan fáciles que sin más maestro ni otro director que este Tomo, puedan ser sabios los profesores de estas facultades en corto tiempo y con poco estudio. Al artificio de las tablas para saber perpetuamente las Fiestas movibles añado otras con unos documentos muy útiles para saber hasta la fin del Mundo los aspectos y eclipses de el Sol y de la Luna, para que los Vicarios de Choro, Maestros de Ceremonias de las Iglesias y otros computistas eclesiásticos asienten con puntualidad y certidumbre las Conjunciones, Oposiciones, Cuartos y Eclipses de estos luminares, que acostumbran poner en sus Cartillas y Burrillos.

En la Cartilla Médica explico también el modo de manejar las Tablas Astrológicas para que por ellas sepa el médico el estado de el Cielo y los medios movimientos de sus planetas, que es lo que necesita conocer y examinar para la buena elección y administración de los medicamentos, doctrina muchas veces recomendada por sus Príncipes, Authores y Libros. Las enfermedades las relato con las voces de los médicos antiguos porque, aunque en estos tiempos se dice que en la Medicina se hacen mejores adelantamientos por los sistemas mozos que por los ancianos, yo estoy en la firme credulidad de que en España se ignora esta doctrina; y sospecho también que la conocen menos los que más la vocean; y como corran como hasta hoy los estatutos y terquedades de este siglo, me arrojo a sostener que no llegará el caso de que se pueda entender esta nueva Medicina: Lo primero, porque los médicos (de tiempo inmemorial hasta hoy) no dan a los jóvenes que adiestran para profesores de esta facultad, otra doctrina que la que ellos bebieron en sus caducos cartapacios; y en todas las Universidades Colegios y Congregaciones Escolares de nuestra España han jurado ciegamente porfiar y defender los libros rancios y los doctores decrépitos, y en todas ellas no hay un doctor sólo destinado ni inteligente en estos elementos y principios [34].

Lo segundo, porque los que se dedican a esta profesión son regularmente unos mancebos infelices, que el más venturoso suele ser criado de un fraile o de un colegial, y los más viven de los desperdicios de las porterías de los conventos [35], y su miseria no les concede más tiempo de estudiar que aquel que tardan en imponerse en las recetas que bastan para vivir ellos y matar a otros. Para hablar en la Medicina moderna es indispensable deletrear antes las experiencias de la Phísica; y ni esta ciencia ni la otra se pueden entender ignorando el idioma de la Geometría, la voz de la Estática y el lenguaje de otras facultades en cuyos términos e inteligencia es preciso detenerse media docena de años antes de tomar lección alguna de las especulaciones médicas; y un mozo de nuestros escolares, que toma este oficio para comer, casarse y salir de las sujeciones de la miseria, no quiere, ni puede, detenerse en las importancias de su obligación y de la ciencia, sino

---

[34] No creemos que esto sea un rechazo general de los «libros rancios y los doctores decrépitos», entendiendo como tales las doctrinas antiguas (Hipócrates, Galeno, Avicena...), porque, de hecho, Torres las sigue. Su misma tesis, tan repetida, de que la labor de los médicos no tiene sentido sin el conocimiento de la Astrología, está en relación con la vieja teoría de los «días críticos», con ideas farmacéuticas basadas en la Botánica antigua, etc.

Se trata más bien, pienso yo, de una actitud crítica frente al hiperescolasticismo de los usos académicos de su época y frente al carácter exageradamente deductivo y apriorístico de la Medicina, que, en fin de cuentas, quedaba en un mero comentario de «los textos». Empero, esta actitud crítica no llevará a Torres a posiciones *novadoras* en Medicina —ni siquiera al eclecticismo, escéptico pero comprometido, de un Martín Martínez—, entre otras razones porque su escasa práctica clínica tenía el mismo carácter fundamentalmente diletante que, por ejemplo, en Feijoo.

[35] Se refiere, naturalmente, a los estudiantes llamados «manteístas».

en cogerle la delantera a su necesidad. Estas precisiones, los continuos exemplares y lo cacareada que está la opinión de que a la cabecera de el enfermo no hay Medicina antigua ni moderna, que sólo es feliz la que cura el mal, y que en aquel lance el más Methódico debe ser el mayor Empírico [36], tendrá siempre en España a la Medicina en la infelicidad que padece.

Por estas causas no he querido hablar en estos Tratados con las expresiones modernas, como lo hice en los *Desahuciados*, la *Anatomía* y otros papeles phísicos y médicos. Yo imagino que esto importa; y, si no hubiere acertado, la buena intención me hace digno de el disimulo y aun de el perdón de cualquiera desacierto. A Dios, amigo.

---

[36] «Methódicos» y «Empíricos» eran los nombres de los seguidores de dos de las más importantes escuelas en que se diversificó la Medicina helenística posterior a Hipócrates. La primera, creada por Temisón de Laodicea, se basaba en concepciones solidistas referentes, sobre todo, a las alteraciones de tono de los tejidos. Procedía del atomismo de Epicuro, aplicado a la Medicina por Asclepiades de Bitina. El empirismo médico, fundado por Filino de Cos y Serapión de Alejandría, valoraba especialmene la observación personal y la inducción (autopsia-historia-epilogismo).

En nuestro caso concreto ambos términos parecen utilizados en un sentido más general, como simples sinónimos de «sistematismo» (dominio de la teoría) y «empirismo» (dominio de la práctica).

CONVERSACIONES PHYSICO-MEDICAS Y CHIMICAS.
VIAJE VERDADERO Y AVENTURA CURIOSA,
AUNQUE INFELIZ

En una mula flaca como mis propósitos, larga como mis conveniencias y escurrida como mi bolsa, venía yo, a buena cuenta, partido por entero porque era tan sorbida de lomos que se podían tajar plumas con el espinazo. Con cada paso de su perezoso movimiento me rociaba el nalgatorio de tarascadas y mordiscones, porque sus huesos más parecían agudos colmillos que sarta de la espinal médula. El aparejo, en vez de defenderme de las malditas tenazas de los lomos, menudeaba también pellizcos, coscorrones y rejonazos a mis cogines; porque estaba tan costroso y tan empedernido de la sangre de las mataduras que con cada hilacha me roía las extremidades de el hueso sacro. El era de mala xerga, pero entre él y la mula me dieron una buena manta. Caminaba a pistos, se movía a puchos y con cada compás delataba un endemoniado acompañamiento de roznaduras, pedorreras, suspiros y regüeldos por arriba y por abajo, que me arrancaba las orejas y me aporreaba las narices. Ni los besos de la albarda ni los abrazos de el acicate la pudieron meter en carrera. Pecador he sido, pero en mi vida anduve en peores pasos.

En esta sierra viviente donde yo mortal me partía salí desde Zaragoza a la Corte a despertar con mi presencia la memoria de algunos amigos que sólo por sueños se acordaban de Torres; y, una tarde que venía en mi mula repasando las Campiñas de Barahona, se le antojó de repente al Febrero hacer de sus locuras, y antes de morir el Sol, vistió luto la tarde, los vientos sollozaron, las nubes hicieron pucheros y toda la esphera sublunar explicaba con desordenadas revoluciones y tumultuosos remolinos general sentimiento por la moribunda luz de el Padre de todas. Sin valerme de las conjeturas de mi profesión, medroso totalmente a los sucesos y historias de mis experiencias, conocí que todo había de lloverme a las costillas: y cuando estaba mi temor preguntándole a los ojos por algún escondite para librarme de los porrazos con que me amenazaba el ceño de las nubes, empezó a vomitarse la hinchada región y a verter sobre mí las cóleras que abrigaba en su funesto estómago. Dos horas estuvimos mi mula y yo sirviendo de orinales a los hidrópicos nubarrones sin haber encontrado un tomillo que nos defendiese de su terrible aguacero. Desatinado y rabioso buscaba los caminos y veredas extraviadas presumiendo que podía tropezar con alguna cabaña de pastores o brigada de bandidos que, tragándome en su seno, me librase del insufrible chorro de las nubes y de el furioso fluxo de los vientos; pero me hallé burlado de mi solicitud, pues su diligencia me destinó a un pantano tan blandujo que, luego que la mula asentó los pies en su engañosa superficie, temí que algún infernal espíritu la había tirado desde su centro por los corvejones, y que ella y yo baxábamos a ser lastimosa irrisión de la chusma de Satanás.

Recitarios astrológico y alquímico 121

Arrollado en lodo, tupido en cieno y revolcado entre cascotes y pajas, apalancado a la mula con la pierna que me había dexado libre, salí a chapuzo, remando con los costillares y la cabeza contra la pegajosa masa del barranco. Allí se me desapareció la mitad de la capa, quedáronse escondidos mis zapatos, dexé por las costas el pellejo de las piernas y, finalmente, salí medio roto, medio desnudo y medio machucado; y con tantos medios como salí dexé en el pantano también mis pocos medios. Murió la mula, se enterró con mis alforjas y mi maleta, y yo quedé viudo de camisas, huérfano de zaragüelles, expósito de cena y desamparado de toda consolación y socorro. Solo, triste e impaciente de ver que heredaba mi ropa la basura, considerando que otros pasan en un vuelo los Campos de Barahona [37] y que yo había de dormir sobre sus terrones, sin más capa que la del Cielo, me vi en la fatiga de perder la conformidad. Ultimamente yo me determiné a seguir una vereda, entregado a los antojos de la perdición, por ver si su ceguedad me conducía a algún cortijo menos ceñudo que la desapacible soledad de aquellos campos.

Yo caminaba agobiado de la pesadez de mi poca ropa que estaba empapada de las basuras del lodazal, y, con el movimiento de mis pasos se rozaban las mataduras que imprimió la maldita Candonga en mis ancas, con que volví a ver la muerte al ojo.

---

[37] Esta comarca de páramos desolados, situada entre Almazán y Atienza, en el límite de las provincias de Soria y Guadalajara, alcanzó negra fama como paraje especialmente adecuado para ser elegido por brujas y cabrones como escenario de satánicos conciliábulos. Las brujas, como es sabido, acudían al aquelarre sobrevolando estos Campos, bien pringadas y montadas en palos de escoba.

El tema vuelve a aparecer como argumento central del Pronóstico para el año 1731, cuyo título es precisamente *Las Brujas del Campo de Baraona*.

Parábame a ratos a atisbar si se movían voces de mastines, se escuchaban ladridos de pastores, el bronco sonido de los cencerros o alguna seña que me consolase con la cercanía de alguna choza u otra rústica habitación, y no percibí ni la leve oleada de un ramillo. Después de haberme golpeado el amargo influxo de mi destino con todo linaje de porrazos y pesadumbres, cansado ya de castigarme, me favoreció al cabo de tres horas mostrándome los trémulos reflexos de una turbada luz que ardía a trompicones y salpicaduras, dando la escasa lumbre de su mecha un apacible consuelo al corazón. Enderecé mis pisadas hacia sus torcidas y llegué a descubrir un Santuario bien distante del camino, a la derecha de aquella soledad donde me dexó, y yo dexé, la endemoniada mula. Toqué sus umbrales y, acomodando los ojos a una rexilla que en las puertas del humilde templo había labrado el culto sencillo para provechoso deleite de la devoción, vi que la luz, que fue el San Telmo de mis ceguedades, servía en una lámpara de barro de venerable sacrificio a un devoto Crucificado, milagroso patrón de aquella ermita. Chapuzaba sus luces en las sucias aguas del grosero vaso, circulaba a empujones, y se movía a sorbos, y, pareciéndome que si se acababa de ahogar la moribunda llama nadie me escucharía, toqué con algún ímpetu la puerta, acompañando a los golpes con las dulces palabras de «¡Hermano..., amigo...!» Salió a esta sazón a darle el óleo a la desauciada candela, y con él la vida, un Ermitaño de tan famosa presencia y agradable formación de miembros que desde la sombría distancia donde se dexaba ver conducía sabrosas esperanzas al rebelde tormento de mis trabajos. Atizó la mecha; trasladó al vaso la aceite que sospechó bastante que volviese a tomar aliento, puso la alcuza a un cuerno del Altar, arrodillóse a los pies del devoto Crucifixo, golpeóse los pechos con dos palmadas y, besando la tierra para levantarse más, vino derecho a la rexilla y dixo:

—¿Quién es quien a estas horas inquieta la paz de este retiro?

—Yo, respondí, que soy un pobre mozo y un honrado pasajero a quien la flaqueza de una mala mula le dexó a pie en la medrosa y dilatada llanura de estos Campos, y ha más de tres horas que camino mojado, sorbido en sudor y enterrado en lodo, sin luz, y sin guía, y tan ignorante de estos oteros que ésta es la vez primera que los piso; y, pues Dios me ha deparado tan santa posada, ábrame vuestra caridad, ya que vengo partido, y concédame que bese por esta noche el santo suelo de esta Ermita.

—Yo siento en el alma la perdición de V. md. y las calamidades y desconveniencias que ha padecido en su jornada, respondió el Ermitaño, pero si no me da más señas que las que comunica no abriré estas puertas, porque no ha dos meses me llegó a estos umbrales un hombre de relajadas costumbres, robador público en esos caminos, y, cubriéndose con la capa de la pobreza y el desamparo, llamó a estas puertas y, franqueándoselas mi sencillez, saqueó el templo y maltrató con obras y palabras mi persona.

—Si no es que le diga mi nombre —respondí— no puedo dar otras señales, y aun éste creo que también me lo ha borrado el turbión y tizne del cieno en que me refregó la maldita mula. Yo me llamo Diego de Torres, vivo en Madrid y soy el que hago Kalendarios.

Por la última seña me conoció y, prontamente, con demostraciones de regocijo, abrió la puerta y enlazándose en mis lomos me significó con dulcísimas voces y estrechos abrazos su cariño y su conocimiento. Yo, temiendo que me desmoronase, le dixe:

—Querido, hermano mío, no me tuerza tanto que si me escurre el cuerpo nos podremos ahogar los dos.

Desasido de sus brazos, le miraba con celoso cuidado al rostro y le pregunté muchas veces «¿Quién eres? ¿Angel o ermitaño?» Y él, sin declararme el nombre, me dixo:

—Entra adentro, que aunque en tus destinos no te has vuelto a acordar de mí, no dexarás de conocerme, aunque ya desfigurado el semblante que viste muchas veces.

Entramos hasta la cocina y con cariñosa paciencia me ayudó a desnudar y yo entre tanto me estaba informando de la phisonomía y, aunque no eran a mis ojos extrañas sus facciones, no me acordaba especialmente de aquel sujeto.

Era el Ermitaño muy religioso de semblante, los ojos cristianamente alegres, la barba espesa, de buen color y poblada con orden, la cabeza a medio mondar brotaba a pelotones algunas guedejas mal crecidas pero nada desapacibles a los ojos; su rostro acariciaba con los movimientos y repartía agasajos, cariños y gustos con las miraduras, porque rebosaba conformidad, alegría y sana intención con los descuidos, las acciones y las sencilleces. Manejaba con desentendido donaire la bella distribución de sus miembros, sin afectar embustes ni persuadir mortificaciones ni gravedades como los más de su profesión que, embebidos en los sacos, se van columpiando en los cintos con tal disgusto y resentimiento como si fueran rodeados de cardas y cilicios.

Miraba yo a mi Angel Ermitaño y no quería el conocimiento darme puntual informe de aquel rostro que la memoria me representaba con alguna con-

fusión. No permitió su amistad tener más suspenso a mi juicio ni tan trabajoso al recuerdo y dixo:
—Yo soy Pedro de N.

Declararme su nombre y volver a ahorcarme de su cuello fue todo uno y, sin apartar mi boca de sus mexillas, estuve un gran rato significándole mi cariño y mi contento. Ya a esta sazón había soltado mi mojada ropa, la que colgó de unas estacas de la cocina, y yo me vestí un ropón viejo del Ermitaño que le servía de remudo en lances como éste. Dispuso con celoso agasajo de huevos y tocino una más que mediana tortilla y, poniendo una mesa con ropa pobre pero limpia, al humiento calor de los tizones, la floreó de buen pan, vino, frutas y una ensalada y cenamos como dos Padres.

Sabrosamente divertido y comiendo con la sazón más agradable que he gozado en mi vida, estuve en la mesa con mi gracioso amigo, repasando memorias de las varias travesuras, risueños juguetes y festivos casos que a uno y a otro nos acometieron en las dos Universidades de Letras y Milicia, donde habíamos cursado y consumido algunos meses. Síguense después de los males los alivios y, después de los bienes, acostumbran a venirse las tristezas. ¿Quién me diría a mí que cuando estaba acoceado de la mula en el pantano, que había de disponerme la fortuna tan buena cena, tan dichoso amigo y tan acomodada ropa, que me vengase de la pesada desnudez a que me veía destinado? Gracias a Dios, que sabe alternar las desazones y las comodidades, los llantos y las risas, las pesadumbres y los alivios. Después que pacíficamente y llenos de gozo acabamos a raíz el último plato y reímos hasta que se dilataron las quixadas con la memoria y repetición de nuestras juventudes, hizo la señal de la Cruz sobre la mesa y juntos alabamos a Dios y le dimos gracias por el beneficio de nuestra conservación. Levantó los manteles y, puestos los codos sobre la mesa, até el hilo de la conversación pasada y le dixe:

—Ya que te he referido parte de las aventuras que han pasado por mí desde la última vez que nos vimos hasta hoy, dime ahora ¿qué destino te ha llamado a esta soledad? ¿Qué ideas sigues en estos desiertos? Mucho me he alegrado de verte, pero he sentido verte engullido en ese saco. Amar la soledad es embelesarse en la melancolía y entorpecerse en la flema. Los retiros más son negligencias e ignorancias que abstracciones. Si aquí eres santo, pierdes el fruto de el exemplo. Si te has dado a lo famoso de los estudios, aquí eres avariento de la ciencia, pues la posees sin la comunicación. Y, en fin, si eres malo, has venido a estar solo y a ser delincuente sin testigos. Yo no estoy bien contento con esta ropa, que la han vestido más ladrones que santos, y más pícaros que inocentes, y lo tosco del sayal es un capirote para ser exquisitamente malvados; pues con la capa de la austeridad y mortificación roban en los pueblos breves y en los caminos; y con la cara hermosa de la tablilla se cuelan hasta las caballerizas y chamuscan las doncellas, ahuman las casadas y encienden toda la yesca del sexo. Amigo mío, ésta más es libertad desgarrada que recogimiento vergonzoso, más es delirio que penitencia. En medio de las mayores bullas y rumores están los retraimientos; fácil es esconder el espíritu, que éste es el que hace buenos y malos.

—Calla, tonto —me dixo con desenfadado gracejo—. Has de saber —prosiguió— que ninguno de esos fines me ha conducido a estas soledades, sino el enfado que me ha ocasionado el Mundo y la natural inclinación de mi temperamento. Este retiro, para mí es regalo y poltronería. Canséme de los hombres y quiero vivir conmigo solo, y hablarme a todas horas. Por no lidiar con aduladores, tramposos, embusteros, avaros, tontos y otra canalla de que están pobladas las comunidades políticas y escolásticas, huiría yo, no sólo a estos páramos, sino a los últimos entresijos de la tierra. Este saco no es pena, es comodidad y ahorro; en él me embaino y me encuentro vestido a un volver de cabeza, y logro tener defendidos igualmente mis miembros con la disposición de su corte. La barba la dexo crecer por escusarme un martirio cada semana. Como y bebo lo que sólo me agradecen los humores; y con la tranquilidad de el ánimo logro una salud que me hace feliz la vida. Todo el tiempo logro para mí; no me lo hurtan las agencias, codicias, ni el trato, ya preciso por la civilidad, ya irremediable por la obligación y el exercicio. Aquí entretengo los días con los libros, engaño a los pensamientos con la caza, burlo las pesadumbres con un instrumento músico que hago sonar muchas horas. Espanto a las melancolías con la alegre bulla de esas fuentes y los hermosos objetos de esas flores; y, así, vivo ocupado, alegre y entretenido. Aquí aguardo la muerte sin zalamerías, suspiros ni llantos, acuérdome de ella muchas horas y cada día la espero menos horrible. Con santa sorna y la señal de la Cruz envío a pasear a los apetitos carnales; las alteraciones las tengo tan moribundas que ni el espíritu de las visiones las resucita a la pelea. Aquí tengo guardados los ojos de aquellos incentivos de la carne, del adorno, la descompostura, el nuevo estilo de las galas y el fresco chiste de las voces, donde, si me deleito, muero eternamente, y si resisto, desazono al animal, con que, quitadas de la vista estas pesadumbres, vivo aquí gozando lo que se llama felicidad natural.

Mucho me acosa el Diablo, porque a cada momento me pinta aquellas Filis y me representa aquellas Cloris que, cuando estudiante joven, requebraba y seguía. Pero, como encuentra mi naturaleza sin tanta copia de espíritus, y como los objetos no son más que pintados, se quedan en ruidos los acometimientos. Dios a cada paso me costea los consuelos y, como yo me ayudo también un poco con la abstinencia, el retiro y las varias ocupaciones en que estoy entregado, logro oír los gritos de más lexos. Amigo, desengáñate, que esta comodidad es más delicada y más sabrosa que la que os lisonjea en las poblaciones. Yo no te aconsejo que la sigas, sino que obres arreglado a los Diez Mandamientos de Dios, y vive después donde quisieres y como quisieres que, para salvarnos, que ha de ser el fin de nuestras operaciones, no es necesario ser fraile, ermitaño, marido, soltero, secular ni eclesiástico, en cualquiera destino podemos vivir alegremente y con fruto para el alma.

Estas noticias solamente te puedo dar de mí, y no porfíes en saber del destino a esta soledad, y sólo te aseguro que un desengaño fue el que me guió y el que me mantendrá en ella hasta el fin de mi vida. Y te ruego que a ninguno informes de este sitio, ni de mi persona, porque ha diez años que me lloran la muerte en mi patria y me importa vivir enterrado; y salir ya de este vivo sepulchro (después de introducirme muchos tropiezos para mi salvación) sería causa y origen de infinitos pleitos y desazones entre mis familiares y, por ahora, más nos importa a todos la fee de mi muerte que la de mi vida.

—Aventura es ésta —dixe— que nos tiene empeñados a referirnos el uno al otro los varios sucesos de nuestra vida; y así, ofreciendo yo informarte puntualmente de mis venturas desde la última vez que nos vimos en Salamanca, prosigue con tus fortunas mientras yo llamo a juicio a mi memoria.

—Dexemos eso —acudió el Ermitaño— que a nuestras vidas no les faltará historiador y, pues Dios te ha traído a este pobre albergue, descanso de tus fatalidades, recógete y descansemos.

Tomó la luz que nos había alumbrado para cenar, que era un candil y, abriendo una puerta, nos colamos en una celdita tan estrecha como el recogimiento de un capuchino. Mondó un rincón de la pieza de algunas alquitaras, botes, mangas, hornillas y otros instrumentos del arte de empobrecer, y sacando un xergón de su cama y unas sábanas y almohadas de un arquetoncillo que guardaba, según me dixo, para cuando Dios le enviase una enfermedad, me formó en el suelo un sabroso descanso. Tiréme al xergón y deletreando la salutación angélica me quedé con sus dulces palabras en la boca, gozando de la eternidad.

Hasta que el Sol me cruzó la cara con los rayos de sus luces, que se colaron por las rendijas de las ventanas, no dixe esta vida es mía. Abrí los ojos y ayudé con los brazos al resto de mi llagada humanidad; y, mal sentado, toqué mis mataduras y ya habían criado su poquito de escara. Levantéme en cueros a abrir la ventana y reconocí a mejor luz la mansión y, ciertamente, que a no conocer yo al Ermitaño, hombre de buena vida, caballero, bien criado y sin otro vicio (cuando lo traté en el mundo político) que los ardores y juguetes de joven, hubiera creído que estaba en algún taller de brujas o en alguna oficina de hechiceros y supersticiosos; porque todo el cuarto estaba rebutido de estacas, arpilleras, mangas, hornillas y otros trebejos chímicos. Sintió ruido mi Ermitaño y, entrando su Deo gracias con él, me puso sobre la cama mi ropa muy enjuta y doblada con aseo, y me dixo:

—Viste tu casaca y dexa ese saco, que ya sobra de cilicio; y, entretanto, prevendré el almuerzo.

Vestíme, nos desayunamos con chocolate pisado y un mendrugo, y salimos a dar gracias al devoto Crucificado. Después de una brevísima oración, salimos al campo. El sol se manifestaba tan amoroso que, a pesar de los rigores del febrero, hacía agradable y vistosa la situación. Estaba el campo bien vestido de árboles, copioso de fuentes y muy luxurioso de todos herbajes. Extrañé mucho la amenidad en las cercanías de Barahona, porque son sumamente austeras y desnudas sus vecinas circunferencias y, por salir de la duda, pregunté a mi Ermitaño cuánto distaba su albergue de Barahona, a que respondió que seis leguas.

—Sin duda he sido arrebatado por el encantamiento de alguna bruja a este lugar —acudí yo— porque es imposible que yo pudiese caminar a pie, mojado y con el piso tan pegajoso, tan larga distancia.

Gozamos un poco del recreo del campo y del benigno calor del sol; y, agarrándome la mano el Ermitaño, me dixo:

—Volvamos otra vez a mi choza, verás (mientras se cuece nuestra olla) mi estudio y hablaremos un rato de mi empleo, tu inclinación y nuestros estudios.

Seguíle gustoso y me entró en una pieza muy recogida, muy blanca y cuadrada con arte. Las alhajas eran pobres y pocas, pero lo más famoso que tenía era una copia de libros colocados en la forma que se sigue.

Librería de el ermitaño, y crisis desapasionada de sus libros

Una de las líneas del cuadro que formaban la reducida pieza estaba ocupada de un armario de libros que contenían seis líneas de estantes. Ocupaban los primeros espacios los diez cuerpos en folio de Geronymo Cardano [38], insigne médico mediolanense.

—En este autor leo muchas veces —me dixo mi Ermitaño— porque ciertamente es el compendio más vario, más travieso y erudito, que ha salido al mundo de las ciencias naturales, y habla de lo physico con notable penetración y agudeza; y donde echó todo el resto de su ingenio fue en los tratados de *Subtilitate*.

—Mucho le ha rebanado el Santo Tribunal de la Inquisición —dixe yo—; y para mi estimación pierde mucho el discurso que se eleva olvidándose de los peligros a que expone la Fe Catholica, y los miro con alguna ojeriza y miedo, y más en las profesiones mathemáticas, mixtas e imperfectas: y en semejantes argumentos están los autores rebosando poca religión. La Philológica, Lógica y Morales, que trasladó en el primer tomo, está escrita con notable claridad y extremada erudición. La Arithmética,

---

[38] JERÓNIMO CARDANO (1501-1576). Famoso médico y matemático milanés; visionario y astrólogo, de juicio audaz, aunque casi nunca certero (para su propia desgracia). Su extraño libro *De subtilitate rerum* (Basilea, 1547) muestra claramente cómo para el hombre renacentista la crítica racional de determinadas supersticiones o fenómenos «maravillosos» no estaba reñida con el cultivo de las ciencias ocultas. Ello puede parecer contradictorio a nuestra mentalidad actual, pero no lo era entonces en absoluto, ya que fueron las ciencias ocultas, junto con el neoplatonismo, etc., los únicos arsenales que contenían elementos nuevos, alternativos y superadores del cerrado escolasticismo medieval.

Geometría y Música las tiene muy pobres de elementos, y se detiene en explicar sistemas poco útiles. En las Astronomía, Astrología y Onirocrítica está muy confuso, y en los preceptos procede con una explicación tenebrosa y ruda, especialmente para los aprendices. La Medicina que dictó está entre los prácticos muy poco recibida y, aunque he conversado mucho con los médicos, a ninguno le he visto recetar por Cardano: No le faltan parciales y apasionados, pero son más los que se burlan de la muchedumbre de sus escritos. Lo cierto es que merece mucha estimación, pues son muy pocos los escritores que han dado a luz compendio tan cumplido de las ciencias naturales como el que está en esos diez tomos y, a lo menos, la parte de la aplicación ninguno se la puede negar.

Continuaban en el mismo estante todas las Obras del célebre Rennato Descartes, maestro del nuevo sixtema.

—Este escritor —dixo el venerable Ermitaño— fue hombre de vastísima capacidad y de talentos exquisitos para las especulaciones philosóphicas. Su sixtema supone el que tuvo Nicolás Copérnico sobre el movimiento del globo terráqueo, sentencia condenada por oponerse a muchos textos de las Divinas Escrituras; está prohibida esta opinión como thesis, no como hipóthesis. Y así la supone Rennato según el estilo de las Geometrías, de la misma suerte que sus tres principios de materia subtil, globulosa y partículas de irregulares figuras.

—Es cierto —añadí yo— que este Philósofo fue de sublime ingenio y de profunda meditación. Abrióse puerta para entrar en el Palacio de la Philisophía de la naturaleza con la posesión de la Mathesis, conocimiento tan necesario para averiguar la causa y raíz de los phenómenos naturales y la disposición del Universo, que sin ella no se puede dar un paso en el estudio de las ciencias physicas. Por eso Platón no permitía que entrasen a oirlo los ignorantes de la Geometría. Bien que en las Escuelas del Peripatético se desprecia injustamente esta enseñanza. Fue el primero, y de los primeros, que convirtieron la atención y cuidado a especular las causas, propiedades y leyes de la lación, o movimiento local, cuya consideración y estudio se requirió tanto para entender las obras y magisterio de la naturaleza que forzosamente se ha de seguir de su omisión la ignorancia de toda la Philología; pues todas las operaciones naturales se celebran interviniendo el movimiento local; de suerte que es necesario que, ignorando éste, se ignore también la naturaleza, como afirma Aristóteles, que la difinió por ser principio de movimiento y de quietud; y es cosa admirable que después de encargar el Príncipe del Peripato la consideración del movimiento para la penetración de las materias physicas y el conocimiento de los cuerpos sensibles y sus acciones, miran los Peripatéticos con tanta negligencia este punto, que sólo tratan de la constitución del movimiento debaxo de abstracciones methaphysicas, sin acordarse de sus propiedades, sus causas, sus diferencias, ni de las leyes de su propagación: de tal manera que es lo mismo hablarles de las líneas de dirección, reflexión y refracción que hablarles en vascuenze a los gallegos. Rennato Descartes trató de este asunto no con discursos ideales, sino con muchas experiencias, bien que no con la felicidad de otros, pues cayó de algunos yerros que no pudo disimular, aun siendo su apasionado, el Padre Malebranche. La célebre opinión de la insensibilidad de los brutos [39], que abrazó Rennato, confiesan los nacionales extranjeros que la debió a nuestro insigne Gómez Pereira [40], aunque explica el principio de las varias

---

[39] La concepción cartesiana que explica mecánicamente todas las operaciones del alma que no sean el puro ejercicio de la razón y que, por lo tanto, reduce a los animales a complejas máquinas sin verdadera «alma», se encuentra en la quinta parte del *Discurso del Método*.

FEIJOO —cuyas reticencias frente a la filosofía cartesiana provenían del carácter sistemático de ésta y de su difícil adecuación a la Teología— impugnó esta concepción en el Discurso titulado «Racionalidad de los brutos» (*Theatro Crítico Universal*, t. III, disc. 9). Feijoo concibe una racionalidad animal, entre espíritu y materia, inferior a la del hombre. El problema era muy delicado desde el punto de vista religioso, y lo que más preocupaba al benedictino era no dejar ningún resquicio a concepciones materialistas; sin embargo, su solución fue excesivamente sutil y no poco ambigua. La actitud general de Feijoo frente a Descartes era semejante a la del obispo francés Daniel Huet (el Daniel Huecio que menciona Torres un poco más adelante), que impugnó a Descartes sin dejar de reconocer y admirar sus méritos. Esta actitud era motivada —como señala repetidas veces ARTURO ARDAO (en *La Filosofía Polémica de Feijoo*, Losada, Buenos Aires, 1962)— por la necesidad de acabar con el anticartesianismo al uso en el país, que partía de ignorancias de tercera mano, reduciendo indebidamente toda la ciencia moderna al sistema cartesiano.

[40] ANTONIO GÓMEZ PEREIRA, médico de Medina del Campo, que publicó en 1554 un libro, *Antoniana Margarita*, cuyo chocante título está compuesto de los nombres de sus padres (Antonio Gómez y Margarita Pereira). Este libro, en el que se defiende la tesis de la irracionalidad de los brutos casi un siglo antes que Descartes y se critica la materia y las formas sustanciales aristotélicas, así como la validez de los argumentos de autoridad, fue resumido y comentado por don Atanasio Chinchilla en 1841, y, por su rareza, don Adolfo de Castro reprodujo este extracto en el Estudio Preliminar al tomo LXV de la B.AA.EE. (dedicado a «filósofos españoles»), págs. LXI-LXV.

Cuatrocientos años después de la publicación del rarísimo *Antoniana Margarita*, el R. P. MIGUEL SÁNCHEZ VEGA, S. M., dio a la luz un fundamental «Estudio comparativo de la concepción mecánica del animal y sus fundamentos en Gómez Pereira y Renato Descartes» (*Revista de Filosofía*, C.S.I.C., año XIII, Madrid, julio-septiembre 1954, núm. 50, págs. 359-508). Este artículo tiene un interés muy especial porque, al final, incluye un generoso extracto del texto latino original de la obra de Gómez Pereira.

acciones de los irracionales por otro rumbo que nuestro español; ésto sólo convence que siguiéndole en la sustancia del acierto le distingue en el modo. Muchos de los pensamientos que han parecido en las obras de este philósopho, extraordinarios y muy nuevos, han sido opiniones concebidas en los siglos pasados, como demuestra el erudito Prelado Pedro Daniel Huecio en el libro que intituló *Censura de la Philosophía Cartesiana.* Anduvo Rennato muy desalumbrado escribiendo sobre el Syxtema Eucharístico, y la conclusión suya, que afirma quedar después de la Consagración las superficies del pan y del vino, o unas substancias tenues y sutiles que se contenían en sus porosidades, no está lexos del error de los Empanadores o Panistas, y la impugna vigorosamente el Padre Manuel Maignan.

—Con todo eso —dixo el Ermitaño— han dado más luces Cartesio, Rohault, Purchol, Antonio Legrand y Francisco Baile para el conocimiento de las cosas physicas que todos cuantos siguieron hasta ahora el Peripato.

Poco más allá de las *Obras* de Cartesio se descubrían las *Obras Physicas, Mathemáticas y Theológicas* del sapientísimo Maignan [41] y de su ilustre discípulo Saguens.

---

[41] Manuel Maignan (Toulouse, 1601-1676). Franciscano; físico y matemático francés. Siguió la línea de Gassendi, pero acentuando las notas espiritualistas y cristianas del atomismo moderno. Esto explica que gozara de las preferencias de Feijoo por encima de Descartes y Gassendi.

Como es sabido, la filosofía moderna sólo podía desarrollarse en la medida que fuera o no capaz de independizarse de la problemática teológica. De ahí que la mayoría de los pensadores del siglo XVII terminaran con sus flamantes sistemas hechos astillas ante el primer escollo metafísico que implicara materia sagrada. Uno de los pocos que no abandonaron su barco fue Descartes; la mayoría prefirió un cómodo y ecléctico naufragio.

El caso del P. Manuel Maignan es ejemplar. Por un lado, es un ferviente antiescolástico y pretende elaborar una «filosofía

—Estos dos autores son los que han tratado mejor la Philosophía de los átomos. Los argumentos con que impugnan la educción de las formas substanciales peripatéticas y con que prueban la existencia de los mismos physicos como materia primera y principios elementales de los cuerpos, son eficaces demostrativamente. Contra su syxtema eucarístico han escrito algunos, pero no han opuesto cosa que

---

natural» en la que los fenómenos físicos se expliquen físicamente *(physice)* y no metafísicamente *(metaphysice)*, propugnando un atomismo que permita explicar la realidad sin acudir a las categorías aristotélicas.

Pero veamos ahora su «sistema eucarístico». ¿Cómo explicar la transustanciación? ¿Cómo explicar que pueda cambiar la sustancia de algo sin que los sentidos perciban modificación alguna en los accidentes?

Lo más razonable para un filósofo atomista o mecanicista era —como en el caso de Descartes— admitir implícitamente una cierta *empanación*. Pero Maignan va a buscar una solución mucho más artificiosa, que no va a satisfacer ni a la ciencia ni a la fe, y que significará un salto atrás respecto a su propio sistema. Postulará una doble teoría de los accidentes: hay accidentes «atómicos» y accidentes en sentido escolástico. Los primeros no permiten entender el misterio; los segundos, sí.

Creyendo haber resuelto así el problema, se dedicará a impugnar las concepciones mecanicistas of Descartes y Gassendi. Sin embargo, muy pronto su propia teoría va a quedar en entredicho por la Congregación del Santo Oficio.

Para no alargar excesivamente el comentario, «relajaremos» a Maignan al brazo clerical, que sabrá dar buena cuenta de sus errores. El P. RAMÓN CEÑAL, S. J., que ha estudiado con severo ceño la filosofía de Maignan, nos despide así a este cuasi-heresiarca (por exceso de prudencia):

«Pero la armonía de sus explicaciones con la tradición más veneranda y autorizada de la teología católica era y es difícil, por no decir imposible. La Iglesia por sí misma y por la voz de sus teólogos más preclaros ha entendido siempre la sensibilidad del sacramento en un sentido físico y objetivo, no en el sentido intencional y subjetivo por Maignan propugnado. Por esto no es de extrañar que el supremo magisterio de la Iglesia llegara un día a proscribir el sistema eucarístico de Maignan: lo hizo, en efecto, el 7 de junio de 1707, al incluir en su *Index* la "Philosophia Maignani Scholastica" de su discípulo, el mínimo Juan Saguens.»

no haya desatado con evidencia primero el sapientísimo Maignan y después su famoso Discípulo.

—Es verdad —respondió el Ermitaño—, y es lo más considerable que las objeciones que hace contra el modo de explicar dicho sistema, según la opinión de las formas accidentales aristotéticas, no tienen respuesta.

Eran los últimos libros que componían esta línea primera los que escribió el celebrado Bacon de Verulamio.

—Este autor —dixo el Ermitaño— fue el filósifo más juicioso, serio y profundo que ha habido desde que la razón de los hombres se movió a las averiguaciones del orden de el Universo y a la composición de los entes. Su nuevo órgano de las ciencias vale más que cuanto escribieron Aristóteles, Epicuro y Demócrito. El es la verdadera Lógica y el legítimo instrumento de saber, porque si se puede saber alguna cosa es por su medio de la Filosofía inductiva [42].

La segunda línea ocupaba algunos libros Physico-Chimicos, y entre ellos el Curso de Lemeri,

---

[42] Francis Bacon (1561-1621).
La filosofía inductiva de F. Bacon es quizá la metodología moderna que con más calor subscribirá Feijoo, siendo una de las razones más determinantes su asistematismo radical, metodológico, que permite evitar un enfrentamiento demasiado frontal con el dogma y su sustrato filosófico.

Es, además, una de las bases filosóficas de todos aquellos sistemas eclécticos que tanto proliferaron (lógicamente) en los últimos años del siglo XVII y primeros del XVIII, verdadero período de transición entre la ciencia antigua y la nueva. Puede verse a este respecto el libro fundamental de OLGA V. QUIROZ-MARTÍNEZ: *La introducción de la filosofía moderna en España*, México, 1949.

Este eclecticismo (que Menéndez Pelayo gustaba denominar «vivismo») tenía además una marcada tradición hispana. En este sentido es obligado citar el precedente «escéptico» del médico FRANCISCO SÁNCHEZ, con su curiosa obra *De multum nobili, prima et universali scientia, quod nihil scitur* (1577). En los años cruciales de la segunda década del Setecientos, el abanderado de las Obras de Fabro, el Rosario Magno de Arnoldo de Villa-Nova, Ricardo Inglés, el Conde Bernardo Travisino, Raimundo Lulio, y el tratado del Arte de la Alchimia, o Crysopeya, compuesto por Eireneo Philaleta, cosmopolita filósofo, adepto de la Piedra Philosophal, según dicen.

—Este es —dixe yo— el que ha hablado con más claridad de cuantos yo he visto; pues ordinariamente afectan todos en sus escritos una obscuridad impenetrable: tradúxole poco ha del latín al castellano don Francisco de Texeda, hombre de mucho estudio, de largas experiencias y muy aplicado al horno chímico. Salió al público baxo del nombre de Theophilo, y añadió a la traducción del Philaleta varias cuestiones que real y físicamente convencen con muchos raciocinios y experimentos la transmutación de los metales, y la posibilidad de la Crysopeya: y es cierto que con la experiencia de la conversión del Hierro en Cobre por medio de la piedra lipis o vitriolo azul prueba la posibilidad de la transmutación metálica: y aunque algunos quieren decir que la que se observa en el caso que él propone, y yo he visto repetidas veces, no es conversión, sino precipitación, ésta es una fuga que sólo con leer al dicho autor se impide; y aún creo que está escribiendo una erudita disertación sobre el mismo asunto

---

esta postura será el médico MARTÍN MARTÍNEZ (*Medicina Scéptica y cirugía moderna,* 1722; *Philosophia Sceptica,* 1730).

Por razones obvias, el escepticismo filosófico ha ido históricamente unido al escepticismo médico. Baste pensar en ciertas obras de medicina que alcanzaron gran difusión en el siglo XVI y que llevan títulos como *Menor daño de la Medicina,* de ALONSO CHIRINO, médico de Juan II (Sevilla, 1506. Existe edición moderna de esta obra con estudio preliminar y notas de don Angel González Palencia y Luis Contreras Poza. Madrid, Imprenta de J. Cosano, 1944). Y, fuera del ámbito estrictamente profesional, en las críticas de hombres como Juan Luis Vives (*De disciplinis,* 1531).

en que con muchas razones y experimentos propios no dexa que dudar sobre la verdad de aquel methamorfosis. Un crítico intentó desatar sus argumentaciones; pero el dicho filósofo escribió un discurso en confirmación de lo que había divulgado, al cual no halló el crítico qué responder. El Tratado de el Análisis del Arte de la Alchimia para norte de sus aficionados y alumnos, lo dictó con claridad, buena intención y cristiano desinterés, descubriendo en cada línea el ánimo de desengañar a todos los que fueren afectos a este linaje de operaciones; y no sé que haya obra sobre este sujeto escrita con tanto candor y claridad. Añade a todo ésto una Mantissa Methalúrgica donde clara y evidentemente demuestra el modo de celebrar los ensayes por fuego y por azogue, y éste tratado es muy provechoso para el beneficio de las minas [43].

—Yo he leído días ha —respondió el Ermitaño— el escrito del Philaletha, pero aún no he llegado a ver las ilustraciones de este autor; y me alegrara de verlas.

—También tienes aquí —añadí yo— el Theatro Chimico, que entre las obras de otros autores com-

---

[43] Esta traducción del tratado de Philaletha que hizo don Francisco Antonio de Texeda está estrechamente ligada a los discursos que escribió Feijoo contra la alquimia, a la traducción que hizo en Francia N. Lenglet-Dufresnoy y, por supuesto, a la publicación de las dos obras sobre el tema (el «Hermitaño» y la «Piedra»), que aquí presentamos.

Todo el comentario de Torres acerca de la polémica Texeda-Feijoo parece añadido con posterioridad a la primera edición de *El ermitaño y Torres* (1726), ya que el libro de Texeda salió a la luz en 1727. La «erudita disertación» a que se refiere Villarroel debe ser el discurso —inserto a continuación del segundo volumen del *Crisol crítico*, de SALVADOR JOSEPH MAÑER— titulado «Triunfo de la transmutación metálica en que se evidencia la del hierro en cobre fino. Vindicada en tres asertos con infalibles experimentos contra el discurso último del quinto tomo del Theatro Crítico» (1734).

prehende los secretos de la Alchimia, que se atribuyen al Doctor Angélico Santo Thomás de Aquino, y el Perfecto Maestro, que se le aplica al Príncipe de los Peripatéticos; pero muchos juzgan que no fueron estos dos sabios los autores de estos escritos, los cuales, y la Economía Mineral de Juan de Rupescisa[44], me han parecido bien; en los demás no creo palabra, porque tengo experimentados sus embustes con nombre de arcanos.

—Con gusto te oigo —dixo el Ermitaño— porque me das señas de haber leído variamente.

—También —le respondí— he sido delirante (no codicioso, porque jamás alambiqué una hierba) de estas materias; pero lo que yo he reconocido es que son admirables para divertir y tener empleada la fantasía.

Cerraba esta segunda línea el Ubequero, Cortés, Antonio Mizaldo, Alexo Piamontés, Juan Baptista Porta y otros Maese Corrales de estos juegos.

Llenaban la tercera algunos libros de Medicina, los que compuso Thomás de Sydenan, Jorge Baglivio, el Silvio, el Colegio Práctico de Hetmulero, y las Obras de Thomás Vvilis*.

—Reparo —dixe al Ermitaño— que no tienes libro alguno de los sectarios de Galeno.

—Es que todo lo bueno que los antiguos Galenistas traen se comprehende en los Modernos, y éstos

---

[44] Juan de Rupescisa, Peretallada, o Ribatallada, franciscano ampurdanés. Sobre este alquimista pueden verse referencias muy interesantes en la obra de don JOSÉ RAMÓN DE LUANCO sobre *La Alquimia en España*, 2 vols., Barcelona, 1889 y 1897. Esta obra es imprescindible para todo estudioso que hurgue en los alquimistas españoles, y, aunque no se trata más que de una colección de notas dispersas, todavía no ha sido superado.

* Las referencias a todos estos autores precisan alguna aclaración. El «Ubequero» no es otro que el químico empírico Wecker. «Cortés» es el matemático valenciano Jerónimo Cortés (m. en 1615); parece que en este caso lo cita Torres más que como ma-

escriben muchas observaciones a donde no llegaron los defensores del cuaternión.

—Entre los Antiguos y Modernos —repliqué yo— percibo otra diferencia en los theoremas, pues a la cabecera del enfermo los veo conducirse de una misma forma.

—No obstante —dixo el Ermitaño— la Práctica de Sydenan y de Baglivio han corregido muchas aprehensiones de los médicos que eran perjudiciales a los enfermos.

Rematábase esta línea con los de la Medicina Escéptica del Doctor Martín.

—Estos tomos —dixo el Ermitaño cuando miré su título— juzgué que contenían algún nuevo sistema; pero después de haberlos examinado sólo hallé que el empeño del autor fue probar la incertidumbre de la Medicina y las varias opiniones que hay sobre las materias physico-médicas.

---

temático autor del célebre *Lunario y pronóstico perpetuo* (Valencia, 1594) como divulgador científico, de cuyo *Libro de phisonomía natural y varios efectos de naturaleza* (Alcalá, 1607) se hicieron numerosas ediciones en varios idiomas.

El «Antonio Mizaldo» de Torres es fácilmente identificable: se trata del famoso ocultista francés ANTONIO MIZAULD (1510-1578), médico y astrólogo. «Alexo Piamontés» o «Alessio Piamontese» es seudónimo del italiano GIROLAMO RUSCELLI, de cuyos *Secretos...* circularon muchas ediciones; en castellano, Torres pudo haber conocido la de 1691.

El nombre de Giambattista PORTA es suficientemente conocido como para que necesite aclaración; anotemos, sin embargo, que este gran físico italiano (1540-1615), tan ligado todavía a la antigua magia, escribió un libro refutando la astrología judiciaria (*De coelesti physiognomonia libri VI*, Nápoles, 1601). Tampoco necesitan especial aclaración los nombres de Thomas Sydenham (1624-1689), Jorge Baglivi (1669-1707) o «Silvio».

«Hetmulero» es MICHAEL ETMUELLER, y su «Colegio Práctico» parece ser el *Epitome praxeos medicae e viri... Michaelis Etmulleri... et alliorum practiocorum scriptis ac monumentis experientia et ratione fundatis...* (s.l., s. a., 582 págs.).

En cuanto a «Thomas Vvilis», se trata naturalmente del iatroquímico inglés Willis (*Cerebri anatome*, 1664, etc.) .

—Aquí —le dixe— te falta uno que pertenece a esta facultad, que es el Escrutinio Physico-Médico-Anathomico del Doctor Gilabert*, uno de los más sabios y afortunados médicos de la Corte. En esta obra conocerás al Doctor Martín y sus escritos, pues en ella hace ver su autor las falsedades, los hurtos y contradicciones del señor Escéptico, y, con la ocasión de impugnarlo, vierte muchas doctrinas substanciales y desata varios fenómenos con ingeniosa conducta y solidez. A lo que el Doctor Gilabert le opone, no le ha respondido hasta ahora y, aunque se derrita el seso, no ha de hallar evasiones ni medios para satisfacerla. En el primer Capítulo manifiesta Gilabert con muchas autoridades, sólidos raciocinios y exactísimas observaciones el verdadero camino de la comunicación del suco nutricio, y allí mismo expone las inconsecuencias del Doctor Martín, que son muchas, y las copias literales que hizo de los médicos de la Sociedad Inglesa, trayendo sus argumentos sin citarlos, con el designio de hacerlos pasar por suyos. Con vigorosas razones convence el Doctor Gilabert que el suco nutricio se mezcla con la sangre, que es lo que quiso impugnar el buen Escéptico, abrazando que la quinta esencia del alimento pasa desde el estómago y primeras vías al celebro por los nervios, sin hacerle fuerza para volver la espalda a este sistema que habiéndolo antes llevado el doctísimo Glisonio, convencido de

---

* El doctor VICENTE GILABERT (m. en 1742) fue, como Martínez, examinador del Real Protomedicato, perteneciendo además a la Real Academia Médicoquirúrgica de Sevilla. El título completo de su obra contra Martínez es: *Escrutinio Physico-Medico-Anathomico, que satisface a la Apología del doctor Lloret; prueba que del océano de la sangre sale la materia de la nutrición; establece la necesidad de los espíritus animales, y convence la fermentación Chilificativa, y la preferencia de las carnes a los alimentos quadragesimales*, Madrid, 1729.

la verdad, hizo una retractación solemne de dicha sentencia. En este Capítulo se encierran muchas noticias anatómicas y varios experimentos dignos de atención. En el Capítulo Segundo demuestra la existencia y necesidad de los espíritus que llaman *animales*, para el exercicio de las operaciones de la máchina corpórea, lo que contradice Martín en uno de estos tomos de su Escéptica, sintiendo no ser necesario para las funciones de la sensación y el movimiento, y bastar la vibración de las fibras nérveas sucesivamente propagada; sin advertir que, para que una fibra tocada en una extremidad se comunique el movimiento o la vibración hasta la otra, son necesarias las condiciones de conveniente y proporcionada rigidez y tensión de que esté independiente, y que tenga rectitud; lo que no sucede a las fibras nérveas, como sucede en las cuerdas del instrumento músico, de cuyo exemplar se socorre el Doctor Martín para referir al mecanismo los movimientos y sensaciones. Lo mejor es que cita por su sentir a Manget [45] y éste asienta a la contradictoria, y las palabras que refiere Manget como de Martin Lister, las refiere Martín como de Manget. Pero lo que merece consideración y alabanza es el último Capítulo de dicho Escrutinio, en que su autor trata de las causas de la digestión, y refuta el sistema de los triturantes, que afirmó Martín, a quien hace ver el peligroso consiguiente que abraza el uso de los alimentos de Cuaresma. No se puede desear cosa tan bien escrita sobre este argumento.

---

[45] JUAN JACOBO MANGET (1652-1742). Médico suizo. Fue, sobre todo, un recopilador, habiendo prestado en este concepto importantes servicios a las ciencias médicas al reproducir gran número de obras sobre medicina, farmacia, química y alquimia. Respecto a esta última, es muy importante su *Bibliotheca chimica curiosa, sive rerum ad alchimian pertinentium thesaurus* (Ginebra, 1702), en dos volúmenes.

—Remítemelo luego que llegues a la Corte —me dixo el Ermitaño—, que gustaré mucho de leer un libro tan doctrinal.

—Yo te lo prometo —respondí, y pasamos a la cuarta línea.

Descubrí en esta línea las Obras Philosóphicas y Mathemáticas del sapientísimo Padre Tosca [46], y la Physica del señor Palanco y de otros varios aristotélicos; y, viendo el Ermitaño que reparaba yo en aquellas obras, me dixo:

—La primera Philosophia que aprendí, siendo a un tiempo maestro y discípulo, fue la que exponen los peripatéticos y, después de haberme llenado el celebro de precisiones, ideas y formalidades, me hallé tan en ayunas de la naturaleza como cuando salí a ver esta gran máquina del Mundo. No pude adquirir conocimiento que me distinguiese del rústico; con que, persuadido de mi ignorancia, me dediqué al estudio de esos libros que compuso el Padre Tosca, y empecé allí a ilustrarme y a sentirme distinto en el modo de aprender las cosas. Muchos días ha que en España no se ven escritos de tal utilidad, y ellos solo bastan a formar un physico.

—Yo también soy muy aficionado a su méthodo, claridad, estilo y eficacia

En la quinta línea vi al Gran Don Francisco de Quevedo en sus seis Tomos [47] con el añadido de la

---

[46] TOMÁS VICENTE TOSCA (1651-1723), autor de un célebre *Compendio Mathematico*, en nueve tomos (1707-1715), menos innovador de lo que hace pensar su fama, salvo en lo que se refiere a la Física, que —en esta obra— trae la novedad de estar expuesta ya como disciplina experimental y de base matemática, desligada de la especulación filosófica.

Precisamente es el valor de su Física lo que elogia Torres en el comentario.

[47] Acerca de la posible edición de Quevedo que poseía Torres, pueden verse las precisiones que efectúa Sebold en su edición de las «Visiones y visitas...», pág. 10, nota 21.

Inmortalidad del Alma, Providencia de Dios y los trabajos de Job, que dicen que lo dexó escrito.

—Poca fee tengo con las Obras Pósthumas, pues hoy corren por España más de dos Tomos que se intitulan póstumos, y los más de sus pliegos son míos, y en esto no me puedo engañar, pues lo hice yo. Pero el último tomo, que trata de la Inmortalidad del Alma y de lo demás, trae consigo un carácter de piedad y doctrina en que publica su autor lo sublime de los pensamientos, lo grave de las sentencias, lo profundo de las consideraciones, lo hermoso de las frases y lo casto de las palabras; y todas están testificando que dicha Obra no pudo concebirse en espíritu menos alto que el de Don Francisco de Quevedo. En la Política de Dios y Gobierno de Cristo, escribió con pluma tan delicadamente juiciosa que puede este libro ponerse al lado de las más excelentes obras de los Padres Griegos y Latinos. Este fue el Varón de los siglos. ¡Con qué desengaño escribe! ¡Con qué claridad! ¡Con qué elegancia habla en todo! Parece profesor de todas las Ciencias y Artes, y ladrón casero en las facultades y oficios. En los asuntos místicos del Tomo Segundo está vaciado y limado cuanto han escrito los Santos Padres. No es fastidioso el consejo en sus obras, ni desabrida la corrección, ni pesada la advertencia. En sus chanzas, ¡qué discretas, agradables, ingeniosas y festivas se perciben las moralidades! ¡Con cuánto gusto se coge la enseñanza! Este fue hombre, los demás lo fueron y lo son, pero no tan grandes hombres. Por bueno fue ajado, por prodigioso temido, por sabio padeció los disparates de los necios; pero lo hizo tan feliz su filosofía y estoicismo que, aun conspirando toda la ignorancia, miedo, emulación y poca piedad de sus contrarios a destruirle su contento y tranquilidad interior, no pudo conseguir triumpho alguno de su paciencia: y fue el motivo que, como en sus Obras reprehendió los vicios, acusaba los desórdenes y censuraba las cosas por dentro, cada uno de los que vivían entonces pensaban que hablaba determinadamente con él aquellas que llaman sátyras, y así los tuvo a todos por enemigos. Faltaron ellos, fuése el Gran Quevedo, y corrieron sus papeles sin tropezar en sus contrarios, y hoy están en la exaltación que se les debe. Estas Obras sean tu estudio, tu cuidado y tu contemplación, que en ellas hallarás saludables máximas, prudentes consejos, sabias doctrinas, altas consideraciones, graciosos desengaños y utilísima ciencia de todas las ciencias.

Poco más allá estaban las Obras de Francisco Santos * en muchos tomitos pequeños.

—Este autor supo también poner los consejos en el punto de golosina que es necesario para que los

---

* En 1723 se reunieron en cuatro volúmenes las obras de FRANCISCO SANTOS. Ya el título pregona la ascética intención de este crudo moralista con engañosa fama de autor festivo y picaresco: *Obras en prosa y verso, discursos políticos, máximas christianas y morales, adornadas con curiosos exemplos especulativos y prácticos, que por su diversidad es deleytable su leyenda.*
Recientemente ha aparecido un I tomo de «Obras Selectas» de este autor, editado por el C.S.I.C. No obstante, la mejor introducción a la obra de Santos sigue siendo el inteligente estudio preliminar de JULIO RODRÍGUEZ PUERTOLAS a su edición de *El No importa de España y la Verdad en el Potro* (Tamesis Books Limited, London, 1973). Copiamos aquí un párrafo que nos interesa muy especialmente:

"Las obras de Francisco Santos son 'vigilantes despertadores' para el hombre del siglo XVII. Son auténticos manifiestos de la ideología del barroco, de la contrarreforma al hispánico y castizo modo. Santos parte de una serie de premisas harto conocidas: el hombre es un ser despreciable; el mundo, lugar de continuos engaños; la vida, un siniestro juego; la muerte, una obsesión morbosa. Santos coincide dentro de su mundo barroco con los representantes extremos del mismo; con Mateo Alemán y Avellaneda en cuanto al pesimismo y la negra visión del mundo y del hombre en sus tonos más abyectos; con Quevedo en la expresión: con Gracián en el contenido filosófico."

hombres escuchen la reprehensión sin enfado: supo endulzar lo amargo de las verdades; y no es menester poca habilidad para hacer esto, porque la soberbia y altanería satisface la consideración y memoria de la propia excelencia haciéndolos hambrientos de las alabanzas e idólatras de tratos humanos, tanto los desvía de la atención a sus defectos y sus vicios; con que, no queriendo verlos para corregirse con el exercicio de las virtudes opuestas, no gustan de los espejos que les representan sus deformidades. Los libros de Santos, aunque encaminados a la enmienda de las costumbres con la representación de los vicios, y llenos de reprehensiones y severas moralidades, han sido bien recibidos de todo linaje de gentes. Su invención los encomienda y los sazona, y en esta parte excedió al Quevedo, pero no en el estilo. Si el Santos hubiera hecho que concurriesen en sus obras con los donaires de la inventiva los de la locución, hubiera logrado mucho mayor número de votos entre los críticos.

—Con todo eso —dixo el Ermitaño— es su lectura muy graciosa y entretenida; y se conoce que el autor hizo prolixa y cuidadosa anathomía de muchas cosas, examinándolas con los ojos del juicio y de la razón, para penetrar sus falsos desórdenes. Es cierto que manoseó el Mundo y la Corte por las interioridades, y que no se quedó en la superficie de las acciones su inteligencia.

Junto a los escritos de Francisco Santos, advertí las Obras de Zavaleta, y dixe al Ermitaño:

Avellaneda, Quevedo y Gracián: Véase lo que tiene que decir Torres (o su Ermitaño) de estos tres grandes pilares del barroco. Muchas cosas les debe, pero no menos le separan ya de ellos. En Torres, el «morbo» barroco se ha hecho, en gran parte, mascarada, simple filigrana del estilo.

—Este escritor fue uno de los filósofos más serios, profundos y juiciosos de la nación. Sus argumentos están respirando honestidad y deseo de la corrección de la vida: su estilo es grave, casto, conciso y elegante. Estas obras merecen ocupar el estante de cualquier hombre de talentos.

—Aquí tengo también —dixo el Ermitaño—, para divertirme algunos ratos, la celebrada Historia de don Quijote de la Mancha.

—Ese es uno de los escritos originales de la Nación —respondí—. Esa obra tiene con envidia a los extranjeros, aunque tiene tanto lugar en la estimación de nuestros nacionales que no hay obra de lectura más entretenida y sabrosa, ni celebrada con más universalidad, todavía les agrada a los naturales de los Reinos extranjeros aún más que a los nuestros. Es cierto que en el linaje de Epopeya ridícula no se encuentra invención que pueda igualar el donaire de esta historia, ni se pudo inventar contra las necedades caballerescas invectiva más agria.

—El Cervantes —añadió el Ermitaño— fue hombre de maduro juicio y de fecunda imaginación: la variedad de lo verídico en las aventuras nos da a entender al rico mineral de su graciosa fantasía. Su estilo es claro, fácil, natural, desafectado, y que lo constituye con bastante derecho entre los Príncipes de nuestro lenguaje.

—Tú no has leído más que los Quixotes de este autor —le dixe al Ermitaño.

—No sé qué otro haya escrito semejante historia sino Miguel de Cervantes.

—No me admiro —le dixe—; la historia de otro autor es muy rara, por lo que no habrá llegado a tus ojos. Yo solamente la he podido ver traducida en lengua francesa y, según el francés que trabajó la traducción, ser tan singular en el castellano se

Recitarios astrológico y alquímico 149

puede referir a una de dos cosas: o a que no fue bien recibida esta historia por estar escrita en estilo rudo, o que los amigos de Cervantes quemaron casi todos los exemplares de la obra de Alonso Hernández de Avellaneda, que éste fue el nombre de su autor. Lo cierto es que, para producirse la oposición entre el Avellaneda y Cervantes, sobre ser éste Castellano y el otro Aragonés, se añadió que, habiendo divulgado la primera parte de su historia, en tanto que se disponía a dar al público la segunda, salió con su obra Alonso Hernández, que intituló: Nuevas Aventuras de Don Quixote de la Mancha. Sintió mucho Cervantes esta prevención, porque le impidió que fuese original en la segunda parte de este proyecto. El francés que hizo la traducción, cotejando las dos historias, se inclina a sentir que el Sancho de Avellaneda es más original que el de Cervantes; que el de éste es muy afectado y dice cosas que son sobre el carácter de un hombre rústico, sencillo y necio, faltando a la condición de observar la conveniencia, ofendiendo la regla de *servante decorum* *. Es cierto que los juicios que pone en la boca de Sancho, Miguel de Cervantes, cuando lo representa en el empleo de Juez, pudieran acreditar de sutil, juicioso y discreto a cualquiera que en semejantes casos los pronunciara. El Sancho de Cervantes, dice el referido francés, quiere ser gracioso siempre, y no lo es; el de Avellaneda lo es casi siempre, sin quererlo ser. El Alonso Hernández de Avellaneda,

---
* La primera edición del *Quijote* de Avellaneda se hizo en Tarragona en 1614.
La segunda, en castellano, no se hizo hasta 1732, en Madrid, a cuidado de don Blas Nasarre.
Entre una edición y otra, A. R. Lesage tradujo la obra al francés en 1702. Esta es la versión a que se refiere Torres, limitándose en su crítica a repetir el juicio de Lesage, favorable a Avellaneda.

por la boca de Don Quixote, le opone al Cervantes, que conservó el carácter, ni correspondió al retrato de su héroe, faltando a guardar la condición de la igualdad, grave yerro en cualquiera poema, pues haciendo el retrato de Don Quixote, le pinta muy apasionado a los relumbrones y ridiculeces de las Obras de Feliciano de Sylva, aficionándose mucho al estilo de sus Cartas galantes, y amorosas Una de las que dice el Cervantes que más le embelesaban, era la siguiente: *La razón de la sinrazón, que vos hacéis a mi razón, enflaquece tanto a mi razón, que no es sinrazón, que yo me quexe de vuestra belleza...* Introduce el Avellaneda a Don Quixote quejándose de esta pintura que hace del árabe Benengelis, y a un Canónigo satisfaciéndole. Este es el texto y crítica del Avellaneda, según está en la copia francesa: Señor Caballero, dixo entonces uno de los Canónigos, vuestras obras y vuestros razonamientos dan una furiosa bofetada a este autor árabe, mas, con todo, fuerza es perdonarle, porque si en la primera hoja de su libro os hace aquella ofensa, yo os aseguro que en lo demás de la historia os hace justicia, haciéndoos hablar como hombre juicioso. Tanto peor, replicó Don Quixote, es menester que el autor cumpla con el retrato: corred toda la obra de la Ilíada por ver si en algún lugar de ella se desmiente el carácter de Achiles. En la respuesta que da este violento príncipe a aquel buen hombre Príamo, que le pide le restituya el cuerpo de Héctor, ¿no reconocéis al mismo Achiles que ha amenazado a Agamenón y que sufrió que se quemaran los navíos de Grecia antes que permitir que se desarmase su furia? Así que Homero cumple con todos sus retratos, ninguno hace equívoco, Ulises parece siempre astuto, Héctor es siempre el Oráculo de la Armada; en una palabra, todos sus caracteres se mantienen

Recitarios astrológico y alquímico

hasta el fin. Con que Benengeli, queriendo hacerme pasar por un tonto, no debía hacerme hablar como hombre sabio. Esta es la crítica que hace el Avellaneda del héroe de Cervantes. Este censura también algunas cosas del Aragonés, y principalmente la rudeza del estilo en que escribe su historia. En los Juicios, o en el Diario de los Sabios de París (no sé en cuál de estas obras determinadamente), me acuerdo de haber leído la sentencia de que cada uno tiene razón en lo que le censura el otro. Pero aquí puedes considerar la incuria de nuestros españoles, que han dexado perder casi todos los exemplares del Avellaneda, que estiman tanto los franceses, como si estar menos castigado el estilo en su héroe pudiera quitarle las bellezas de la invención y la correspondencia entre los miembros de su historia.

Los últimos libros que se miraban colocados en esta línea eran los de Lorenzo Gracián. ¿Qué te ha parecido este autor?, me preguntó el venerable Ermitaño.

—Lo mejor que dictó —le respondí— fue su Agudeza y Arte de Ingenio. No es negable que distinguió con penetración las varias especies de conceptos y agudezas que produce el ingenio, y que dio difiniciones muy conformes y claras a muchas de las bellas producciones del espíritu, añadiendo con oportunidad y descernimiento los exemplos donde se ven practicadas felizmente. Poco ha que un erudito portugués divulgó un libro que intituló *Arte de conceptos:* no hay duda en que su autor se reconoce bien informado, y que su obra está escrita con méthodo, pero no descubre tantas especies de conceptos ni la claridad que el aragonés. Bien son dignos de estimación su Héroe y su Política, y han merecido la aceptación.

—¿Y qué juicio haces de su Criticón? —añadió el Ermitaño.

—El que han hecho los hombres de acreditada capacidad: se ha vuelto contra la fama de su autor. Está lleno de errores y deslumbramientos. Para escribir libros de crítica, es necesario purgarse el celebro con el Eleboro: es forzoso tener en su punto el juicio, los afectos moderados y a raya las pasiones, sobre mucho ingenio y observación. Gracián escribió su Crítica poseído el ánimo con poco cuidado y desenfrenada libertad: en toda ella está de bulto la lisonja. Apenas hubo señor de su tiempo de que no fuese su crítica panegírico. Sacrificó los movimientos de su pluma a la adulación, odio y pasión racional; con que a los yerros de la ignorancia añadió los de la malicia y la pasión. Hizo cuanto pudo por obscurecer con su crisis a los primeros hombres de nuestra España, sintiendo mal de aquellos mismos que escribieron con gloria de su nombre y Patria, y con envidia o aplauso de los nacionales extranjeros. Tuvo más mordacidad que el Bocalini[48], mucho menos ingenio, y otro tanto menos juicio. Sus censuras son desatinadas. De Ovidio escribe que fue más fecundo que facundo, sin conocer que, fuera de otras obras de este poeta, las Epístolas de las Heroidas son la flor del espíritu y de la elocuencia. A Lope de Vega, Mayorazgo de Apolo y honor de la Poesía Castellana, sólo le concede el aplauso de los vulgares, cuando es cierto

---

[48] TRAJANO BOCCALINI (1556-1613). Escritor y político italiano. Gobernó algunas ciudades de los Estados pontificios y después se estableció en Roma, pero sus escritos le acarrearon no pocos enemigos, por lo que se vio obligado a refugiarse en Venecia, donde se cree que murió asesinado. Su obra se centró en dos menesteres igualmente peligrosos: la crítica literaria y el libelismo político, y en ambas facetas Boccalini fue hombre agudísimo y mordaz.

Recitarios astrológico y alquímico

que las tres especies de Poesía —Lyrica, Escénica y Epica— las escribió prodigiosamente y al alto voto de los naturales extraños, vulgares y discretos, y que ninguno de los poetas griegos ni latinos le igualó en la fecundidad. De el célebre Príncipe de los Lyricos, Don Luis de Góngora, ornamento de España y corona de la Andalucía, espíritu sublime, primero en la cultura del lenguaje español, y último también, pues nadie ha podido llegar al punto de la perfección de su estilo, dice *que si bien las cuerdas eran de oro, la materia de su instrumento era de Aya, y ahun más común*. Como si de aquella inimitable Pluma hubieran salido solamente las Soledades y el Polifemo. Parece que no leyó su cultísimo Panegyrico al Duque de Lerma y otros varios asuntos que cantó con igual armonía, tan graves como los que ilustraron los demás poetas. No niego yo que, si hubiera el divino Góngora tomado argumento para una Epopeya, como executó el Camoes o el Virgilio, sólo les hubiera dexado a los Antiguos la gloria de haber sido primeros, y que no tuviera Córdoba qué envidiarle a Mantua. A Quevedo le representa con unas *tejuelas picariles*, indigna censura del hombre más serio que tuvo, ni aun tendrá la Nación. ¿Por ventura Don Francisco Quevedo no escribió versos superiores en todos asuntos con la misma agudeza, elegancia y dulzura? También dicta *que las hojas del Quevedo son como las del tabaco, de más vicio que provecho*. Injusta sentencia y que merece entregar al fuego el libro donde se comprehende. ¿Quién dictó verdades más sólidas y christianas? ¿Quién hizo discursos más piadosos? ¿Quién trabajó con más atención a la utilidad de los lectores? Su Política de Dios enseña las máximas que debe observar un Príncipe Christiano, conformándose con las acciones de Christo y los avisos de su Evangelio. ¿Quién divulgó Política más virtuosa, calificada, importante y pura? El tratado de la inmortalidad está lleno de altísimas consideraciones y devotos discursos, y no sólo se encamina a contener las impiedades del Ateísmo, sino a enfrenar la libertad de aquellos que, siendo cristianos, así se conducen como si fueran ateístas. El mismo fin tiene su tratado de la Providencia de Dios. ¿Qué hojas serán útiles si son viciosas aquéllas en que estampó los trabajos de Job? La Doctrina para morir, la Cuna y la Sepultura, la Vida de San Pablo, la de Santo Thomás de Villanueva, el Rómulo, el Marco Bruto, las cuatro Fantasmas, aun las que parecen traen menos utilidad, como son las que llaman jocosas, son de gran provecho, y se ordenan a la reformación de las costumbres. Condena también la prosa de Florentino, siendo al juicio de muchos inimitable. No dexa de hacer burla del divino Camoes, cuando en sus Lusiadas está imitando al Virgilio tan dichosamente. De Villamediana dice que se daba a entender latinizando. Este juicio pierde por general. No hay duda que en algunas obras este gran poeta se dexó llevar del deseo de enriquecer la lengua con voces latinas españolizadas; pero en otras muchas se sirve de las expresiones más puras y genuinas. En Cancer [49] acusa los equívocos, puesto que en este género de agudeza, si no fue único, fue particular, y de los espíritus más donosos que pro-

---

[49] JERÓNIMO DE CÁNCER Y VELASCO. Poeta dramático español, nacido en Barbastro a fines del siglo XVI y muerto en Madrid en 1655. Vivió, a lo que parece, en la pobreza, disfrutando además la propina de cierta malformación física. Dramaturgo ingenioso y buen conocedor de los recursos escénicos, colaboró con Lope, Calderón, Moreto, Rojas, etc. Solo no escribió casi más que las comedias *Las mocedades del Cid*, prohibida por la Inquisición, y *La muerte de Baldovinos*, y algunos entremeses, entre ellos, *El pleito de Garrapiña*, que también prohibió la Inquisición.

Recitarios astrológico y alquímico 155

duxo el suelo español; a lo que se junta que, despreciando esta especie de agudeza nominal, incurre él en ésta, y las paronomasias que, si bien sazonan los escritos de un lyrico, no son dignas de la seriedad de una crisis. En fin, ésta es una leve porción de los yerros de su crítica. Si quieres informarte con más exactitud, procura un librito intitulado *Crítica de reflexión y Censura de las Censuras, Fantasía Apologética y Moral* [50] escrita por el Doctor Sancho Terzón y Muela, donde se contienen los errores del Gracián en esta obra, de la que siente el autor que condena todas las acciones, introduce malicias en lo que no hay, satiriza los aciertos, persigue las virtudes y aplaude algunos disparates.

La última línea del estante ocupaban varios papeles impresos colocados en buen orden y disposición.

—Aquí tengo —dixo el Ermitaño— muchos de los escritos que se han publicado contra el Theatro Crítico Universal, y es cierto que, habiéndolos pasado con reflexión, en muy pocos de tanta muchedumbre encontré que sus autores se manifestasen a lo menos instruidos en las reglas de la Gramática Castellana; dexo aparte los reparos injustos y debilísimos argumentos con que intentaron desacreditar la crítica del Monje, impugnando sus sentencias y paradoxas [51].

---

50 SANCHO TERZÓN Y MUELA: *Crítica de reflección y Censura de las Censuras, Fantasía Apologética y Moral,* Valencia, Bernardo Nogués, 1658.

El nombre del autor de este libro, que apareció el mismo año de la muerte de Gracián, puede ser, en opinión de E. Correa Calderón (Introducción a su edición de *Agudeza y arte de ingenio,* en Clásicos Castalia, pág. 12), un anagrama tras el que se ocultaba el P. Rajas.

51 Compárese este juicio del *Theatro Crítico,* que resulta favorable sin ninguna reserva, con la invectiva terriblemente irónica que lanza contra Feijoo en la ant. cit. *Carta a don Juan*

—En aquel tiempo —le respondí— se metió a escritor todo salvaje, y así salieron al mundo impresas muchas bestialidades ofensivas de los oídos discretos. Apenas habrás hallado en alguno un grano de sal para sazonar el escrito, ni menos una sombra de invención. Los más de ellos divulgaron sus réplicas en un estilo más pesado que el de las peticiones. Algunos médicos enristraron la pluma para defender su profesión, y salieron sus obras ayunas, flacas y macilentas. El Monje respondió con una carcajada, y fue bastante apología.

—También tengo otro papel —prosiguió el Ermitaño— cuya inscripción es Triumpho de el Accido y el Alkali, que escribió un médico de Cádiz[52], y es seguro que se ha tiznado bien las manos su autor en el elaboratorio chímico y que se muestra en su Opúsculo muy práctico en las cosas concernientes al horno.

—Contra ése —dixe— se imprimió un papelillo cuyo verdadero padre fue el Doctor Martínez, de

---

Barroso (1726). Sin embargo, parece claro que a Torres no le guía un interés directamente polémico, sino un poco esa actitud que refleja en la Dedicatoria al doctor Pedro de Aquenza cuando escribe: «A ninguno he silbado; testigos son quantos disparates salen a mortificar meollos cada día en la Corte; y pues yo doy paso a todos, ninguno me estorbe los míos» (*Obras*, 1752, t .X, pág. 192).

52 Este médico de Cádiz se llamaba ANTONIO GIL SANZ, y el título completo de su obra decía así: *Triunfo del ácido y del álcali, depósito de la divina gracia en ellos para beneficio de los mortales. Pruébese lo universal de ellos en todas las cosas creadas en este mundo. Vindícanse de la impostura que de varios las hace don Martín Martínez* (Madrid, 1726). El historiador de la Medicina, señor MOREJÓN (t. VII, p. 239) da equivocados tanto el nombre del autor como el título de la obra.

El libro de ANTONIO GIL SANZ tuvo su natural prolongación polémica en otro escrito que tituló: *El triunfo vindicado de la calumnia, impostura e ignorancia contra la Medicina Escéptica y sus factores.* Cádiz, 1729.

quien ya hemos hablado; y a la verdad hizo bien en no poner su nombre, pues el escrito está lleno de disparates y contradicciones, impugnando aquellos principios que también refutó en su Escéptica, pero sus argumentos los disuelve el Doctor Francisco Sanz en el principio de su Práctica, y con tanta claridad y solidez que no se atrevió a reproducirlos el Doctor Martín.

Separados de todos los demás, aunque en la misma línea, estaban un montón de papeles distinguidos con el título de Obras de Don Diego de Torres, y, advertido por mí, le dixe al Ermitaño:

—Parece que veo allí mis escritos, y siento que tengas en este huerto de literatura árboles tan silvestres en que nada se ve si no es hojas.

—No hay duda —interrumpió el Ermitaño— que tus Obras tienen necesidad de mucho castigo, porque en muchos pasajes se reconocen delincuentes: también es cierto que en las más de ellas reina la libertad; pero te puedo asegurar que en estas soledades me produce su lectura un género de deleite que se conforma con mi desengaño. He visto en muchas de ellas el poco caso que haces de las ceremonias y pesadeces del mundo político. He visto la inclinación que tienes a burlarte de los cuidados que muerden a los hombres ordinariamente. No se me ha escondido la solidez de tus verdades ni el provecho de tu moral. Tu estilo me agrada, porque es natural, y corriente, sin sombra alguna de violencia u afectación. Tus sales me divierten de modo que, aun estando sin compañía, no puedo dexar de soltar la carcajada.

—No dudo —le repliqué —que mi castellano es menos enfadoso que el que se observa por lo común en los escritos modernos. Mi cuidado ha sido sólo hacer patente mi pensamiento con las más claras expresiones, huyendo de hablar el castellano en latín o en griego, peste que se ha derramado por cuasi todo el Orbe de los escritores de España. Mis invenciones más han sido juguetes de la idea que afanes de la fantasía. La lectura de mis Obras tiene alguna cosa de deleitable, no tanto por las sales como por las pimientas. Es cierto que propongo algunas verdades y sentencias, pero, si les faltara esto, ya hubiera quemado todos mis papeles. Los más de ellos los he parido entre cabriolas y guitarras, y sobre el arcón de la cebada de los mesones, oyendo los gritos, chanzas, desvergüenzas y pullas de los caleseros, mozos de mulas y caminantes, y así están llenos de disparates, como compuestos sin estudio, quietud, advertencia ni meditación. A esto puede añadirse que tengo tantos enemigos como la dieta, y éstos con sus sátiras me han destemplado el estilo, y en mis defensas he divulgado lo que me ponía en la pluma el resentimiento, y no la reflexión. Los más de los que celebran mis papeles son tan salvajes como el autor, y sólo aplauden los aficionados a panderos, castañuelas y cascabel gordo. La necesidad ha tenido mucha influencia en esta parte; porque yo estaba hambriento y desnudo, con que no trataba de enseñar sino de comer y de ganar para la decencia y el abrigo: esto lo he publicado muchas veces en mis impresos, y es lo que debes sentir de mis Obras.

Otros manuscritos philosóphicos, médicos y chímicos tenía arrebujados sin orden en los apartijos de los estantes; y, últimamente, acababan de llenar el curioso armario varios papeles músicos antiguos y modernos y otros fragmentos de Agricultura. Náutica y otras curiosidades, dignos cuidados de un hombre honesto y que desea gastar con deleite la vida para que no le encuentren ocioso las tentaciones malaventuradas [53].

En la fachada correspondiente estaba ganando la devoción y el respeto una imagen de Nuestra Señora de el Carmen en una curiosa urna y colocada sobre una mesa bastante limpia, y, esparcidos sobre ella los libros más útiles, devotos y precisos para el hombre christiano, como el Venerable Kempis, las de Fray Luis de Granada, Ludovico Blosio, el Padre Puente, y otros místicos morales que enseñan a ganar el tiempo, a hacer feliz la vida y aprovechan para la última hora y único fin.

—Aquí gasto algunas horas del día y de la noche —dixo mi Ermitaño—, que más me deleitan los avisos de estos autores que la varia erudición de esos libros que acabas de reconocer; porque en éstos hallo lo saludable para el alma y la música más sabrosa para los oídos de mi inclinación, porque no hay agudeza ni figura retórica que no encuentre sabrosamente vertida en sus dulces hojas. Todas las sales, chistes y donosuras de los oradores profanos, aquí hallarás explicadas con otra casta de donaire más útil y provechoso: y, en fin, me sirven para ordenar la vida, enfrenar los pensamientos y destruir los vicios, y como tarea devota se la sacrifico a Dios, para que me conceda el perdón de mis culpas; y de esta suerte lo gano todo.

---

[53] Aquí nos encontramos con una concepción pre-utilitaria de la ciencia o, si se quiere, «humanista». Todos esos papeles tan diversos —música, náutica, agricultura, medicina, filosofía...— no pueden estar juntos, «arrebujados», más que en la biblioteca de un «ermitaño». Esta concepción humanista (dilettante) del sabio no estaba alejada, evidentemente, de los ideales ni de la práctica de su tiempo. Lo que sí parece ya mucho más característico de la mentalidad torresiana es el «utilitarismo» ascético de la coletilla final: «Para que no le encuentren ocioso las tentaciones malaventuradas.» En esta línea véase también el comentario de los libros devotos que siguen a continuación.

—Eso es lo que importa —le respondí— y yo siento y lloro el tiempo que me han hurtado los embustes de la Philosophía, los enredos de la Mathemática. Dios te continúe el gusto en tan dichoso exercicio, y a mí me descarne la pereza que me tiene sepultados los deseos de dedicarme a su fructuosa lectura.

En la tercera línea de las cuatro que formaban la venerable habitación, estaba una ventana muy espaciosa que servía de puerta a un jardinillo muy bien sembrado de flores olorosas, y específicas en la Medicina, y algunos árboles fructuosos. Estaba repartido en cuatro cuadros, y en su medio una fuente, cuya taza era un tosco medio círculo de piedra paxarilla, más bien fabricada que lo que permite la rebeldía de la materia. Por desenojar a los ojos de los porfiados objetos de los libros, y por vengarse el cuerpo de la molestia de haber reconocido en pie los más de los tomos del armario, tomamos asiento sobre un poyo colateral a la fuente, y proseguimos la grita sobre los autores modernos que llenaban sus estantes.

No quiero expresar lo que uno y otro notamos, porque no crean que soy crítico enojado, que de lo que pudieran vocear o escribir vivo muy seguro, y ojalá los tentase el loco capricho de su amor propio a dispararme algún papelón de los que tiran a otros, que me había de reír a su costa.

Allí estuvimos poco tiempo logrando el dulce calor del Sol que bañaba ya la mayor parte del jardín: y, luego que nos cobramos un poco de la penosa fatiga de los libros, me tomó la mano mi compañero y me guió a otra pieza muy breve, inmediata a la que me había servido de dormitorio la noche pasada, y me dixo:

—Entra, y verás otro de mis mayores deleites.

Botica del ermitaño *

Con una llavecilla que se columpiaba de una correa que traía pendiente del cinto abrió mi Ermitaño la puerta de la reducida mansión a donde me había ofrecido entrar, y, dexándome a los umbrales, me dixo que le esperase un poco. Fue hacia el templo y volvió brevemente con una vela encendida, y entramos adentro. Era el aposento más ceñido que el que tenía la curiosa biblioteca que habíamos examinado. Los cuatro lienzos que formaban la pieza estaban vestidos de unos andenes de yeso, ordenados con bella simetría y curiosamente pintados, cuyo orden y variedad hacían agradable, vistosa y divertida la pequeña mansión. Servían los andenes de asiento a muchos botecillos, redomas y otros cuzarros de vidrio y tierra de bellísima figura y acomoda-

---

* Declaramos ya a las puertas de esta Botica nuestra incapacidad radical para dar cuenta del verdadero valor científico, químico, de los potingues a que hace referencia Torres en su fastidiosa visita por lugar tan poco ameno. Así, pues, el lector que sufra achaques de curiosidad universal e indiscriminada, deberá satisfacerla por sus propios medios: y no le ha de ser muy difícil, ya que el mismo Torres comienza por manifestar —en boca de su Ermitaño— los libros químicos y farmacéuticos que ha tomado como guías de su estudio. Entre éstos destacan los autores iatroquímicos y, especialmente, Juan Kunkel y Nicolás Lemery, autor este último del famoso *Cours de Chimie* (1675), traducido al castellano en 1721 por Félix Palacios y Baya. El curso de Lemery fue texto básico de la química española de la primera mitad del siglo XVIII, debido, sobre todo, a su claridad expositiva y a la precisión de su lenguaje.

Hemos cotejado el contenido de la «Botica» del Ermitaño con lo que dejó escrito don RAFAEL FOLCH ANDREU sobre la química española del siglo XVII (en *Estudios sobre la ciencia española del siglo XVII*, Madrid, 1935, págs. 337-393) y no encontramos realmente casi ninguna diferencia apreciable en los compuestos más frecuentes; salvo, quizá, que Torres tiende a la mayor simplicidad y a un más que prudente eclecticismo en favor de las sustancias químicas ya conocidas por los antiguos (albayalde, cardenillos, caparrosa, alumbres, polvos de Juan de Vigo, panchimagogo, etc.).

da cantidad. Dexó mi Ermitaño que reconociese con los ojos los exteriores trastos de la pieza y, antes que me cogiese la suspensión, me dixo:

Este es, amigo Torres, el elaboratorio en donde descanso de todas mis fatigas, y aquí encuentro en el sudor el alivio de mis congojas: Ya habrás notado en mis libros que mi estudio es el de la Philosophía experimental y Medicina práctica, de modo que yo soy inclinado de mi temperamento al arte separatoria y por caritativo me he dedicado a aplicar los extractos, sales, betunes y espíritus que guardo en este botiquín, a los enfermos de estos contornos, y soy el Hipócrates de estas aldeas, el Thomás Vvilis de estos oteros y el Zubelsero de estas campiñas. De modo que yo trabajo en esta estancia y estoy prevenido de aquellas cosas a mi parecer más precisas para las urgencias que aquí se pueden ofrecer. Y no hay medicina en este botiquín que no haya corrido por mi mano los precisos términos para la exacta elaboración; yo las guiso despacio, sin el ansia de haberlos de poner en venta al amostrador, que ésta es una de las causas del mal temperamento de las composiciones y de la poca virtud con que se explican sus simples en la aplicación de las enfermedades. Y mientras llega la hora de que comamos una limpia puchera que se está conservando en mi cocina, te he de mostrar los específicos más famosos que contiene esta humilde habitación.

—Mucho me alegro —dixe yo— de tener la ocasión de hablar un poco en la Separatoria, que es una ciencia muy de mi inclinación, y hasta ahora vivo tan ignorante de ella que no he quemado un carbón, ni he conversado con práctico alguno. Bien es verdad que algunos ratos me ha divertido la ociosidad el Theatro Chimico y Bibliotheca de Mangeto. Tengo alguna noticia de Escrodero, de Silvio, de Leboe y de Quercetano; y, muy muchacho, me acuerdo que leí a Konic del Reino mineral, animal y vegetal, y me he paseado un poquito en el carro triumphal de el Antimonio; pero todo lo he leído sin meditación y sólo me han quedado en el celebro algunas voces facultativas y tal cual principio tan obscuro que no puedo darte luz alguna de esta familia philosóphica.

—Todos esos autores tengo yo —dixo el Ermitaño— en aquella alacenilla, y otros muchos que tratan los principios chímicos y su composición, como el curso de Lemeri, la Chimica experimental de Junquen. Tengo también la Pyrotecnia de Carolo Musitano con adiciones a Minsich, el Colegio Chímico de Etmulero, y la Pharmacopea de Ludovico, y al famoso Barchausem en su Pyrophia ad Chimiam. Para el estudio de las plantas, tengo ahí a Malpigio, que es el que totalmente ha ilustrado la Botánica con sus célebres y sutiles anatomías: pues él ha descubierto el modo de percibir las plantas el humor; cómo lo cuecen y actúan sus ductos y canales por donde les asciende la nutrición. También tengo a los dos Gavinos, Juan y Gaspar; el Theatro Botánico, y otro que estimo en mucho, que es el Charraz de Theriaca y Viboras, y algunos otros librillos Pharmacéuticos y Chímicos: no quiero que los veas, porque si nos divertimos en hojear se pasará la mañana, y deseo que la ocupemos en el examen breve de las medicinas que guardo en este remendillo de Botica.

Yo me senté en una retuerta al borde de un bufetillo que estaba en medio de la pieza, y mi estudioso Ermitaño alcanzó un bote y me dixo:

—Este pomito contiene la medicina más esencial y prodigiosa de cuantas se han descubierto, y, si ésta faltara de mi armario, le pudieras decir *corpus sine anima*. Este es el celebrado *Nephentis de Quercetano*, tan preciso a la manutención de la arquitectura humana que sin él no se podían reparar las regulares ruinas a que vive sujeta, y las alteraciones que continuamente padecen nuestros cuerpos.

—No me admiro —le dixe—, pues advierto que esta es aquella medicina llamada *Laudano Opiato*, y haces muy bien de estar prevenido de tan excelente arcano; porque es el antídoto más esencial para todo linaje de dolencias. Yo le he visto recetado como medicina universal, y los médicos lo veneran por anodino seguro y paregórico extremado, y le aplican para aplacar la acritud de cualesquiera dolores del cuerpo humano. Dicen que detiene las fluxiones y hemorragias, conforta los espíritus y nervios, y aun por eso lo administran en la manía, melancolía, cólica, epilepsia y en todos los dolores artríticos. Su virtud narcótica es tan efectiva y tan pronta que es necesario elegir su dosis con notable tiento y discreción, porque si excede el ministrante en la cantidad, despiertan en la otra vida los enfermos. También sé que sus principales ingredientes son el opio y el azafrán; y así, muéstrame otro sólido, que éste lo tengo muy conocido.

Sacó una urnita, después de haber puesto en su lugar al célebre láudano, y me dixo:

—Aquí tengo la *Theriaca Celeste*, cuya receta me la dio un íntimo amigo mío en Mompeller; y aun me dijo que la describía Kunquen en su Chímica experimental, y la estimo más que a la *Magna de* Andrómaco el viejo.

—Bien puedes —acudí yo— porque la antigua Theriaca Galénica nunca ha producido efectos tan patentes como ésta, en la que contemplo muchas e inexplicables virtudes; porque he visto su composición y sé que consta de esencias y extractos selectísimos, y de simples muy alexifármacos; y de estos es preciso que resulte una exaltada y excelente virtud, especialmente para corregir la acrimonia de los humores y suavizar los movimientos tumultuosos de los espíritus.

—Yo —dixo el Ermitaño— la considero por alexifármaca y bezoardiaca, y muy propia para los afectos de epilepsia, viruelas, dolor de costado, fiebres malignas y semejantes enfermedades, y la he usado con provecho de mis enfermos; y la mayor virtud, a mi parecer, le viene del opio preparado, y también asociado, como lo ponen con el Castoreo, Myrrha, Piedra Bezoar, Cinabrio nativo y otros.

—Y a todo esto —acudí yo— cuando has de administrar, ¿qué cantidad sueles recetar? Porque de la Magna de Andrómaco he visto recetar una dragma y creo que, aunque se diese media onza, no podía inducir riesgo alguno.

—Pues de la Celeste —dixo el Ermitaño— no se puede dar tanta cantidad, porque los ingredientes que la componen son esenciales, y la dosis es preciso que sea corta, y yo nunca me he determinado a dar más que cuatro granos, y hasta ahora (gracias a Dios) no me ha engañado.

—Sea en buena hora —respondí—, guárdala y tenla bien tapada, porque no se le exhale la virtud.

Ya que hemos empezado por lo sólido —proseguí yo—, dime, ¿qué es aquello que guardas en aquella ollita de barro vidriado?

—Este es —respondió— el *Extracto Catholico Policresto o Panchimagogo*, sin el cual todo cuanto guardo en mi botiquín era inútil; porque éste es el purgante universal de todos los humores. Este me excusa de tantos xarabes y píldoras purgantes como gasta el batallón de los Doctores Galénicos que hacen guerra a los miserables cuerpos que habitan las poblaciones crecidas; y de éste solo me valgo en cuantas urgencias acontecen en este territorio.

—Ciertamente —le dixe— que puedes confiar en esa medicina, y con este surtimiento puedes creer que tienes toda la serie dilatada de purgantes, jaropes y electuarios que tenían los Antiguos para expurgar su cuaternión de humores, como son los Amheces, los Indos, el Elescoph, Diasen, Diaphenicon, Diaprunos, Diacathalicón, Xarave de Rey, de Príncipe, Aureo, Pérsico, y otros; como también las píldoras Choquias, Aureas, de Hermodactil, agregativas, y otras con que los boticarios llenan sus andenes para engañar los mirones; pues, componiéndose éstas de los mismos purgantes los unos que los otros, quieren persuadir que resultan en ellos varias virtudes para purgar los humores; y que en cada simple de estas composiciones había una notable y virtuosa discreción para escoger la flema, apartar la cólera y echar fuera la melancolía; y, últimamente, están creyendo que entra en el cuerpo el purgante a escoger solamente lo que ellos quieren; y a cualquier estiércol que sale de los cuerpos le dan el nombre del líquido que deseaban purgar.

—Vamos adelante —proseguí yo— y muéstrame algunas medicinas para los afectos de pecho, que no estarás sin ellas, respecto de los fríos y crudos alimentos de este país.

—Mi mayor cuidado —me dixo— es vivir surtido de medicinas para esa enfermedad, porque yo la padezco en las estaciones de la primavera y de el otoño, y en estas poblaciones es achaque universal introducido en los cuerpos por la sutil y destemplada rigidez del aire. No solamente guardo algunas composiciones, pues también tengo muchos simples preparados, como las *Cochinillas, Esperma de Ba-*

llena, Flores de Menjui, Azufre y su Magisterio, de las cuales suelo yo componer algunas mixturas preciosas.

—No lo dudo —le respondí—, y más si con esos simples compones una masa de píldoras que manda trabajar Ricardo Morton, las cuales han hecho milagrosos efectos.

—Míralas aquí —me dixo—, y sacándolas de una caxita, me las puso en la mano; y yo en la nariz, y le dixe:

—Ellas son, pues sobresale en ellas el olor del Bálsamo del Perú y la flor de Menjui, aunque los confunde un poquito el Bálsamo de Azufre, que es el que hace la fiesta. Es un admirable específico, y bastante ligero, el de estas píldoras contra las enfermedades de pecho, pulmones, tos, asthma, y más cuando éstas proceden de humores viscosos, pues visiblemente los desata, disuelve, y hace arrojar sin molestia del enfermo, y con éstas y el Antihectico de Pedro Poterio tienes sobradas medicinas para tada esa casta de males de pecho.

—Ya que me has tocado en los Bálsamos, te he de mostrar uno admirable, que le receta Adriano Minsich.

—¿Es el Paralítico? —pregunté.

—El mismo —respondió—; y lo venero como reliquia de Santo, porque él me ha aliviado de unas rigurosas contracturas de nervios que padecí recién venido a estas soledades.

—No me admiro —repliqué yo—, porque el Aceite del Galvano destilado con la Therebentina, y el de Succino, que son las partes más famosas de su composición, son eficaces para revolver y mitigar cualesquiera dolores de las junturas; además que creo que se les echa también el clavo, la nuez moscada y espliego, y cada uno de estos simples puede por sí solo causar los prodigiosos efectos de todo el bálsamo. Y yo te aseguro que le he visto usar con feliz suceso, no sólo en los dolores que te he expresado, sino también en la Alferecía y Perlesía.

—Yo le aplico —dixo mi Ermitaño— interiormente para esas enfermedades, y le he dado por gotas; y te aseguro que le he visto obrar prodigios.

Otros muchos bálsamos tengo divertidos por esos andenes, y entre ellos solamente doy toda la estimación al *Catholico*, que también lo trae Minsich.

—Ese bálsamo —le dixe yo— es el sánalo todo, y los peritos cirujanos le usan para todos sus casos; él es un dulcísimo correctivo para los humores de la gota, porque corta las puntas acres y dulcifica la acrimonia de tan agudo dolor. Es maravilloso para los dolores de muelas y dientes. Es universal antídoto para las heridas de animales venenosos, contra los cancros, viruelas y almorranas. Mundifica todo género de úlceras y llagas antiguas y recientes. Es cardíaco alexipharmaco, y lo puedes aplicar por dentro sin el menor recelo para éstas y semejantes enfermedades. Ultimamente, si yo soy capaz de aconsejarte, te digo que no gastes tu sudor ni caudal en otros bálsamos; con éste solo tienes para remediar cuantas urgencias puedan asaltarse, y doy por vistos todos los otros que me aseguras tienes desparramados en tus andenes.

Dexemos, pues, los bálsamos y veamos las sales, que bien creo que no estará tu botiquín sin ellas. Supongo que tienes la sal de *Perlas*, *Corales* y otras piedras preciosas.

—No tengo tal —me respondió el Ermitaño— porque, además de ser comida muy cara para el caudal de un pobre Ermitaño, estoy persuadido a que son medicinas inútiles. Pues la razón natural dicta que estas piedras, y cualesquiera cuerpos duros terrestres de que se hacen estas sales, con dificultad sueltan la virtud, dado el caso que la tengan. Y, en mi opinión, las piedras sólo tienen virtud para hacer caer y descalabrar; y, si tienen alguna, yo creo que la comunicarán mejor dadas en substancia que en sales, porque se dexa conocer que el valor de estos cuerpos lapídeos y testáceos consiste en su Alkali, el cual absorbe los áccidos y los dulcifica. Y así, haces bien de no estar embarazado de esas inutilidades.

De las sales fixas tengo alguna especie, pero son las más comunes, la de Ajenjos, Centaura, y otras de esta naturaleza, que como cosa conocida no te las enseño por no cansarte.

—Yo las doy por vistas, y no las aprecio mucho, porque soy de parecer que las sales fixas todas son unas, y es una su virtud. Y sobre este punto se ofrecía mucho que hablar, pero el tiempo es corto, y la olla nos está ya esperando.

—Espérate —me dixo el Ermitaño.

Esperé un poco y sacóme unos pomitos donde tenía algunas sales volátiles.

La primera que me puso en la mano fue la de *Víboras,* y luego la del *Cráneo humano,* la de *Marfil,* y la de *Cuerno de Ciervo.* Las repasé por la vista y reconocí que estaban bien trabajadas.

—Estas sales —le dixe— puedes estimar más que todas las otras que conservas en esos andenes, porque sirven de mucho en la Medicina, pues se pueden aplicar con gran satisfacción en las fiebres malignas, en las intermitentes, en las viruelas, aplopexias, perlesía, peste, y contra todo veneno coagulante.

—Yo las he usado en algunas de las enfermedades que acabas de decir —dixo él—, y han favorecido a mis enfermos y a mi buena intención. No tengo más que éstas, y podría tener otras diferentes, pero como todas las volátiles tiran a un mismo fin, no me he ocupado en otras, porque se necesitan varios instrumentos muy costosos que no pueden comprar mis caudales sin grave perjuicio de este santuario y mi cotidiano alimento.

—Yo lo creo —le dixe—, que así para éstas, como para otros artefactos, se necesitan muchos vasos costosos, como son alambiques, cabezas, matrazes, hornos, recipientes, evaporatorios, vasos de reencuentro, gemellos, circulatorios, pelicanos, retortas, crysoles, embudos, moldes, calabazas, canales, baños, cápsulas, mucho carbón y otras diligencias para cuya prevención es necesario un grueso caudal; y aún estoy admirado que hayas podido juntar los pocos que he visto.

—No te admires —respondió—, porque, antes de retirarme a esta ermita, me hallaba con un aficionado a la Chimica, y éste estaba muy surtido de instrumentos y materiales. Y, cuando a mí me tenía embelesada la atención la curiosidad de estos secretos, ya estaba él tan enojado y empalagado con este estudio que me hizo donación de todos, y yo los hice conducir a este retiro. Luego los verás, que los tengo escondidos en ese aposentillo, y parte de ellos verías anoche en nuestro dormitorio: y ahora prosigamos en la visita de mi botequín.

—Ya no me queda duda —proseguí yo— respecto de que tienes materiales e instrumentos, que tendrás muchas cosillas curiosas y de valor; y creo que no estarás sin algunos espíritus.

—Tengo —respondió— y no pocos: Te enseñaré los más principales por no molestarte.

Sacó un envoltorio de frascos y dixo:

—Mira, en éste pomito se encierra el espíritu de la *Secundina humana*. En éste el de *Orina*. En éste el de *Hollín;* y en esa andana que ves tengo el *Cuerno de Ciervo,* el *Antiepiléctico,* el de *Nitro,* el de *Sal común,* el *Theriacal* y otros.

—Por sus nombres —le dixe— vengo en conocimiento de sus virtudes, porque el de Secundina, Hollín y Cuerno de Ciervo tienen muchas virtudes, pero la principal es la sudorífica. El Antiepiléctico ya lo dice su nombre. El de Sal y Nitro son muy atemperantes, y el Theriacal contra la peste, fiebres malignas y todas las enfermedades pestilentes.

—Basta de espíritus —le dixe—, y veamos algunas aceites esenciales, que de ellas es preciso que estés muy prevenido. Porque, aunque su composición es trabajosa, es de poco valor: y estas selvas, montes y valles te franquean en las estaciones de los años los más virtuosos vegetables, y puedes escogerlos en aquella sazón que previenen los autores. Porque es cierto que la *Hierba buena, Espliego, Mejorana, Salvia* y *Romero* es preciso cogerlas en tiempo que estén preñadas de sus simientes, porque entonces tienen más aceite. A otras es necesario cortarlas en las menguantes de la Luna, a otras en las crecientes. A unas en la conjunción, y a otras en la oposición. Pues no es dudable que en unos aspectos se hallan con más virtud y más jugo todos los sublunares que en otros, por la grande obediencia con que ha querido que vivan el Autor de la Naturaleza a los influxos y causas superiores.

—Si alguna vanidad tengo de lo exquisitamente trabajado de mi botequín —dixo el Ermitaño— es haberme arreglado a las observaciones que encargan los Chímicos sabios, así en la colección de hierbas, raíces y simientes, como en el tiempo de graduar en la separatoria las cocciones, destilaciones y esencias de todos los extractos. Pues es cierto que no se puede obrar según arte y cristianamente sin la atención al influxo celestial. Porque no es dudable que mayor virtud tendrán las plantas cogidas en la estación de la primavera que en la de el otoño. Y éstas, el tiempo que viven, es preciso que gocen de todos los estados de la edad, como el hombre u otro cualquiera animal. Y, como éstos brotan mayor actividad y fortaleza en la juventud que en la vejez, del mismo modo sucede —como por la experiencia lo vemos— en los vegetables. Y negar esta comunicación es ofender al Cielo y a la tierra. Es verdad que, para conocer y determinar la buena hora para escoger y fabricar, es necesario estar instruido de los preceptos prácticos de la Astrología. Y, aunque yo no he saludado sus principios, me ha gobernado hasta hoy tu Pronóstico: pues leyendo en él los Signos en que entra y sale el Sol, y los aspectos que hace este Planeta con la Luna y los demás Astros, obro en aquellos días según el acuerdo y mandato de los autores chímicos, que los más vivieron atentos a este cuidado poderoso de las estrellas.

—Guarda —le dixe yo— en tu seno ese dictamen y favor que haces a la Astrología, que si te lo huelen los médicos borros de estos partidos, o los Reverendos Mulos de la Corte, te han de quemar a sátiras, que, como ellos son los más encargados y son los que más la ignoran, no pueden sufrir que le echen a los hocicos sus necedades.

—Yo, amigo mío, estoy aquí escondido de todas sus blasfemias —acudió el Ermitaño—. Me sujeto a lo que me mandan los príncipes, y me burlo de las bachillerías de todos esos autorcillos que sólo escriben hinchados de soberbia y vanagloria, para hacer ruidosa ostentación de su ingenio, sin acordarse de los bienes ni los males del público. Y soy tan apasionado al consejo de los príncipes antiguos de la Philosophía y Medicina, que te he de deber me impongas en algunos preceptos astrológicos, aquellos que puedan servirme en mi práctica: de modo que no deseo más que unos elementos prácticos para conocer el estado del Cielo, que ya sé que es estudio dilatado el de la teórica de los Planetas.

—Yo te doy palabra de que, luego que me restituya a Madrid, donde tengo mis papeles, te remitiré unas tables breves que tengo en una Cartilla Astrológica, que la he fabricado con el cuidado de instruir al público en algo de esta facultad, pues, como has visto, está tan ignorada en España que su total ignorancia la ha puesto en el desprecio y abominación que padece. Estas tablas, y otra Cartilla de Cómputos Eclesiásticos y preceptos rústicos, te las enviaré explicadas con tal claridad que tu solo, sin otra voz viva que los números y las expresiones, podrás entender todos sus sistemas; y, si acaso se te ofreciere alguna dificultad, escríbeme, que yo te sacaré de las dudas que te suspendan; y ahora, veamos esas aceites, que la digresión ha sido bastante larga.

—Mira, pues, en esa tabla, los aceites que te he dicho —dixo él—, y regístralos y ponlos al olfato, que no te ofenderá su empireuma.

—Muy preciosos están —le respondí, después de haberlos examinado—. Ya sé el modo de destilarlos y algo de sus virtudes; pues la que contienen todas estas esencias sirve para efectos cephálicos, estomacales, neruinos y histéricos, untando con ellos la parte.

¿Tienes algunos licores exquisitos? —le pregunté.

—No muchos —me dixo—; pero verás los que guardo. Y es el primero el *Elixir vitae de Quercetano, el de Hermoncio, el de Propiedad de Paracelso, y el Uterino de Junken*, que todos son admirables, y en cada uno se manifiestan benignas virtudes estomáticas, histéricas, capitales, y, en fin, son medicinas universales.

—Son muy buenos —le dixe—, y tenlos sellados; porque como el menstruo en que está disuelta la virtud de los ingredientes es volátil espirituoso, y con facilidad se exala.

En lo último de los andenes tenía una caxa con varios pomitos. Registrélos y vi que contenían algunas tinturas.

—Muy aficionado soy —le dixe— a estas tinturas; pues, además de ser apacibles a la vista sus transparentes colores, son famosas las virtudes que contienen. Supongo que se diferencian en poco de los elixires y las esencias, aunque esos tienen la virtud unida y más copiosa, y estas otras pierden algo en la filtración, pero generalmente se llevan muy poco.

Alcánzame —proseguí yo— aquel pomillo, que al transparente de la luz me ha parecido cosa exquisita.

—Sí lo es —me respondió—: es una poquita de la *tintura de la Luna*, hecha con el agua Analthina, que me pidieron los días pasados para un caballero que padecía un dolor nefrítico y sirvió también para un monje que estaba mortificado de un afecto de orina. Otras tinturas tengo de los metales, menos la del Oro, porque es muy costosa, y había caído en la tentación de sacarla, y tenía menstruo prevenido de mi satisfacción, y ya determinado de seguir a Lemorcio, que éste enseña la operación más pronta y más fácil, pues se hace con el espíritu de Sal Armoniaco y Accido dulce.

—Bien haces en huir este gasto, porque la misma virtud hallarás en otras medicinas menos costosas que hemos visto ya. Y si la tintura del oro absorbe el ácido fixo de nuestros cuerpos y corrige la acrimonia de los humores, la diarrea, los fluxos del útero y del vientre, no te hace falta, teniendo el *Nepente*, que es el príncipe de las medicinas. Veamos otra cosa —le dixe; y, a este tiempo, me puso en la mano la *tintura del Antimonio;* y, vista, le dixe: está bien executada. Ya sé que se dispone con la sal de Tártaro y espíritu de vino, y vale mucho para purificar la sangre, que como medicina alkalina destruye el ácido de los humores: él es anticacéltico, y sirve contra muchas enfermedades.

Supongo que tendrás la *tintura de Corales* —le dixe—.

—Ahí está todavía la cera que me sobró y el espíritu de vino para su formación. Algunos tienen en mucha estimación esta tintura, como la de Perlas, Esmeraldas, Jacintos y otras de los cuerpos duros terrestres. Pero realmente no son más que unas soluciones hechas en ácidos, que sirven de muy poco en la Medicina.

—Muéstrame la de *Myrrha,* la de *Castoreo,* de *Kermes,* que son más del caso— le dixe.

—Aquí las tienes —me respondió—, y algunas más que las estimo en mucho, porque las tengo muy experimentadas. Y, si quieres, verás la de *Azufre,* la de *Hierro* y la de *Tártaro,* que también las tengo.

—Basta —respondí—. Ya sé sus efectos y modo de hacerlas, y en éstas conozco tu actividad y cuidado.

Yo creo que ya no nos falta qué ver.

—Sí —me respondió—; espera, verás esta caxita con varios pomos. Aquí tengo el Antimonio diaphorético, el régulo de Antimonio, el Marcial, la píldora perpetua, el azufre dorado de Antimonio, el Tártaro hemético, y polvos de Quintilio, y otros vomitivos, como el vidrio jacintino de Antimonio. Ya sabrás sus efectos y composiciones, y, así, por no detenerte, mira esta otra caxa donde tengo algunos Bezoardicos, como el Mineral, Jovial, Solar, Lunar y Marcial. En este otro caxón hay cosas muy curiosas, que verás otro día que estemos más despacio; pues, ya que he tenido la fortuna de verte en esta soledad, lo que nunca imaginé, no has de marchar en ocho o quince días.

Sacóme entonces mi Ermitaño la Lacerta verde, el oro fulminante, el arcano duplicado, el coralino, y algunos precipitados de Mercurio, la manteca de Antimonio, la de estaño, y otras operaciones, que tuve especial gusto en verlas.

Mostróme también el Croco de Marte aperitivo, y adstringente, y otras operaciones del hierro, de las que sirven para las opiladas. Cáusticos, como la Piedra Infernal, el Potencial Arsenical, y otras curiosidades. Después de reconocidas estas cosas, le dixe:

—He reparado en que no me has manifestado medicinas galénicas antiguas. Y, aunque éstas no son tan efectivas ni tan maravillosas, no se puede negar su virtud.

—No las estimo tanto —me respondió— como a las Chímicas. Pero también tengo en aquel andén encima de la puerta algunas de la primera clase. Aquí está la Confección de Alkermes, hecha en Mompeller, y la de Jacintos. Y últimamente guardo de cada serie de los Antiguos uno o dos operaciones, que me sobran para mi gasto. Y, así, de los purgantes, tengo el Xarave de Rei, de los electuarios, el Panchimagogo, o Cathólico. De los emplastos, el Benedicto de Musitano; y algunos ungüentos, aceites y aguas. Y lo que más estimo son las infinitas plantas, raíces y hierbas que me da en las estaciones este amenísimo país, y de ellas algunos cocimientos famosos que hago.

Aquí llegaba mi Ermitaño; y, sacando yo la cabeza al jardinillo, conocí por la altura del Sol que era mediodía, y le dixe:

—Vamos a comer, que ya es hora. Y siento que se hayan huido tan breves las de la mañana, porque te juro por la ley de amigo que he estado sumamente gustoso y divertido.

—Vamos —dixo el Ermitaño—; pero, aguárdate, que, aunque le hagamos otro ratito de traición al hambre, has de ver otras cosillas más curiosas que las que has examinado.

—Tiempo nos sobrará después para darle otra vuelta a tu Botica, y, entonces, examinaremos con más juicio y más despacio todos esos sorbetes y brebajes. Y, reconocida prudencialmente su naturaleza, bien sé yo que no has de jurar a Dios y una Cruz por su actividad, aunque vives tan enamorado de sus cualidades. Y, ahora, vamos a destripar la olla, que yo no me atrevo a darle más sustos a mi apetito.

Comimos sabrosamente empleados, repasando memorias de nuestra primera crianza. Y, después de dormir un poco, volvimos a pasear el campo; y, cuando el sol nos dexaba sin luz, nos retiramos, huyendo de la frialdad de la tarde, a la ermita.

Dispuso de secas carrascas un alegre fuego y, al dulce calor de los tizones, empezamos la conversación, siendo el asunto los entretenimientos y destino de mi Ermitaño. Dióme el primer lugar, como a huésped, y empecé a expresar mis aversiones a sus cuidados en la forma que verá el que lea lo que se sigue.

Noche primera

—No contiene sistema, ni abraza proyecto la discretísima República de las facultades libres o mecánicas, que no me haya comunicado suavísimos deleites. Pero sólo a dos estudios he probado con tal hastío que apenas los gustaba el labio de la aplicación cuando se volvía en bascas y vómitos toda la región del entendimiento. El uno es éste de la Separatoria o Crysopeya, y el otro es el de las Genealogías, ambos muy parecidos en la codicia, inquietud y el embuste, aunque desemejantes en las intenciones. Entretiénese el genealogista en desenterrar huesos, cribar abolorios, zarandear linajes y revolver cenizas: Cava, pues, en los sepulcros el historiador de muertos y cronista de generaciones; y, a las primeras azadonadas encuentra sangre. Prosigue cavando, y tropieza podre. Vuelve a profundar, y da de hocicos en los gusanos. Y, dándose por desentendido de los horrores de la hediondez, porfía hasta hallar el desvanecimiento, el polvo y la nada. Hállase confuso, sin tener otro mineral ni otra materia prima que el lodo, los gusanos y la corrupción, y fabrica en su fantasía un nuevo Adán en aquellas obscuridades, con que quiere resplandecer la prosapia del Héroe a quién desea lisonjear.

Del mismo modo procede el chímico: Da las primeras azadonadas y encuentra la sangre elemental de los entes. Cava segunda vez, y ya reconoce el carbón. Vuelve a cavar y se tropieza con el humo y el agua de sus cienos; quiere formar un Héroe tan insigne y virtuoso como la Piedra Philosophal, mintiendo luces, imaginando valores y achacando poderíos al estiércol, al carbón, al aceite y otras porquerías, como las que encontró el corchete de vidas, agarrante de huesos, salteador de executorias y depósito de últimas voluntades y papelones.

No obstante las bascas que siente mi inclinación (ya que he tragado esta pócima), esta noche he de vomitar toda la cólera que tengo movida desde el punto que vi esas alquitaras, estiércol y carbones que conservas en nuestro dormitorio.

Tú quedaste muy persuadido a que yo era parcial de las hornillas y carbones esta mañana cuando me hiciste el favor de mostrarme tu botequín. Y es tan contrario, que firmemente creo que esa mezcolanza de hierbas, minerales y brutos que con el fuego material dispone la Separatoria, sólo sirve de derrotar la sencilla virtud de aquellos sujetos. Y en la última disposición de esencia, bálsamo, tintura, elixir o espíritu, si queda alguna virtud, es precisamente menos que la que antes sostenían en sus primeras texturas, y por consiguiente menos conocida. Y la fuerza, virtud y actividad que cacarean los chímicos de sus Piedras Benditas es una moneda falsa de la salud, con que intentan los profesores de esos embustes filosóficos burlar las desconfianzas de los desengañados y la credulidad en los sencillos.

—Luego tú —acudió el Ermitaño— niegas las visible virtud de los vegetables, la actividad agilísima de los minerales y la prodigiosa fuerza de los brutos. Y, últimamente, parece que crees que el poder de Dios y la habilidad de la naturaleza ha criado en sus substancias unos sujetos inútiles, vanos y de ningún provecho para recuperar la salud perdida de los hombres.

—No niego —respondí— las utilidades de los entes naturales, pues creo ciegamente que no hay en las dos máquinas, celestial y terráquea, cuerpo alguno que no encierre especialísimas virtudes, empezando por el humilde Hysopo que se cría en el texado, hasta el Cedro, que es honor de el Líbano. Y desde la hormiga hasta el elefante, y el más rudo, el más activo, el más flaco y el más fuerte, todos conspiran a nuestro aumento y diminución. Y aún creo más: y es que cada uno contiene todas las virtudes naturales. Pues, prescindiendo de otras eficacias, hablando sólo de sus operaciones en los cuerpos racionales, igualmente he visto que purga y detiene, corrobora y desmaya, alimenta, seca y humedece, la escarola como la lechuga, el Manná que el Ruibarbo, el pan que el carnero, el vino que el agua. Pues las varias afecciones que imprimen en los cuerpos, no nacen de su actividad o pereza, sino de la varia textura y disposición que encuentran en las entrañas donde primero se depositan. Y últimamente, todos los sujetos chicos y grandes del mundo, sean naturales o artificiales, han de sostener en sí los cuatro elementos: Luego todos, sobre poco más o menos, han de soltar una misma virtud e, introducidos en nuestros cuerpos, los nutrirán, purgarán, darán sueño y vigilia, y los inclinarán a las demás buenas o malas, sanas o enfermas, operaciones con que notamos, alegres y afligidos, mozos y viejos, vivos y muertos, a los cuerpos humanos. Pues todo lo criado concurre a darlos salud, enfermedad, tristeza, gozo, vida y muerte.

No hay alguno tan bárbaro que no confiese esta admirable eficacia al sujeto más flaco de naturaleza, así a los que se crían en la superficie de la tierra como a los que se cuecen en las profundidades de su estómago. Lo que yo no me determino a creer es la poderosa actividad y puntual virtud que, sin más examen que su antojo, han hecho los physicos en las hierbas, minerales, y brutos para cobrar la salud perdida de los hombres. Dios nuestro

Señor ciertamente que le comunicó a todas sus criaturas una grandísima gracia, y, aunque yo he deseado conocerla en algunos, no lo han conseguido mis diligencias. Y Thomás Vvilis, Silvio, Jorge y Etmulero hubieran manifestado sencillamente su interior, dirían esto mismo. Pero como éstos y los demás remendones de la salud sólo intentaron salir de sus recetas y testimonios haciendo caudal propio de herbajes, y en cualquier parte tiene pena de doscientos azotes el que habla mal de su hacienda, no me admiro que hayan encaramado tanto sus récipes.

En los entes simples hay una virtud que no conocemos, pero en los extractos, decocciones, pócimas, espíritus, opiatas y demás ascos que conservan los boticarios en sus caballerizas, no sólo no se les puede conceder virtud alguna, antes bien, son sumamente perniciosos, porque entran alterando a la naturaleza, causando bascas, vómitos, desasosiegos y otros penosísimos síntomas. Y yo más he visto morir socorridos de los brebajes que desamparados de ellos; y más me fiaré siempre de las oportunidades de la naturaleza que de las eficacias de las composiciones. Y procuraré aconsejar que más provecho hace una hierba cocida en casa que todos los extractos de la Chímica. Pero, dexando esta fuerza a la fee, credulidad y aprehensión que cada uno le quisiere atribuir, permíteme abominar del mayor Idolo que veneras; que, aunque me lo has ocultado con la cortina de tu miedo, ya sé que es la *Piedra Philosophal*.

—Es cierto —dixo mi Ermitaño—; y te aseguro que estoy tan persuadido a su posibilidad que no bastarán a disuadirme del propósito de trabajarla cuantas razones y experiencias han inventado los enemigos de la Crysopeya.

—No obstante la tenacidad con que me amenazas —dixe yo—, la noche es mía, y yo he de gastarla en aporrearte el crédito en ese falso ídolo. Y es preciso que me sufras, porque soy tu huésped; y estoy pronto a satisfacer a tus réplicas, razones y experimentos.

—Di lo que quisieres —acudió él—, que ya tengo prevenidas las orejas y la conformidad.

—Las ansias y los deseos de los Philósophos Chemistas son tan loables, tan justos y tan útiles, que apenas tiene la vida en la esphera inferior deleite tan famoso y de tanto provecho: porque el fin de esta Philosophía es descubrir un licor o quintaesencia para purgar todos los cuerpos de las enfermedades a que viven expuestos. Y, si hubiese hallado su diligencia esta medicina milagrosa, ciertamente que habían descubierto la bienaventuranza y felicidad natural, porque la buena salud, la larga vida y el mucho oro es el chilindrón legítimo de los gustos, los deleites y las felicidades. Hasta ahora corre con opinión de imposible en la práctica la teórica de estos elementos, pues nadie ha visto a los cuerpos impuros de los metales limpios por la virtud de esta Piedra Bendita; ni a los cuerpos racionales expurgados de sus achaques por los medios que ofrece esta Philosophía con sus aguas, piedras, elixiris y quintas esencias. Y en cuanto a *la extensión* de la vida, es tan al contrario de lo que prometen, que en siglo alguno han sido las vitalidades más cortas que en éste; ni se han reconocido los cuerpos humanos más llenos de humores viciosos e impuros por el mayor número de enfermedades que ha causado la corrupción de las costumbres, o sea, el uso de esos extractos, elixiris y quintas esencias que, en vez de redimir la salud, aumentan de dolores e impurezas a los cuerpos.

Generalmente, está admitido entre los chímicos y médicos el valor, poder y actividad de los extractos, elixiris, aguas de la vida, piedras y los demás embustes hijos del fuego; pero ninguno puede jurar por su virtud, ni por su cualidad, ni por la certeza de sus dosis. Y, finalmente, omitiendo razones y argumentos fortísimos contra la supuesta virtud de sus embelesos, lo que percibimos los que de la parte afuera examinamos los sucesos, es que los más cuerpos que reciben sus famosos licores, o mueren de la enfermedad de haberlos recibido, o adquieren mayor impureza, y las vidas no se alargan a aquel tiempo que nos dicen. Con que todo es mentira y modos de hurtar sin riesgos de la horca. Y hasta que me desengañe un barrón de oro fabricado por el fuego de esta Philosophía, o un hombre de trescientos años, limpio de achaques por el jabón de esta Piedra, no baxaré un grano a mi incredulidad.

Cuasi infinitas son las razones bien fundadas que revuelcan todos los débiles dictámenes de este arte; y me acuerdo de haber leído en Santo Thomás estas palabras; no tengo presente el número de la cuestión y por eso no lo cito, pero las voces del Angel de las Aulas son éstas:

> *Ars virtute sua non potest formam substantialem auferre, quod tantum potest virtus naturali agente, ut patet in hoc quod per artem inducitur forma ignis in lignis, sed quaedam formae substantiales sunt, quas nullo modo ars inducere potest, quia propria, activa, et pasiva invenire non potest, sed in hoc potest aliquid simile facere, sicut Alchemistae faciunt aliquid simile auro quantum ad accidentia externa, sed tamen non faciunt verum aurum, quia forma*

> *substantialis aurei non potest per calorem
> ignis, quo utuntur Alchemistae.*

Ve atendiendo, y no pierdas coma. Te desengañará este juiciosísimo y santo escritor:

> *Sed per calorem Solis in loco determinato,
> ubi viget virtus mineralis, et ideo tale aurum
> non habet operationem consequentem speciem.*

Esto dice el Santo en cuanto la primera operación de expurgar los cuerpos metálicos impuros o transmutarlos a otro metal más noble. Y Geronymo Cardano, que fue también de los bobos codiciosos que intentaron este metamorfosis, dice, hablando ya enfadado con el humo y el carbón:

> *Ceterum haec omnia falsis inituntur principis, quandoquidem ignis nihil generat.*

Poderosísimas razones tiene la razón, como te persuadiré, contra el débil arte de estos hombres, pero las más robustas son las que ellos mismos tienen contra sí y las que han demostrado a los ojos de todo el mundo en dos operaciones visibles: La primera es no conocer persona de esta vida trozo alguno convertido de un metal a otro por el fuego de sus carbones; y la segunda, ser todos estos profesores unos pordioseros, mendigos, desarrapados, rotos, enfermos, y cuantos he conocido los he visto acabar la vida en los hospitales. Y, si fuese cierta su habilidad, podían bañarse en oro y vivir sin la común pensión de los achaques, manteniendo la tela de la vida hasta que no le quedase hilacha.

Desde que vi ese aposento en donde sudas en tinta los tuétanos de tus huesos, no se han apartado de mi memoria unas palabras de Demetrio Phalereo contra la vanidad de esta Philosophía. Son tan de la noche y el asunto, que parece que nos vio juntos para dictarlas. Dirélas como él las dexó escritas, por no alterar el sentido con los accidentes de la versión:

> *Quod capere debuerunt, non coeperunt, quod autem possidebant, amisserunt, et methamorfosim, quam in metalis spectabant: in se ipsis experiuntur tunc (cum hoc unicum solamen) inveniant commentitus fraudibus alios fallere, et sibi comites efficere nituntur.*

De modo que tú pierdes de recoger las limosnas que puede contribuir la devoción de los payos y aldeanas de estos contornos; y las pocas que recoges las desperdicias en alambiques, hornos y estiércol, y la transmutación que esperas, o la Piedra Philosophal que extraes, es una burla de tus intentos y de tu trabajo, perdiendo la obra y el aceite.

El hambre canina del oro y la sedienta codicia de la plata engañó a algunos impuros e idiotas philosophos a sacarle el zumo de los peñascos, a exprimir los terrones de los senos escondidos, a cribar arenas, a amontonar mierdas, leches, orines, sangres de brutos y otras porquerías; y con el carbón y el estiércol han querido fermentar estas materias para que de ellas salga el milagroso elixir de la vida, y quieren que el fuego material de cuatro troncos y el humo caliente de unos cagajones y pajas supla por el fuego del sol, y que tenga sus benignidades y influencias tan activas como el padre de las luces, a quien Dios nuestro Señor tiene encargadas las generaciones, fábricas, nacimientos y muertes de todos los entes del mundo inferior. ¡Rara locura! ¡Valiente vanidad!, y suma ignorancia de las obras de Dios, parecerles que son tan limitadas y fáciles que las pueda hacer su escandaloso ingenio.

Desde las primeras elecciones de la materia y del agente, se hace imposible y ridícula esta operación. Lo primero, porque cualquiera mineral crudo, sacado del estómago de la tierra, no hay horno, alambique, vaso ni fermentación alguna con que se acabe de perfeccionar la cocción de una materia ya cierta para ser oro y plata, y mucho menos se ha descubierto la capacidad, modo ni disposición de juntar, unir y eligir las primeras materias para que se suelte el oro o la plata u otro metal. Lo segundo, porque, como ya apunté antes, es asunto muy soberbio querer introducir en los carbones y en el estiércol un calor de las condiciones e influencias del sol. Oye la doctrina de los mismos autores chímicos y alchemistas, y nota las dificultades que ponen en la teórica, y la poca consideración con que pasan a la práctica.

Dicen que la permixtión del agua y la tierra es la materia primera y primer disposición de todos los metales, piedras villanas, preciosas y medios minerales; y que esta tierra y agua la une y aprieta el específico fuego del sol, de Marte, Saturno y los demás planetas celestes, y que éstos, con la fuerza de su curso y el continuado calor y condición favorable de sus influencias, dan la última hermosura y perfección a las piedras preciosas y metales que todos conocemos.

Pasan estos hombres a examinar los átomos o partecillas de la tierra, y dicen que de la tierra de la Luna no puede salir el oro, ni de la tierra del Sol puede salir la plata, sino es que es necesario que la materia o tierra sea apta y dispuesta para que el calor especial de los planetas la cueza y disponga para ser oro o plata, porque si de una misma tierra se pudieran formar todos los metales, éstos se criaran y se produxeran en cualquiera parte de la tierra, y todo el mundo fuera Potosí, Tucamán y Reotinto, lo cual por la experiencia es falsa.

Ellos, es cierto que ni conocen la tierra que es a propósito y acondicionada para ser oro, estaño o azogue, ni menos tienen conocimiento de la virtud del planeta a cuyo cargo dicen que está su decocción. Luego desde los primeros elementos teóricos empiezan a delirar y a errar las operaciones que desean, y aún aseguran, de ciertas en la práctica.

Todos sabemos que el oro, la plata, los diamantes, las margaritas, las sales, los betunes, azogues y toda la casta de piedras, minerales y medios, se crían en el vasto estómago de la tierra, y confesamos que no caen llovidos del Cielo, y lo más que presumimos es que son unas gotas de agua y átomos de la tierra cocidos y unidos con el calor del sol, o del fuego subterráneo. Pero no nos atrevemos a asegurar con certeza su generación, ni menos hemos discurrido en que las pueda hacer el hombre; y lo que únicamente confesamos y hemos visto es que puede imitarlas, pero no hacerlas, como tú presumes, engañado con esa barahúnda de disparatados y supersticiosos libros, en cuya lección pierdes el juicio, el caudal y las horas.

Presume esta fantástica filosofía haber escudriñado los linajes de las piedras, y haberles expurgado la casta a los metales, y dice que el carbunclo, verbi gratia, se forma de la tierra del sol y del calor del sol. El diamante lo labra el influxo de la Luna en la tierra de la Luna y de Júpiter. La esmeralda se fabrica en tierra del Sol con el fuego de influencia de Marte. Siendo esto cierto y preciso, como aseguran los profesores de la Alchimia, hagan merced de mostrarnos (de modo que se pueda creer) un calor material que tenga la actividad que el fuego de Marte, del Sol o de Saturno; o busquen la tierra del Sol, de Marte o de Júpiter o, a lo menos, fabriquen de la materia que ellos quisieren, una tierra equivalente a la que tenga la esmeralda, el carbunclo, la plata y el oro. Y, después de encontrado este fuego y estas materias, háganme el gusto de darles aquel grado de calor, ya intenso, ya remiso, con que la discreción de la naturaleza lo gradúa para formar la primera y última perfección de piedras y metales. ¡Todo es imposible, así los supuestos como las operaciones!

Más: Si el Sol, en sentir también de los más de los Alchemistas, tarda mil años en la fábrica de una de las mineras brillantes, y es preciso que según su movimiento y calor vaya cociendo lentamente estas materias, dándole grados que ni falten ni excedan, ¿cómo quiere el chemista o crysopeísta, con un calor de leños y porquerías, y unas materias asquerosas, como son cagadas, orines, sangres, pelos y leches, hacer un milagro con el tiento y la sorna que el Sol y las luces de las estrellas lo van sudando? ¿Queriendo hacer su rudeza más en una hora que todo el Cielo en un siglo? Cúrate, por Dios, de esas lagañas que tiene tu entendimiento, que me pesa que un amigo a quien amo tan de veras sufra tales fealdades y costrones en el buen rostro de tu capacidad.

Me ha motivado a grandes carcajadas las escapatorias que acostumbráis tener los profesores del carbón y las hornillas cuando os oprimen con los argumentos. Y la regular solución es decir que su intención no es hacer oro ni plata con aquel primor de solidez que la fabrica en sus mineras la sabiduría de la naturaleza, que lo que hacen es imitar sus obras, disponiendo una materia sólida que parezca plata y otra que se asimile al oro, y a otra darle la tintura y dureza que a la esmeralda y el diamante; pero que no pueden formar oro verdadero, plata, ni piedra de aquella virtud, solidez, condiciones, que las hace la naturaleza. Materia es digna de risa. Ya sabemos que el hombre, de cortaduras de papel y almagre, forma una figura de la rosa, pero no es rosa; pinta un pájaro, pero no es pájaro; dora un leño; y al cobre o al hierro les da la tintura del oro, pero no es oro. Pues, si no pueden hacer otra cosa que esta imitación y ficción, ¿para qué es escribir y haber hecho un arte y una filosofía tan misteriosa, explicada por parábolas, anfibologías, equívocos y otros secretos, siendo por sí un oficio que lo puede aprender en cuatro días el sacristán más rudo?

Últimamente, si sabes transmutar metales, o hacerlos de nuevo, o darles a tus materias la verdadera solidez de las que cría la naturaleza, la España está inundada en metales impuros, ¿por qué no llegas con el soplo de tu gracia y la dignidad de tu ciencia a saludarlos, y haces tú y los demás profesores la obra de la caridad de sacarnos de pobres? En Vizcaya tenemos hierro, en Extremadura azogue, y, en fin, en siglo que todo es yerro te sobran materias para las transmutaciones. Veamos un milagro de tu ciencia y saldré yo de temerario y de pobre, y seremos ricos aunque nos maldiga el Potosí. Y, si no quieres usar de los metales a medio cocer, que tiene hirviendo en sus escondites la madre naturaleza, aprovéchate de tus hierbas, brutos, sales, betunes y estiércoles, a ver lo que sacas de ellos. Y si en tu sentir esos son verdaderos principios, muéstrame el útil de tus operaciones.

—¡Jesús, Jesús, y qué tarabilla! —dixo mi Ermitaño—. Ya vas perdiendo en mi estimación las buenas condiciones de estudiante que veneraba yo desde estas montañas en tus escritos. El trato desengaña, los papelones abultan y desfiguran muchas veces la naturaleza del ingenio. Hombre, yo no te he prometido montes de oro en mi Philosophía. Yo no te aseguro ciertas todas las transmutaciones o precipitaciones, ni yo te ofrezco el verdadero arte de la Crysopeya. Yo no te he asegurado hacerte rico ni inmortal. Mi fin, ya te he dicho que es instruirte en unos elementos chemistas teóricos y prácticos para que puedas hacer todas las operaciones que hasta hoy han divulgado estos profesores; que sirven para varios medicamentos y para dar varias tinturas a los minerales y disponer algunos sólidos y líquidos de benigna hermosura y prodigiosa virtud y habilidad. Esta doctrina es la que yo profeso el rato que vaco de mis devociones, y éste es el estudio que han fatigado los hombres sutiles de ingenio, y han consumido muchas horas en la delicadeza de estos arcanos naturales. Y los hombres de más buena vida y de excelente nacimiento y de mucho caudal han sido los príncipes de este arcanismo, no los desarrapados, pordioseros y tunantes, como tú dices. San Alberto Magno, San Gregorio, B. Raimundo Lulio, y otros infinitos santos y varones que venera la Iglesia la profesaron y escribieron, y por esta escala del conocimiento de las criaturas visibles y de sus maravillosas economías contemplaron la maravillosa orden con que Dios Ntro. Señor dispuso estas causas segundas para que se mantenga la economía y magisterio de este Globo prodigioso. En fin, amigo Torres, la noche es tuya y aguantaré la mecha, y no volveré a hablar palabra. Pero en la noche que me toque, desde ahora te prevengo que me has de oir sin replicarme. Y por ahora vuelve a atar el hilo de tus disparates, que yo ya vuelvo a reconciliarme con mi paciencia para sufrirte.

—Tócame, por ser tú el dueño del coche —dixe yo— el primer lugar. Y así, prosigo, y perdona mi molestia, que tú eres amigo y sabrás sufrir mis impertinentes dudas e impresiones que me tienen mal complexionado el juicio acerca de este asunto.

Estas quexas y desconfianzas que padezco, amigo Pedro, no nacen, como crees, de la debilidad de mi talento o de lo rabioso de mi condición, porque en esos libros que abrazan tus estantes he leído la mucha fisga que hacen unos autores de otros, y algunos desengañados han publicado su falsedad, que vieron en sus operaciones. En el Theatro Chimico está incluso un tratado *ignoti Authoris*, que así se intitula, en donde hallarás burladas todas las vanidades de Juan Chrisipo, convencidas las ideas de Paracelso, y revolcadas las doctrinas de Thomás Museto. El más ciego por este linaje de filosofía fue Theob Hognelande Mirelburgense y en el tomo que escribió de *Alchimiae difficultatibus* lo más que asegura es que el hierro puede ser transmutado en cobre u otro metal; pero también asegura que pierde el chemista en la separación. Acuérdome de las palabras que pone en el Proemio de su *Obra:*

> *Ferrum enim, aquis sponte, et terra scaturientibus, et facile enim artificio, in aes transit, et hydrargyrium cum sulfure excoctum in argentum mutatur (quamquam absque lucro) nisi major artificis solertia accedat;*

y prosigue diciendo que sobran en Francia, Inglaterra, Germania y Bohemia hombres que, con sus manos y unos polvos de poquísimo valor y cuantidad, que, preparados y puestos al fuego, se vuelven en argento vivo, oro y plata; y añade que dieron los metales a todo examen. ¡Pues válgame Dios! Si este hombre dice que sobran esos hombres que hacen esta transmutación, ¿dónde están estos hombres? ¿Dónde los metales que han fabricado? Si murieron, ¿a quién dexaron por herencia sus arcanos? ¿Cómo no los premiaron sus Reyes y Príncipes? ¿De qué les ha servido tanta gracia y tanto tesoro, cuando los más de éstos acaban la vida hambrientos y desnudos?

Ya habrás oído decir que en el Ducado de Florencia se guarda como alhaja prodigiosa una barra mitad oro y lo restante de hierro. La historia que nos cuentan es que revolvió un mancebo de un Mariscal con ésta barrilla de hierro toda una zupia que había de beber un caballo y, después de bien meneado el purgante para que se incorporasen los ingredientes, limpió el platicante del albéitar la barra, y toda aquella porción que quedó untada de los ingredientes salió de color y solidez de oro, tan puro y fino que, habiéndolo sujetado a la mordedura de la lima y al fuego del crysol, hallaron ser oro de purísimos quilates. Ahora digo yo que la casualidad —si es cierta la historia— descubrió el modo de la transmutación. Y es cierto también que serán muy comunes los aceites, hierbas y materiales del purgante que tragó el caballo; el hierro también es común, y todo de poquísimo valor y trabajo. Pues, ¿cómo, volviendo a zambullir el mismo hierro en el mismo brebaje, no acabó de hacer la transmutación en lo restante de la barra? Que también es de la historia este conato; con que lo que sacamos de este suceso —quizá fabuloso— es que, si es posible la transmutación, es necesario aprovecharse de un instante de influxo celeste, el cual ignoran todos. Y, faltando el conocimiento de este punto, como falta, es imposible, quimérica y fabulosa toda la doctrina que enseña dichas transmutaciones. No dudo yo que los metales y piedras consienten muchos adulterios; ya hemos visto el oro adulterado, la plata, el cobre, la piedra ágata, la venturina y la esmeralda: a todos estos sujetos los imita el arte, haciendo un barro o una pasta en donde se introduce el calor esmaragdino, la tintura del oro, del cobre y de la plata, y todo esto es imitar a la naturaleza, no es hacer lo que ella hace y dispone.

Juan Baptista Porta fue uno de los separadores y transmutadores más insignes de su tiempo; y, hablando del estaño, me acuerdo que dice:

> *Pro viribus agitur argumentum imitari conabimur, quod facile praestabitur, si que inficiunt infirmitatibus, abolescimus, ac funditus eruimus stridorem, videlicet surditatem liborem, et molitiem.*

Y tiene razón, porque la plata no es otra cosa que un estaño sonoro, limpio, sólido, duro y blanco. Con que no hay duda que, si quitamos al estaño la blandura, la sordera, y le expurgamos de la untosidad que tiene, imitaremos y no más a la plata. Hecha esta salva, prosigue dando medicinas para purgar el cuerpo del estaño. Y primeramente manda meterlo en cal, reduciéndolo a un cuerpo, y que esto sea muchas veces, y después quiere que sea regado con orines de niños y aceite de avellanas, y, con estas unciones, dice que babea toda la inmundicia. Dice también que se ha de reducir a polvos, y que estos polvos son la materia dispuesta que hacen la transmutación de la plata: fáciles y poco costosas son las medicinas. Y yo traigo en la memoria la receta: ponte mañana a hacer la operación y verás cómo sacas estiércol del estaño en vez de plata. Oye ahora la receta en el idioma que él la puso, que no la quiero recitar en el castellano por no variar en el más leve accidente:

> *Dejicito infidelam argilaceamigni contumacem patentioris oris, ut ignescentibus prunis scandeat, ferrea rudicula permiscere indesinenter oportet donec totum ignescat, et non liquescat, quod si desieris, et in corpus redigitur eamdem operam impendas, id tantisper, donec per dici quadrantem, pulveratum ignitum siet sine fusione. At si pars ignis aestu liquesecat, altera remaneat, quae liquescit, iterum in pulverem vertes, idemque opus ovendum in eodem vase. Post vitratorium fornaci, vel reverberationis furno indes, et triduo, vel quatriduo ignitus diro igne crucietur, donec perfecte ut nix inalvescat, nam quo perfectius in calcem redactum erit melius fueris operatus. Mox in vas inde cum acceto destilato, ut tribus digitis supereminaet, ebullat tantisper, donec coloretur ac corpulentius fiat, conquiescat; finito ubi resederit accetum decapelato, et novum inicito, et cineribus indito, opusque repetas, donec in accetum habeat, sin minus reverberationis igni denuo apone, ut perfectius in calcem reducatur, et in accetum solvatur. Posi ea evaporato acceto reses pulveris in cinericcum vas! aponatur, quod cupelam vocant, et liquefacto plumbo sublime ibi, ut pessum eat, pillulas ex sapone, et calce confectas injice, vel sulnitro, sufure, aliove pingui, et omne quod ad plumbi balneo receptum erit in optimun argentum mutantur.*

Dime ahora: Si esta receta fuese verdadera, ¿cuánta plata podría dexar hecha Porta, y cuántos aprendices públicos de esta materia hubiera en los reinos? Porque a mí me parece que éste es un oficio más fácil que el de sastre o de albañil, y ya se ve de cuánta más nobleza y utilidad.

Es tan viejo este modo de delirar que el buen Aristóteles se vio tentado de la codicia, y aún dicen que se puso a quemar leños para empezar estas prometidas metamorfosis de los metales. Escribió este príncipe filósofo un libro que intituló el *Perfecto Magisterio*, en donde explica todas las fuerzas de este arte. Y dice que es una oculta experiencia a que da luz la última parte de la Filosofía, llamada Metheoros, y que habla este arte, no sólo de la elevación y depresión de los elementos, sino es de las cosas elementadas. Y a este arte o exercicio, con licencia de todos los filósofos, yo la llamaría Astronomía inferior; y, dexándole lo verdadero de algunos principios, le borraría los malos nombres de Alchemia, Separatoria, Chemica Crysopeya, y otros que andan confundidos en las bocas y libros de estos mentirosos. La Astronomía superior trata de las Estrellas fixas y errantes en el firmamento. Las piedras fixas, que también se llaman *Estrellas* en el vocabulario de los alchemistas, son Sol, Luna, Marte, Saturno, Júpiter, Venus, Nitro, carbunclo, esmeralda, y las demás piedras que no huyen del fuego. Las piedras errantes, a quien llaman *Planetas*, son el azogue, el sulfur arsénico, sal armoniaco, tutia, magnesia y marquesita. Estas no se mantienen sobre el fuego, sino que poco a poco se evaporan y resuelven. A las piedras que se mantienen sobre el fuego las llaman *Cuerpos animales;* y a las que vuelan del fuego, *Espíritus*. Llaman también a las piedras que se fixan en la lumbre, *Substancias;* y a las que se desvanecen en el fuego, *Accidentes*. De modo que la Astronomía superior cuida de las Estrellas verdaderas, fixas y errantes, y sus movimientos; y la Astronomía inferior, de las piedras fixas y errantes. Estrellas, substancias, accidentes, espíritus y otras son el *materialiter* y *formaliter* de los Peripatéticos, que en toda porfía salen a la palestra: Con que, entendidas estas voces, podemos conocer algo de los misterios y embustes con que hablan y escriben estos mis señores. Ultimamente, yo creo que hasta hoy ninguno ha descubierto ni otro agente que el Sol, ni otra materia que el agua y la tierra, accidentalmente diversas y condicionadas. Y estas materias se cuajan y cuecen con el beneficio de algún calor, sea el Sol, el Cielo o el fuego subterráneo. Y de esta diversidad de materias, y calor, resulta la solidez y tintura de las piedras, metales y las demás substancias. Pues creo con algún fundamento que aquella untosidad, carbón, espíritu y tenuidad, esos ya no son materia, sino es efectos de la materia y oficios hechos ya del calor, sea el que fuere.

Esto es, amigo, lo que más se acomoda a mi condición. Estas, finalmente, son las materias y agentes más posibles, y de ellas no puede ningún chemista con sus tizones, estiércoles, ni hornillas, fabricar las prodigiosas substancias que forma la sabiduría de la naturaleza.

Aquí llegaba yo y, reparando que mi amigo estaba ceñudo contra mis expresiones, corté el hilo de mi conversación, porque aun entre amigos íntimos tiene créditos de mala crianza la repetida porfía contra sus sentimientos y opiniones.

El procuró desmentir las accedías del semblante con un risueño halago, explicando señales de cariño y gusto, y dixo:

—Basta por esta noche de conversación filosófica. Yo reservaré en mi memoria cuanto te he oído, para rechazártelo la noche que a mí me parezca, y ahora vamos a cenar y no volvamos a tomar en la boca semejante asunto.

—Soy contento —respondí—; y perdona los necios fervores con que he desbuchado mi sentir, y mándame y elígeme conversación, que esa seguiré si le es posible a mi rudeza.

Cenamos, pues, y, después de una larga conversación sobre argumentos políticos, nos fuimos a descansar en las humildes camas. Llegó el día y se fue la mayor parte de él en pasear las hermosas vegas y prados vecinos de aquella ermita, y en dar otra vuelta a los libros y las redomas.

Vino la noche sin sentir y, recogidos al cariñoso fuego de la chimenea, volví yo a blasfemar contra la segunda parte de su aplicación a la Piedra Philosophal, en la forma que se sigue.

Noche segunda, de la piedra philosophal

—Que sea posible hallar en los entes de la naturaleza, ya simples, ya compuestos, un sólido o un líquido que conserve el calor nativo y el húmido primigenio, estirando la vida de los hombres más allá de lo que regularmente estamos viendo, jamás lo he dudado, porque en los sujetos contenidos y parcos que se alimentan de los frutos sencillos sin estragar los humores con la gula y variedad de alimentos, se sabe por la experiencia que son más longevos que los que se entregan a la voracidad y la golosina. Los rústicos y trabajadores regularmente viven más y mejor que los que habitan en las poblaciones cortesanas y políticas; y es cosa admirable ver que en una aldea de veinte vecinos se encuentran ocho o diez viejos de ochenta y noventa años, y en la Corte, que es un agregado de un millón de personas, apenas hay uno que llegue a cincuenta años. En las señoras experimentamos más breve y trabajosa vida, pues rara es la que llega a los cuarenta años sin haberla roto las venas cuarenta veces y haber bebido una farmacopea de brebajes. Yo no dudo que la dieta cuidadosa y el orden del alimento, proporcionado a la complexión de cada uno, es la Piedra Philosophal que le expurgará al cuerpo de muchas enfermedades y le perseverará las fuerzas. Lo que niego y reniego es que se haya encontrado licor o quinta esencia de tal virtud que en un instante y a manera de encantamiento limpie de toda impureza y enfermedad no sólo los cuerpos animales, sino es los metálicos, como quieren y persuaden los chímicos. Esta virtud y poder de esta piedra, licor o substancia es la que yo no puedo creer. Mas, que tampoco creo que hay ni ha habido quien la haya hecho. Y que los espíritus, piedras, licores, extractos y quintas esencias que tienen encerradas en sus redomas, tapadas con gran cuidado y misterio, son unos embustes y ladroneras para robar mentecatos e ignorantes. Y esta verdad te la he de probar con sus mismos sistemas reducidos todos a este silogismo. Escucha.

Todos los que ignoran la primera materia de que se ha de componer esta Piedra Philosophal, o elixir, no pueden formar tal piedra; *sed sic est* que todos los chemistas separadores y la demás casta de estos filósofos ignoran las primeras materias de que se ha de componer, luego es falso que hay, ni ha habido, filósofo que haya hecho tal piedra; y, por consiguiente, son embuste, robo y fingimiento los licores, espíritus y demás embustes que andan con el nombre de Piedra Philosophal, agua de la vida, etc. La menor es la que he de probar, y éste será el argumento de esta noche.

Ya, a mi parecer, queda probada con la variedad de dictámenes, con la variedad de materiales, con la variedad de disposiciones, y con la variedad de todo cuanto tratan, disponen y alambican. Preguntando a estos hombres por la materia primera de que ha de salir a formarse esta piedra, unos dicen que son ciertas plantas; otros dicen que son ciertos minerales; otros, que son ciertos animales, y otros, que solamente son las uñas, pelos, sangre, leche y otros excrementos de los animales; de modo que no hay cosa criada que no hayan quemado y hecho cenizas para sacar este embuste filosófico. Y, hasta ahora, ni lo han hallado, ni están quietos en una materia segura. Yo ya sé que todo su conato es separar los elementos que se hallan en la planta, en la planta, en el mineral o el animal, y reducirlos a esta quinta esencia que es el sánalo todo y el remedio universal de nuestra pobreza y de nuestra salud. Pero también sé que ninguno lo ha hecho. Yo he entendido poco de esta facultad, y así te diré sin orden lo que he leído, con qué verás lo imposible de su formación; y empiezo a decirlo con las mismas recetas prácticas que dexaron escritas los inventores y trabajadores de este arte desventurado, y siendo falsas, como lo son por la experiencia y el trabajo perdido, no son necesarias otras probanzas para que quedes convencido. Sea la primera la receta que para extraer este *Lapis Philosophicus* dexó escrita con gran misterio Alano filósofo germano, y dice así: *De Lapide Philosophico*, éste es el título.

Revolvi lapidem, et sedebam super ipsum, in puteum poenae detrudatur, qui prudenti, vel fatuo istud revelaverit. Ego autem id revelo bonis, quia vidi multos in labore perire, quia non poterant **ad** *scientiam artis pervenire.*

Con toda esta exclamación empieza, y prosigue con la receta santamente, porque dice:

> *In nomine Domini. Sume Alkibric, et humorem humanum de sana vena, et misce aequaliter, et extrahe aquam per fumum, postea acrem per ignem, ultimo feces combure, calcina, et misce aequaliter cum urina pueri, et extrahe salem, et habes omnes lapides de quibus Philosophi experti sunt; tingunt enim mirabiliter, et coqunt, ut natura ignis plus facere non queat.*

Dice más:

> *Istud salem resistit Mercurio, cum invivitur et desicatur cum primo lapide, et sic fit corporis unio supra firmam petram.*

Y da fin maldiciendo a quien revelare este estupendo arcano, diciendo:

> *Non videat faciem Dei, qui potenti, vel fatuo istud revelaverit.*

¡Válgame Dios, con qué facilidad podemos ser ricos, ya curando, ya volviendo oro cuanto toquemos, como Midas! El Alkibric, la orina de niño y la sangre humana todo lo tenemos pronto y barato; vamos al oro, pues tenemos las manos en la masa, y salgamos de pobres y enfermos. Pero el dolor es que verteremos la sangre y el sudor, y lo que saldrá al fin de la obra será de el orín estiércol, del Alkibric basura, y de la sangre podre. La misma variedad de materias que han elegido los filósofos para la formación me hace dudar del excesivo poder de esta piedra. Y habiendo extraído (como dicen) de vegetables, minerales y brutos esta milagrosa quinta esencia, ¿cómo no está lleno el mundo de piedras philosophales? Y, si las hay, ¿cómo viven tan infelices sus fabricantes y nosotros, si de brutos (que no hay otra cosa más sobrada en el mundo), hierbas o minerales, podemos volver nuestros hierros en oro? ¿Y cómo vivimos menos edad que en los principios del mundo, cuando no había piedras filosofales? Si la doctrina moderna de estos embusteros nos da en ella la medicina general de todos los males, volviendo también al estado de la sanidad, robustez y juventud al cuerpo enfermo y anciano? Pues añaden que ni las canas, ni las arrugas se atreven a venir a los gestos y cabezas de los que son tocados con dicha Piedra?

—No he oído tal cosa —dixo el Ermitaño—. ¿No te basta ponderar, sino que has de añadir embustes que no han soñado tales hombres?

—Para que veas que hablo con autoridad —le respondí—, escucha cuando menos las palabras del insigne Raimundo Lulio en el tratado que escribió de *Recuperanda juventute*. Dice que bebiendo por la mañana y por la tarde el viejo una xícara de la esencia del oro, sin sentir se hallará mozo. Yo conocí a una señora que tragaba todos los días dos doblones en esencia, y gastaba uno en potencia, y murió en la curación.

Un religioso de S. Francisco, que se llamó Juan de Rupescisa, en el tomo que intituló *Liber lucis*, dice que la materia de esta Piedra

> *est una, et eadem res vili pretii, que ubique reperitur in aqua viscosa, quae dicitur Mercurius.*

Dixo este chímico que se hallaba en los lugares comunes y más viles. Y los aprendices chemistas, engañados de su poco estudio y su mucha ambición (no penetrando la intención de éste y otros filósofos), la buscaban en los estercolares y letrinas. Estos se emporcaban más, pero hallaban lo mismo que los maestros extraían de sus alambiques, y tan necios en buscar que ni por el olor sacaron lo que podía dar de sí aquella tierra. Dice más abaxo el citado Padre que esta materia se extrae apartando lo térreo que tiene el Mercurio y mezclándolo con el sulfur y vitriolo romano, que los chímicos llaman Magnesia, y luego manda hacer la destilación regular. Pero yo digo al santo Padre y a los demás chímicos: Si la Piedra Philosophal se hace de la materia más vil de los brutos, plantas, minerales, Mercurio, oro y plata, y el motivo es porque en éstos se contienen los cuatro elementos, y de la extracción de ellos ha de salir a encantarnos esta Piedra o quinta esencia, que es todo el tesoro filosófico, decía yo que no hay ente descubierto ni oculto que no pueda ser materia de este tesoro. Y es la razón porque todos los cuerpos que están criados debaxo de la capa del cielo por el Supremo Hacedor de todos, constan de cuatro complexiones; de éstas, cuatro naturalezas, cuatro principales colores, cuatro sabores y otros tantos olores, dos sexos, altitud, profundidad (que éstos son los ligamentos con que todos los cuerpos, sean los que fueren, están atados y unidos, como claramente se mira en los cuerpos congelados); pues si cualquier cuerpo puede ser materia de esta Piedra, ¿cómo varían materias? ¿Cómo unos buscan el Mercurio, cómo otros el azogue? ¡Y cómo no han hecho carros de piedras filosofales, siendo tan viles, tan casuales y tan sobradas las materias? Pregunto más: ¿Qué sacaron los que las buscaron en los metales impuros? ¿Qué los que las buscaron en los animales? Extrayendo Basiliscos, Bufones y Víboras, siendo tal la codicia y el deseo que aventuraron vidas y caudales en la operación:

Quid non mortalia pectora cogis?

En los huevos, en la sangre, en la leche, en los humores, cabellos y excrementos de los brutos la solicitaban y pensaban hallar. Supongo que en esto era culpable la obscuridad con que se explicaban los filósofos, temiendo de que no les entendiesen sus secretos y quitasen la ganancia que falsamente les persuadía su loca ambición. Otros la imaginaban en los vegetables de la Celidonia, y otras flores y rosas, y rodeaban las selvas como lobos hambrientos, y corrían cuantos montes y valles descubrían. Y otros mezclaban flores y piedras. Y otros sales, alumbres, sulfures y atramentos. Y otros en la Tutia, Magnesia y Marquesita. Otros en los espíritus de los metales. Todo lo han hurgado, en todo han cavado, y yo no he visto una por señal.

La mayor locura y (perdonen los que la hicieron) maldad fue escribir sus libros tan obscuros, baptizando la Piedra con tantos nombres y las materias con tantos apellidos que los pobres aprendices perdían el tiempo y la cabeza en averiguar las intenciones de aquéllos. Verdaderamente que algo se saca útil de sus extracciones; porque no dudo yo que tengan alguna virtud aquellas esencias de bruto, piedra y flor. Lo que no creo es que sea el sánalo todo y el conviértelo todo. Han dexado finalmente tan desconocido este estudio y tan escondida esta Piedra, que nadie sabe ni de qué se compone, ni cómo se llama. Porque unos la llamaron Agua de la vida, otros Oro potable, otros Thesoro, Ave, Racional, Bruto, Piedra, y, luego, ni uno ni otro. Oye

todas sus contradicciones en estos versecitos que
sin querer se han quedado en la memoria:

> *Est lapis ocultus, in imo fonte sepultus*
> *Vilis, et ejectus fumo, vel stercore tectus.*
> *Unus habet huius lapis omnia nomina Divus,*
> *Unde Deo plenus, sapiens dixit Morienus.*
> *Non lapis, hic lapis, et animal quod gignere fas*
> *[est,*
> *Et lapis hic avis, et non lapis, aut avis haec est.*
> *Hic lapis est moles, stirps, Saturnia proles,*
> *Jupiter hic lapis est, Mars, Sol, Venus, et lapis*
> *Aliger, et Luna lucidior omnibus una,* [*hic est.*
> *Nunc argentum, nunc aurum, nunc elementum,*
> *Nunc aqua, nunc vinum, nunc sanguis, nunc*
> *[chrystalinum,*
> *Nunc lac virgineum, nunc spuma maris, vel ac-*
> *[cetum.*
> *Nunc quoque gemma, salis, almizadur, sal gene-*
> *[ralis.*
> *Auri pigmentum primum statuunt elementum.*
> *Nunc mare purgatum cum sulphure purifica-*
> *[tum.*
> *Siccine transponunt, quod stultis pandere no-*
> *Sicque figuratur, sapiens ne decipiatur,* [*lunt.*
> *Et quid tractatur stulti, ne distribuatur.*

Buen modo es de querer salvar sus locuras y disparates llamarnos necios y majaderos a todos. Si es ciencia tan admirable y la profesan hombres de bien, éstos nunca ocultan su ciencia, que la avaricia en todos asuntos es mala. Pero como la han profesado codiciosos y avaros, hasta esta ceniza guardan y recogen entre sí. Y si fuera por ocultar su delirio y que no hubiese señal de su locura, era virtud. Pero, aun convencidos, no se desengañan, y la ambición los entretiene esperanzados. Si hallaste el secreto de transmutar el plomo en plata, maldito filósofo, dime: Para ti, ¿qué más gloria ni qué mejor riqueza que lograrle y ganar fama inmortal entre los hombres? Pues a ti, ¿qué te quita ni qué te empobrece que tu amigo, y otro hombre, salga de miserable y de ignorante? Cualquiera maestro comunica en el arte más mecánico a su oficial su arte: un médico al otro que quiere aprender le presta y distribuye sus recetas; un legista a otro; y todos cuantos desean saber encuentran maestros que con garbo, buen deseo y humildad comunican, y con gusto de que sepa más su discípulo su ciencia. Y sólo los chímicos ocultan y encierran cada uno en su estómago la más leve noticia que estudian o discurren. ¡Válgate Dios por estudiantes de tan rara abstracción! Déxame reír de la historia de esta Piedra, ya Oro, ya Sangre, Agua, Vino, Ave, Racional, Sal, Leche virgen. ¡Jesús mil veces, y qué envoltorio de desatinos! Si no los confesara con piedad por hombres de buena vida, creyera que estaban todos borrachos.

Un alemán dexó en sus manuscritos la manificatura, decocción y formación de esta Piedra en nueve versos latinos, y dice hablando de ella y su solución:

Qui quaerit in merdis secreta Philosophorum,
Expensas perdit proprias, tempusque laborum.
Est in Mercurio quidquid quaerunt sapientes.
Corpus ab hinc anima spiritus tintura habentur,
Nullus Mercurius sumatur quam mineralis.

De modo que ya nos da éste una materia cierta, y más racional, que es el Mercurio, y para que sepan aplicar los grados de calor para la coagulación, prosigue dando los preceptos en los cuatro versos siguientes:

Primus formatur, ut sensus ei dominetur.
Sensibus aequato gaudet natura secundo.
Tertius excedit, sed cum tolerantia laedit.
Destructor sensus nescit procedere quartus.

Este alemán en el brevísimo compendio de estos versos explica con claridad la materia, formación y coagulación de esta Piedra —que puede servir, como he dicho, para algunas cosas y para sanar tal cual accidente—; y ahora, vamos a la operación.

Digo, comentando estos versos, que en esta manifactura sólo es necesaria una materia, y ésta sea el Mercurio mineral sin mezcla de otro cuerpo, la cual materia es una substancia y, como única, pide un solo vaso, que es el de Hermes, conocido entre todos los chimistas, y del modo siguiente vi hacer esta operación a un amigo portugués a quien en su patria Coimbra traté mucho.

Echaba el Mercurio en un vaso de vidrio redondo a manera de media Luna, o como una ampolleta, o un poco más oval el asiento. A éste cubría otro vaso térreo de bastante crasitud para resistir al fuego. Y la tierra de que era formado aquel vaso tenía el color blanquecino a manera de los crisoles donde se funde el oro: entre estos dos vasos, vítreo y térreo, iba embutiendo ceniza como de dos dedos de crasicie alrededor, y en el vaso térreo ponía su cubierta para que la llama no pudiese llegar al vaso vítreo que estaba dentro. Así puestas las cenizas entre los dos vasos, cubría con el lodo de la sabiduría al vaso de vidrio. El carbón que encendía para esta operación era de encina, y en todas las decocciones, destilaciones y sublimaciones dexaba vacías las dos partes de vidrio, y con el calor solo, graduándolo a compás, sacaba su quinta esencia en la obra; y, según los grados de calor que iba dando, iban apareciendo los cuatro colores principales, negro, blanco, rubio y citrino: de suerte que al abrigo de un fuego se aparecía el negro, con otro grado más de fuego salía el blanco, y así de los otros dos colores. Este primer grado de fuego está explicado en el verso primero del alemán, y yo lo entiendo así:

Primus formetur, ut sensus ei dominetur.

El modo de conocer cuándo será este calor del primer grado, es que, poniendo la mano en aquellas cenizas o en la cubierta del horno, se mantengan sin lesión conocida de quemar. Y con este calor así lento y sufrible en la mano, se podrece la materia en cuarenta días, según unos, otros en cincuenta y según otros en setenta. Pero este portugués que te he dicho dice que mienten todos porque, habiendo él hecho más de treinta experiencias, halló que no se llegaba a corromper dicha materia hasta el día ciento, o noventa y siete a lo menos, de calor. Y decía que sólo a ese tiempo aparecía el color negro en la materia, y que entonces ya estaban juntos y unidos todos los elementos y convertidos a otra naturaleza; y por este grado de fuego sólo se pudre y mortifica esta materia.

Ahora diremos cómo se blanquea. Dos colores se dan blancos: uno que imita a Júpiter o Saturno, y ésta blancura se hace después de la putrefacción, por lo que dice Geber:

Oportet Jovem, et Saturnum indurare, et Martem, et Venerem rubificare.

Pero esta blancura no es verdadera, por no ser fixa, ni firme. Y la verdadera se consigue con el calor del segundo grado en cien días de fuego, que es lo que explica el segundo verso:

Sensibus aequato gaudet natura secundo.

Este grado debe ser también suave, pero un poco más fuerte que el primero. Este ha de ser de modo que la mano pueda aguantar el calor del horno y no más. Acabados los cien días, se continuará este calor del segundo grado hasta que bulla y se menee la materia, a la cual dexarás mover setenta días, y entonces queda la materia hecha unas piedrecitas a manera de jacintos. Y en viéndose así la materia reducida, se añaden carbones y se fortifica el fuego para hacerle calor del tercer grado, que es lo que pide el tercer verso:

Tertius excedit, sed cum tolerantia laedit.

El dicho fuego de tercer grado se continúa por otros cien días y, al fin, todas las piedrecillas se convierten en ceniza y se fixan con verdadera y perfecta firmeza. Y si dentro de los términos de dichos cien días no se hiciere ceniza la tal materia, se ha de continuar con el calor de tercer grado hasta que se logre la ceniza, y entonces queda blanca la materia, y este albo se llama ánima y permanente, y, hablando de esta blancura, dice Morieno:

Dealbate latonem, id est, terram, et apponite liberos, ne corda vestra rumpantur.

Y Hermes:

Ipsum dealbate, et suo igne sublimate quousque et iterit spiritus, quem in ceo invenietis, qui dicitur Alvis, Hermetis.

Síguese a esta dealbicación la cuarta parte de la obra, que se llama la rubificación de la Piedra, y esta rubificación debe hacerse por el cuarto grado del fuego, contenido en el último verso:

Sic destructor sensus nescit procedere quartus.

El dicho fuego del cuarto grado será fuego de llama y de leña de encina. Se debe continuar por cincuenta días, porque en este espacio de tiempo aparezca ya el color rubro, y en este calor se une el espíritu y ánima con el cuerpo, y se hace uno, y sale nuestra Piedra. *Oh lapis benedictus!* Y es de advertir que por este fuego, que se llama del cuarto grado, se funde todo el blanco completo y, por la misma fusión, este esperma se convierte en sangre, y el espíritu y el ánima se sumergen. Y es de notar que esta fusión es la verdadera solución filosófica, y siempre es preciso ponerla sobre el fuego muchas veces; pues, en sentir de Arnaldo de Villanova, dice que *gaudet stare super ignem, sicut puer ad ubera matris.* Y entonces se llama agua permanente, y allí se hace de el cuerpo espíritu, o del volátil fixo.

Cuando aparece el color negro, dicen que es *desponsatio mariti et foeminae,* y que entre ellos se da matrimonio. En la putrefacción del cuerpo, el Mercurio está medio entre el espíritu y el ánima; y, juntos los cuatro elementos con esta materia y operación, resulta de unión esta cosa incorruptible llamada quinta esencia. El fermento del Sol se llama sulfur, espíritu, y oro filosófico. El fermento de la Luna es conocido por alma, rosa blanca, y aire, que existe en nuestra Piedra. El espíritu es el fermento del Sol, el alma es el fermento de la Luna, el cuerpo es la tierra fixa, y estos tres se hallan en el Mercurio. El cuerpo recibe la tintura del Mercurio por el espíritu, y el ánima, según los grados del calor, contiene en sí el Mercurio todos los cuatro elementos. El elemento del agua corre y lava el cuerpo; el elemento de la tierra está fixo y es la crasicie y espesura del mismo Mercurio; el elemento del aire es aquel cálido, templado y húmedo, que se halla en él; y éste cálido húmedo es el que se llama espíritu; y el elemento del fuego es aquella untuosidad cremable que se halla en el tal Mercurio. Dícelo todo este verso, común adagio entre los chemistas:

Terra stat, unda lavat, Pir purgat, spiritus intrat.

Basta de Piedra Philosophal. Yo he dicho lo que así se me ha quedado en la memoria buenamente, y las dificultades acerca de este punto. La noche que tú me instruyas me dirás a punto fixo toda la teórica y práctica sin cansarnos, y juro de estar como un muerto. Sólo por último de mi oración en este punto digo que estos chemistas todos han tirado a ajar a Aristóteles. Todo lo trató, y a él se debe esta filosofía oculta del oro potable y agua de la vida y Piedra Filosofal; y todas las transmutaciones las trató en el libro que intituló de *Perfecto Magisterio*. La preparación del nitro, el oro pimento, el cacareado elixir, y todas las sales con el uso de preparaciones, las toca con otra verdad que los Modernos; y la composición de la agua de la vida simple y completa la trae al fin de este libro que empieza:

R/. De aqua salis armoniaci soluti, et destilatiter ad minus untias sex, olei praedicti rectificati untias septem, misce haec duo, et imbue super porfidum.

No te refiero, por no cansarte, las noticias que tengo de otros autores; pero sí te diré que sólo para que veas los disparates de esta ruin profesión, leas (aunque no es muy devoto, pero permitido, y que no lo ha condenado la Cathólica Iglesia Romana, ni Inquisición alguna) a Nicolás Melchor Cibiniense transilavo, en el tratado que escribió de *Processus Chimicus sub forma Missae*, en donde por las ceremonias de este Santo Sacrificio va fundando su proceso, que empieza:

> *Introitus Missae sub tono, gaudeamus, et erit cantandus,*

y prosigue:

> *fundamentum vero artis est corporum solutio, quae non in aquam nubis, sed in aquam mercurialem resolvenda sunt, ex aqua generatur verus lapis Philosophorum.*

Y así prosigue este mal devoto chemista*: Pues si tiene estas obscuridades este vil estudio, y estas contradicciones, y sobre todo no tenemos una experiencia que nos desengañe, ¿para qué fatigas en vano tus talentos? No creas, porque las doctrinas están de molde, que son los cuatro Evangelios, que hallarás cosas impresas que no están escritas. La verdadera Piedra Philosophal es la gracia de Dios, pues todos los bienes le sobran al que la tiene. El agua de la vida es la santa templanza, y ésta sólo sabe mantener el calor nativo en sus determinados grados. Y cuantos chemistas nacieron y faltan por

---

* La revista *Tropos*, en su núm, 1 («Ceremonias alquímicas»). publicó en 1971 este interesantísimo texto, traducido del latín por Casto del Amo (págs. 23-26).

nacer no han de introducir un calor o un húmedo equivalente, que supla al que vamos perdiendo con los años y con las glotonerías. Poner más calor en los cuerpos es fácil; que esconde muchos simples la naturaleza y el arte fabrica algunos mixtos venenosos de suma actividad. Pero éste en vez de conservar y restituir mata, como se dice de aquel veneno con que Antonio Pérez sofocó al astrólogo Pedro de Herrera que, aconsejándole que viviese con cautela porque los astros le señalaban desgraciado fin, temiendo que propalase algunas confianzas que le había hecho, le dispuso un veneno tan fogoso que, después de muerto, se mantuvo cuatro días el cadáver caliente. Esto es cuanto puedo decirte de la suma medicina para mantener la salud presente y recobrar la futura. Y, en cuanto a hacer oro, plata, perlas y esmeraldas, déxalo al Cielo que es quien con el mandado de Dios concurre a amasarlas en la tierra, que a nosotros con gran providencia están muy ocultos estos secretos, como tengo dicho. Y, pues ya son las once, dame de cenar si tienes algún mendrugo, que mañana (si vivimos) hablaré de la segunda parte de tu aplicación a la medicina, y te demostraré, si puedo, lo falible de esa patarata.

Aturdido estaba mi Ermitaño de ver la libertad con que yo reprobaba sus intentos y sus invenciones. Y, entre desabrido y avergonzado, reprehendió con su modestia los modos y libertades de mi desenfadado estilo y crianza. En fin, cenamos sin miseria, dormimos, y el día siguiente lo empleamos en pasear lo más hermoso de aquella dilatada campiña; llegó la noche y, en el mismo paraje, acariciados de una agradable lumbre, proseguí yo las reprehensiones que le había prometido contra las vanidades de su medicina y los derrumbaderos que le amenazaba su práctica embelecadora, de este modo:

—Ea amigo; sólo esta noche te queda de mortificación. Sufre ahora, que mañana te prometo estar como un mármol, callado y atento a tus soluciones y disculpas; y, ya que hemos de hablar de la Medicina, yo quisiera que tratáramos de chanza de este asunto. Porque a la verdad no merece que hablemos con circunspección de esta patarata, que no tiene más fundamentos que la credulidad inocente, el ansia a la salud de los enfermos y las tretas, misterios ridículos y máximas astutas de sus profesores. Todo cuanto contiene en el mundo, elementos, simples, y composiciones naturales y artificiales, y en fin hasta los disparates y los excesos, son medicinas; y todo esto, que es medicina, no sirve para curar con algún viso de certidumbre la más mínima de nuestras dolencias. Porque ni sabemos la causa del mal ni el elegido remedio contra él, ni el modo, tiempo, ni cuantidad discreta de su administración. La obscuridad y la ignorancia que tiene la Medicina de los achaques del cuerpo humano la confiesan todos los príncipes, padres y directores de ella en todos sus prácticos avisos, no obstante aquellas individuales difiniciones y descripciones que hacen en sus libros de las enfermedades de los cuerpos. ¿Quién no se ríe a carcaxadas al considerar que (después de un gran montón de textos, autoridades y discursos para conocer la malicia y la causa de las dolencias) salen con la patochada de aquel precepto tolondrón, y ciego aforismo, de *a jubantibus, et nocentibus sumitur indicatio faciendum?* Es cierto que todo cuanto hay escrito y observado de esta profesión es inútil y excusado si hemos de parar en acometer a los enfermos con lo que se nos antojare. Nada más advierte el encargado aforismo, pues en nuestro puro castellano le dice al que quiere ser médico esta única lección: *Al enfermo que se ponga al tiro de tu práctica, dale las zupias que quisieres; y si le aprovechan prosigue; y si le dañan déxalas y muda tus embustes; pasa tú como puedas, y el enfermo como Dios quisiere.* No es esto decir que la Medicina es totalmente inútil. No es blasfemar de sus profesores, ni sostener que son importunos y de ningún provecho; porque antes afirmo que éste es un gremio de hombres muy importantes a la civilidad, y unos buenos vecinos de los lugares. Porque en el estudio de sus libros pueden tomar máximas y lecciones muy sabrosas y experimentadas para gobernar la salud pública; ya gobernando a los sanos para desviarlos de los tropiezos y las causas que producen las enfermedades; ya previniéndoles un uso discreto en las cuantidades, tiempos y elecciones de la comida, bebidas, sueño, aire, paseo, y otros exercicios indispensables en la vida. Son también muy útiles para los actuales dolientes; ya consolando y esparciendo su espíritu, desterrando sus aprehensiones y melancolías con la pintura del poco peligro de sus males y con las promesas a una fácil y breve restitución a su robustez; y, finalmente, son precisos para avisar a los enfermos y asistentes del estado y peligro de los insultos, para que cathólicamente se prevengan para la última jornada. Son también muy importantes para escoger y ordenar los alimentos a una dieta provechosa y ministrarles algunos apósitos dulces y delicados medicamentos, que de estas doctrinas, preceptos y experiencias están llenos sus libros; y, a la verdad, son los más ciertos, inocentes y provechosos. Lo que yo aborrezco con todos los hombres de juicio y estudio es la hinchazón, confianza, codicia y mentirosa ciencia de la común práctica de los más de los médicos; los que debían ser venerados por milagrosos, si dexasen sus astucias, vanidades y engaños, conteniéndose en el carácter de unos piadosos enfermeros y asistentes caritativos y puntuales. Las juntas, los discursos, las críticas, los sistemas, los procesos y los pronósticos que hacen para capitular las enfermedades y curarlas, me atrevo a decir que son más perniciosos que útiles. Y toda especie de porfía, opinión y parcialidad entre ellos sólo sirve para descubrir sus caprichos y sus presunciones, pero no para conocer ni curar los achaques.

Sería más seguro dexar esta parte de la curación a la sagacidad de la naturaleza que al uso de sus purgas, sangrías y ventosas; porque ésta sabe hacer con mejor sazón los cocimientos y espumaciones de los males, que la agravan. El exemplar tienes en los rústicos comarcanos, y en todos los que habitan las montañas y cortijos en donde no ha asomado la Medicina; pues éstos son acometidos de la calentura ardiente, del dolor de costado, de las erisipelas y todas las castas de las agudas y crónicas, y la naturaleza sola, sin los consejos, los apoyos ni las industrias del arte los cura y los restituye a la sanidad con más ventajas y más medras que los que toman al cargo de sus aforismos los médicos más astutos y presuntuosos. La naturaleza los cura de balde y con más cariño, con más limpieza y con más prontitud; y finalmente los adelanta a una segura y breve convalecencia, la que nunca pueden lograr sin gran trabajo y tardanza los que son asistidos de los doctores. Dirás que también mueren muchos de los que se entregan a los aforismos naturales; y digo que lo mismo sucede a los que toman a cuestas toda la ciencia del médico y todas las fatigas del boticario. Y los más de ellos puede ser que los haya libertado la naturaleza, que es la curandera sabia de todos los achaques, teniendo que pelear y que vencer los rigores del mal y los disparates del médico, y como ella no sabe hablar, cantan el triunfo entre los crédulos vulgares, los triunfos que regularmente se ponen a la banda del enemigo.

La naturaleza hace sus crisis perfectas, sin la ayuda de las ayudas, purgas ni sangrías, y las hace en tiempo y en sazón, y también hace sus crisis imperfectas a más no poder, y lo mismo sucede cuando la arrea el doctor, como cuando la desampara. Lo que es innegable es que estos pobres rústicos, y todos los que no admiten médicos en sus territorios, viven más tiempo y con mejor robustez que los que los tienen cerca para consultar sus indisposiciones.

Yo iba prosiguiendo con gusto manifestándole al Ermitaño la gran pasión que tengo a los doctores, cuando me quitó de la boca las palabras la atención a unos golpes y gritos desentonados que oí entre la confusión, patadas y rebuznos de unas caballerías. Yo creí que eran algunos arrieros en pena, a quien sus asnos destinaron, como a mi mula, a aquella ermita.

Nosotros nos levantamos a un tiempo y salimos. Y abriendo las puertas encontramos con dos gallardos jóvenes y un eclesiástico, todos a caballo, y una caballería sin jinete; y, sin darnos las buenas noches ni otra amigable salutación, exclamó el más dolorido en éstas o semejantes palabras:

—¡Ay, Hermano Juan, que mi mujer queda con mortal accidente! ¡por Dios, que se venga con nosotros luego luego, que luego luego se volverá.

Acelerado entró el Ermitaño a su botica, sacó unos papeles de los que tenía en aquella mesa y, al paso, me dixo:

—Espérate aquí. En la cocina hay tocino, pan y frutas. Si no estoy aquí mañana a mediodía, enviaré un mozo que te acompañe y sirva. Y perdona, que ya ves la notable precisión.

Montó mi Ermitaño en el caballo que venía ocioso; marcharon los demás; y yo me quedé solo en el desierto. Cuando el estómago me avisó la hora de cenar, puse mi mesa, calenté un puchero en que estaban las sobras del mediodía, que habían de ser la cena para los dos, y, tirándome al cuerpo las dos raciones, me fui a dormir sin más pensamiento ni más ideas que las de entregarme de todo corazón al sueño.

Serían las nueve de la mañana del día siguiente cuando oí golpes a la puerta de la ermita y, creyendo que sería mi Ermitaño, hice chinelas de mis zapatos, me envainé en su ropón, y salí a recibirlo con mucho gusto. Pero sólo vi dos mozos y uno de ellos, mostrándome un billete, me dixo que se lo había dado para mí el Hermano Juan. Leílo y decía así:

> *«La enferma, para quien fui llamado anoche por el tropel que nos asustó, está tocada de accidentes histéricos, complicados con alferecía. El cuidado y la asistencia a la cabecera es preciso en semejantes achaques: La aplicación de medicinas no la puedo fiar a nadie, pues en esta aldea no hay cirujano; la duración del mal puede ser mucho. A esta familia debo la mayor parte de las limosnas que me mantienen, con que por no tenerte solo en esa soledad te aviso de la precisión de detenerme. El mancebo que te dará este billete lleva dos caballerías para sí y para tu persona, y cuatro pesos en tarines, para que gastes en el camino hasta*

*la Corte. Si quieres venir a esta aldea, serás
regalado, que el señor Cura es muy aficionado
a tus Pronósticos. Luego que me avises de tu
llegada a Madrid te remitiré la Piedra Philosophal, y tú me enviarás los cartapacios que te
parezcan oportunos para que yo sepa hacer
Kalendarios y imponerme un poco en los cálculos astronómicos. En el sobrescrito pondrás:
al Lic. Domingo Antonio Prieto, Cura proprio y
Beneficiado de la Villa de Baraona. Si vienes
por esta Aldea, te daré un abrazo, y si no, Dios
te dé buen viaje y haga dichoso.*

Tu Siervo, y Amigo, que
desea tu salvación,

El Hermitaño.»

Yo eché mis cuentas y dixe a mi capote: Si voy,
paso un mes de melancolía, y el Cura me ha de cru-
cificar a preguntas. Y si la enferma muere, será
preciso que yo llore, que diga mil necedades por
consolar al Viudo. Pues vamos a la Corte, a donde
hay continua tararira y diversión. Y, determinado,
le dexé sobre la mesa la respuesta de su papel, que
fue poco más o menos así:

*«Ante todas cosas, te doy las gracias del
buen hospedaje, y te pido perdón, amigo de mi
alma, de mis bachillerías. Yo determino marchar desde aquí derecho a la Corte. Llevo en la
memoria cuanto me mandas para servirte prontamente; y puedes creer que no me despido,
pues a corta vida que Dios quiera darme, te
volveré a ver. Dios te dé acierto en la cura de
la enferma y te vuelva con felicidad a la santa*

mansión de tu retiro. Al Señor Cura beso las manos, y nuestro Señor te conceda quietud en el ánimo y larga vida.

Tu Amigo de el alma,

Torres.»

Monté en el Jaco —que era poco menos desdichado que mi mula—, acompañóme uno de los mancebos, y el otro se quedó por guardián de la ermita. En tres días llegué a Madrid; y, teniendo precisión de salir de la Corte a uno de los Lugares del Señor Marqués de Almarza, a pocos días de estar en él, me hallé con una carta de mi Ermitaño y en ella incluso el tratadito de la Piedra Philosophal, que es el que se sigue, y el que di al público con su Dedicatoria y Prólogo.

LA SUMA MEDICINA,
O PIEDRA PHILOSOPHAL
DE EL HERMITAÑO

Remítela don Diego de Torres, desde la Aldea donde le cogió esta tempestad, a la Excma. Señora Doña Luisa Centurión, &c. Marquesa de Almarza, Flores de Abila, &c.

AL LECTOR

Prólogo, que es preciso que lo lea, y sino se quedará en ayunas de la obra, que éste no es como otros, que más han sido bachillerías que advertencias

Desenojando a la vida de las porfiadas razones de la urbanidad —trabajosa ocupación del ocio cortesano—, y alicionando al espíritu más en las verdades de la naturaleza que en las voluntarias leyes del melindre, estoy, lector mío, en la suave sola situación de estos carrascos, salvaje racional de estas malezas. Aquí me visita el tiempo más despacio, y se detiene conmigo algunos ratos: Sólo en la aldea conozco que es caduco, porque me viene a ver con muletas, y allá me visitaba con alpargatas; en los pueblos corre, y en estos retiros descansa. Por soplos me contó los años en la Corte, y se huyeron los meses sin razón ni cuenta; y por estas soledades viene arrastrando las horas de modo que pasan con su cuenta y razón. En cualquier lugar es sueño la vida y muerte el hombre; pero aquí vivo siquiera lo que sueño, y me voy acabando más acomodado y menos enfermo, porque el Sol, el aire y el humiento calor de los tizones (médicos examinados por la Providencia) me curan, y desecan las húmedas hinchazones de que se quexa el más cartujo de la Corte. Respiro sin quexas, paseo libre, miro sin estorbos, discurro poltrón y me gasto las horas como yo me lo mando, sin vecinos ni visitas, que son las dos tarascas que se engullen las vidas. Estudio mucho en huir de las penas y cenas, que éstas, cuando vienen a buscar a un desdichado, se traen de camino la mortaja, y el pobre humor que se descuida dan con él en tierra. Recibo las pesadumbres cuando vienen lloradas y enjutas. A las desdichas no las abro la puerta, que mi organización es posada de arrieros más locos, y una locura en cualquier parte se acomoda, y las señoras penas —como se precian de graves— no se pueden esparcir en mi fantasía, y es ruin mesón mi espíritu para tan hinchada soberbia. Ceno poca carne y en abreviatura doy gracias a Dios. Me acuesto temprano y doy gusto al gran Avicena, señor del aforismo: y a sus secuaces les niego el atributo que les paga nuestra glotonería.

Libre el alma de estos sustos, retoza el animal con un desahogo que hace menos pesados los humores. El cuerpo se baña en un sayo vaquero, entre sotana y caperuza. Los hijares se chapuzan en un par de calzones miqueletes, en donde se acomodan los lomos convaleciendo de los estrujones del traje, polaina justa, zapato pecador de cuatro suelas, bueno para edificio porque es ancho de cornisas, y la nuez del pescuezo hecha piernas, desde el hueso esternón hasta la mandíbula, sin que las tenga de las agallas el garrote de cuellos, golillas, corbatas, ni otros arreos a quienes se les puede perdonar el adorno por la carga.

Los alientos, que estaban thísicos, las fuerzas héticas, las respiraciones dificultosas, y todos los movimientos emplastados de la ociosidad ya van cobrando su nativo valor con el nuevo exercicio. A todos doy a beber los sabrosos cordiales del esparcimiento, ya arrojando un canto, apedreando un cuerno —que esto se llama jugar a la calva, y esto lo exercito pocas veces, que por acá hay pocas calvas con cuernos, al revés de otras poblaciones que no hay calva por estéril que sea, que no brote estos duros pelambres—, ya burlando a un novillo, y ya rodando un monte por asustar a un páxaro, tareas todas, aunque reñidas con la seria política, gustosas y acomodadas a la vida natural.

Pues una tarde (aquí va empezando lo preciso del Prólogo) estaba yo bien entretenido con las tres personas de este pueblo birlando a competencia nueve bolos, cuando me apartó de su compañía y mi diversión un criado que me traía las cartas que desde la Corte y otras partes me escriben algunos amigos que no me han querido olvidar.

Llevóme la atención una más abultada que las regulares de un pliego; y, abriéndola, me hallé (por no cansarte) dentro del sobrescrito aquel cartapacio alchemista que me había ofrecido el Ermitaño que me recogió la noche triste de la mula. Llegaron los colegiales de campiña a saber novedades y, habiéndoles leído la Gaceta, les dixe:

—Aquí viene una obra de gran consideración. Hagamos rancho, y vamos leyendo.

—Que nos place —dixeron los tres.

Yo leí, y aquellas hojas en donde se explica en latín el Ermitaño se las costruía yo, de modo que quedaba contenta su sencillez.

Uno de ellos, que es el Cicerón de este Concejo y el Aristóteles de esta ribera, levantándose de un poyo en donde estuvo oyendo con toda atención, dixo:

—Ello bien claro lo dice, y a fee que el Ermitaño no es como los de esta tierra, que son unos porros, que sabe un punto más que Satanás. Pero, aunque él lo asegura tanto, a mí me parece más fácil sacar esa Piedra de la vejiga del Diablo que del Mercurio, y es mucho que esos chinos o como se llaman hayan tenido Piedra, desaguándose tanto por todas partes. Pero en fin, sáquese o no se saque, yo me he alegrado tanto de oíllo que, si Dios me diese algún hijo en la mi mojer, lo he de poner a sulfureo y pedrero, que todos los hijos de la Piedra son muy dichosos, y ahora se me ha venido al calletre que antaño pasó por esta serranía un astrólogo de éstos, y, de las hierbas del campo y los mocos que arrojaba el herrero, hacía agua muy clara, y dizque a sus solas formaba oro y plata.

Estas razones dixo el noticioso patán; y yo, respondiendo a él y hablando contigo, lector, dixe:

—El intento del Ermitaño en esta obra es persuadir con la natural filosofía que del Mercurio y el Sulfur se compone una unión de elementos, y en ellos se oculta una quinta esencia que, con ella y otras especies vertidas en todos los cuerpos metálicos y humanos, los purga, y mundifica las superfluidades, flemas, impurezas y otras enfermedades. Esto es, al impuro estaño lo limpia de aquella untuosidad y lo dexa plata; al sucio cobre lo purga de sus flemas y lo transmuta en oro; y al cuerpo humano lo libra de las enfermedades presentes, y reserva de las futuras de cualquiera especie y condición que sean. Los preceptos que da el Ermitaño para formar esta Suma Medicina son muy racionales y, aunque yo en la primera parte de esta obrilla los aborrecí, fue por no estar enterado en sus principios y porque no entendí las metáforas con que se explican en sus libros estos filósofos enigmáticos. Entendiéndolos tú, lector amigo, podrás hacerte de oro, y robusto de salud —si la operación sale conforme te aseguran estas doctrinas—; y, cuando esto no logres, te enriquecerás a lo menos con las voces de una graciosa filosofía ignorada en nuestra España. Yo la he leído pero no he procurado la experiencia: si se me detienen algunos cuartos puede ser que los gaste en hornillas y alambiques y, como encuentre esta Piedra, te prometo de decírtelo con tal claridad que no necesites más maestro, que todavía no está explicada a mi satisfación esta obra y el Ermitaño no ha querido vomitar todo el veneno. Y si no la encuentro también te avisaré, que a mí me tiene gran cuenta festejarte y servirte, porque tú eres mi Piedra Filosofal, de donde yo saco con más seguridad el oro, la plata y el cobre: Y con esto a Dios, que no se me ofrece más: VALE.

LA SUMA MEDICINA, O PIEDRA PHILOSOPHAL

*Que saca a luz, de las tinieblas de enigmas,
y metaphoras, con que la obscurecieron los
chemistas philosophos, un hermitaño,
codicioso sólo del aprovechamiento
de los curiosos*

La parte más famosa, más oculta, más difícil, más noble y más secreta de la filosofía natural es la que te escribo desde estas soledades donde habito, monstruo racional de estos carrascos. He procurado dictarla y escribirla con toda claridad y sucinta gramática, limpiándola de las enigmas, figuras y metáforas con que la ocultaron y obscurecieron los avarientos chemistas, que se dieron al experimental estudio de esta gloriosa ciencia procurando, más que descubrirla, enterrarla.

El genio prudente conocerá a la primera vista lo famoso y verdadero de la operación; y aun el mediano discurso, a continuado desvelo, conseguirá el fin de estas operaciones, excluyendo miserablemente a los de duro ingenio.

Debe ser el estudiante artífice de esta profesión escogido y práctico en el conocimiento de la naturaleza y en la anatomía de los metales, y tener averiguadas sus generaciones, enfermedades, imperfecciones y otras impurezas en sus minas. Y del mismo modo debe conocer los tres órdenes de Medicinas, o Piedras; pero, como los dos sean sofísticas y falsas o a lo menos conjeturables, trabajará el buen profesor en una sola, que es la tercera, la gran Piedra Suma Medicina Filosófica, única y cierta del todo, de la cual solamente escribieron los verdaderos filósofos y la trataron en sus libros, dexando como inútiles y vanas las otras dos órdenes de Medicinas y Piedras. Y así yo, imitando la lección, estudio y manifactura de los más graves, escribo esta tercera orden apartándome de otros intentos inútiles, y, antes de empezar mi Tratado —por si fuere a otras manos— quiero decir cómo ha de ser el profesor de esta ínclita Filosofía.

Tengo el consuelo, amigo Torres, de que estás adornado de algunas de las amables prendas que han de componer al buen operario de estas artes. Sí sólo he comprehendido en ti la poquísima constancia en esta precisa diligencia, porque te advierto variable en todo linaje de propósitos. Pero, venciendo la gran pasión que tienes a la floxedad, no dudo yo sacar en ti con mi doctrina un famoso profesor que acredite la maltratada —por no conocida— ciencia de las ciencias. Y por si acaso en las demás propiedades tuvieres que enmendar, quiero decirte —así a ti como a cualquiera que leyere este Tratado—, cómo ha de ser el profesor de estas operaciones.

Ha de ser garboso y que pique un poco en desbaratado en despreciar sus dineros; debe ser firme en la empresa, ni muy tardo ni muy prompto, sino observador y cauteloso; ha de estar sano, sin estorbos en pies, manos, ni en la vista, ni ha de ser muy viejo ni muy mozo, ni tan pobre que no tenga con qué suplir los primeros gastos para alcanzar esta sumptuosa y poderosa Filosofía. Y, en fin, debe ser el aplicado a esta ciencia hijo verdadero de la doctrina, varón de sutil talento, medianamente rico, pródigo, sano, constante, firme, suave, pacífico, templado, y bien dispuesto de órganos y miembros. Ha de estudiar muchas veces en esta doctrina y sacar de sus discursos y su noticia las verdades; y sacadas, recomendárselas a la memoria y entrar al fin con desinterés y cuidado en la operación.

Y siendo el profesor como llevo insinuado, sin detenerme en otras impertinencias, voy a desengañarte en las siguientes hojas de aquel tropel de errores en que te vi las tres noches que con gusto mío te comuniqué. No me repares en el estilo, que yo no entiendo de otras recancanillas que de escribir con verdad y sencillez lo que tengo leído y experimentado y lo que por mis propias manos he hecho sin más principios ni más materias que las que se siguen.

Es preciso que sea loable y dichoso el fin de cualquiera intento, cuando los principios están bien estudiados; y aun dice Aristóteles, en el primero de los Ethicos, que no se duda el fin sabido el principio: *Qui scit principium alicujus rei, scit fere usque ad fines ejus.* Así, pues, empezaré por los principios de esta famosa Filosofía para que a éstos suceda la gloriosa consumación que deseo. Son, pues, los principios de esta ciencia los mismos que en los metales, y la materia principal de éstos en sus minas, de la cual se engendran. Es el agua seca, agua viva o argento vivo —que con todos estos nombres la bautizan los chemistas—, y el *spiritus faetens*, o sulfur. Pero es de notar que éstos en su naturaleza, como los crió la mina, no son la materia que buscamos, porque en aquellos lugares donde son engendrados no se encuentra algún metal. Es, pues, su materia una substancia creada por la naturaleza, que contiene en sí a la naturaleza y substancia del argento vivo y el sulfur; y de esta materia o substancia de estos dos se engendra y procrea otra substancia sutil y fumosa en las entrañas de la tierra y venas minerales en donde se congregan y detienen. Y, después que la virtud mineral baña a la dicha fumosa materia, la congela y une con unión inseparable y fixa por medio del calor y decocción natural templada en la minera, y tan unidos que ni el húmedo, que es el argento, se puede separar del seco, que es el sulfur, ni el seco del húmedo.

De esto se infiere que en los metales se dan naturalmente cuatro elementos y que éstos son homogéneos, que no son otra cosa que unos humos sutilísimos, congelados y fixos por decocción natural en la minera, y alterados en naturaleza de metal. También se saca de esta doctrina que el húmedo radical de los metales en su calcinación, por la homogeneidad y fuerte unión con los elementos, no se consume ni se separa, como sucede al húmedo radical de la piedra por faltarle la unión con el seco o sulfur. Y así vemos que el húmedo de las piedras es volátil y huye del fuego, y el húmedo de los metales es fixo y permanece en él. Que el sulfur, en la generación de los metales, es como agente, y la substancia del argento vivo es paciente: y por esto al sulfur llaman *Pater mineralium*, y al argento vivo *Mater*.

De lo dicho conocerá el artífice filósofo que la naturaleza, en la creación y formación de metales, tiene cierta substancia o materia; es a saber, el argento vivo, de la cual materia hace salir en la mina aquella fumosa substancia o materia sutil que después con el artificio de la naturaleza se convierte en metal: Aquella, pues, primera materia de la cual se engendra la dicha fumosa materia es cuerpo, y aquella fumosa engendrada de ella es espíritu. Y así, la naturaleza hace del cuerpo espíritu y la hace subir desde la tierra al cielo, porque de una materia corporal hace una cosa espiritual; y porque a esta materia espiritual la docta naturaleza convierte en

Recitarios astrológico y alquímico

metal (como hemos dicho), entonces hace del espíritu cuerpo; y así la hace baxar del cielo a la tierra —póngote, Torres amigo, estas ascensiones y descensiones a la tierra y el cielo porque son metáforas con que ocultaron estos famosos principios los avarientos chímicos, y porque si leyeres sus libros no te confundas—. Y así, volviendo a atar el hilo de nuestra intención, digo que en todas estas operaciones verdaderamente no podemos seguir a la naturaleza, pero hemos de procurar imitarla con atención, ya que no en todo, en parte. También es cierto que todos los metales, en cuanto a la raíz de la naturaleza, son todos de una misma substancia o materia, pero no de una misma forma; y esto es por la enfermedad o sanidad, mundicia o inmundicia, cuantidad o poquedad de la substancia del argento vivo y el sulfur en la unión natural, por la distinta cualidad de minas, y la larga o breve decocción de la naturaleza. Esto me parece que basta para dar a entender la general generación de los metales. Voy a decir los radicales principios de esta secreta filosofía.

Los radicales principios en que se funda esta ciencia son: cierta y determinada materia o substancia propia del argento vivo y sulfur, fumosa y sutil, de naturaleza de estos dos, engendrada por nuestro artificio limpidísima, clara, en la cual existe el espíritu de la quinta esencia, como diremos después. No es esta substancia ni el sulfur ni el argento conforme están en sus mineras naturales, sino cierta parte de estos dos, que ni es sulfur ni argento. Esta substancia, que digo fumosa volátil, se fixa y se mata y convierte en otra substancia de argento y sulfur que es pasible en el fuego y nunca huye de él, antes bien persevera siempre, la cual después, por la decocción templada y continua y por maestría de este arte, se congela en una Piedra fluida tingente y que persevera en el fuego.

Algunos filósofos dicen que, de solo el argento vivo, sin las comixtiones o mezclas del sulfur, se engendra esta materia; pero esto es lo mismo que voy yo afirmando, porque el argento vivo contiene naturalmente en sí el sulfur rubro mezclado (y este sulfur rubro yo le he sacado de la albura del argento vivo con mis propias manos). Los agentes en la operación de esta ciencia son el agua y fuego, y estos dos elementos se coadyuvan juntamente; la tierra y el aire son los pacientes. El agua es el macho, la tierra la hembra; el Sol es el padre y la Luna la madre: de muchas cosas necesitamos en este arte que no las ha menester la naturaleza, pero nuestro estudio ha de ser imitarla. En estas cosas de que necesitamos es de advertir que están los cuatro elementos, y conviene con precisión saber convertirlos unos en otros, mudarlos y alterarlos; es a saber, hacer del húmedo seco, del frío cálido, y del cálido frío; y, de otra suerte, es imposible consumar con perfección la obra. Nota que, así como la naturaleza hace del cuerpo espíritu y del espíritu cuerpo en la generación mineral, así los chímicos, en la generación de la Piedra (que hemos de hacer) por nuestro artificio, haremos los cuerpos espíritus, que por ello dice Aros: *Facite corpora spiritus, et invenietis quod quaeritis*, con que de todo lo dicho sacamos que los principios y operaciones de esta ciencia son semejantes a los de la naturaleza, pero nosotros necesitamos más cosas que ella para nuestros trabajos.

Dados ya los principios de la generación de metales y los de esta ínclita admirable esciencia así generalmente, ahora iremos viendo la operación y maestría del arte.

Todo el artificio de esta Piedra oculta filosófica tiene dos partes de operación: La primera es el *elixir,* y ésta se llama *primum opus;* la segunda parte es de la operación de esta Piedra, que es el *secundum opus,* la cual se hace de otro modo y en distinto vaso. Muchos filósofos en sus libros primeramente enseñaron a hacer la segunda obra, esto es, la operación de la Piedra; y algunos hablan en sus escritos unas veces de la primera, otras de la segunda, a fin sólo de confundir y cegar al aplicado, y para ocultar de los ingenios esta famosa ciencia. Yo, amigo, seguiré el recto orden en la operación; y como la exercité con mis propios dedos y vi con mis ojos, así pondré la doctrina.

Lo primero, es necesario que las materias se conviertan en el *elixir.* Este *elixir* es el primero y principal fundamento de esta Piedra preciosa, la cual por la segunda obra se convierte en verdadera Piedra Filosófica y Medicina Suma; la cual quita de lo comixto lo enfermo, y lo imperfecto de los metales, y los reduce a sanidad y perfección, y realmente lo convierte en lunífico o solífico, según el color de la tal Piedra.

Dividen los filósofos al *elixir* y dicen que tiene cuerpo, alma y espíritu, y éstos están unidos en aquella unión de la naturaleza, a la cual, por nuestro artificio, la ministramos para que la haga, y por eso nosotros no hacemos el *elixir* ni la Piedra, sino la naturaleza, a quien damos la materia para que la fabrique. A la tierra de esta Suma Medicina llaman cuerpo, fermento o secreto de la Piedra o del *elixir,* con que de la substancia subtilísima y purísima del argento vivo, el sulfur y nuestra tierra se compone el *elixir,* y en esto consiste nuestra Piedra.

De dos modos se considera el *elixir* en esta ciencia: hay *elixir* para lo blanco, y para lo rubro. Vamos viendo el *elixir* para lo blanco primeramente, y de sus especies de que se compone. De las especies del *elixir* para lo blanco han variado mucho los filósofos, y las han dado diversos nombres; unas veces tomándolo de su color; otras, de su naturaleza, pero siempre añadiendo o quitando algo para engañar a los curiosos y deseosos de saber esta ciencia. Unos buscaban este *elixir* en los vegetables; y aunque esto es posible por la naturaleza, no es posible al filósofo, porque es breve la vida para esta operación. Otros le buscaban en las piedras preciosas, vidrios y sales; y éstos trabajaban un imposible contra los principios de la naturaleza, pues lo más que de estos entes se puede esperar —después de largo tiempo y crecido trabajo— es la alteración. Otros, en los espíritus solamente del sulfur y el mercurio, con sus compañeros la sal armoníaca y el arsénico. Y otros en todos los cuerpos de los metales. Pero todos éstos sudaron vanamente; y así, omitiendo otros muchos, diré sólo lo que verdaderamente conviene a este *elixir*.

Cuatro son las especies que son precisas para componer este *elixir*. Es a saber, el argento vivo, el sulfur citrino volátil, que huye, el sulfur verde fixo, y el sulfur blanco fixo; y estos tres sulfures son fluidos como la cera. De estas especies son mejores las nuevas que las viejas: el buen sulfur verde es el que, quebrándolo, aparece la fracción clara y verde, y es lucido a manera del vidrio; y por esta razón lo llama Morieno a este sulfur *vidrio*, por la razón de su color y lucimiento. El sulfur blanco fixo, es el mejor el que fuere más blanco, que tenga su fractura blanca, luciente, y que descubra los granos oblongos, aunque no mucho, y poco gruesos, los que son buenos, que descubra el sulfur citrino volátil.

Compónese, pues, el argento vivo con el sulfur vivo citrino, de tal suerte que uno y otro sean alterados y convertidos los dos en una masa rubra, la que llamamos tierra rubra ponderosa. De estas dos especies, su composición o disposición, habla Morieno en su libro *ad Regem Hali*, y dice: *Fac, ut fumus albus, id est, Mercurius, fumum rubrum, id est, sufuris capiat, et simul ambo efunde, et conjunge, ita quod pars pondus aponatur*. Pero respecto que esta tierra rubra lucida, ponderosa y venal se encuentra, no nos cansaremos en su composición; y así, prosigamos nuestro intento.

Habiendo, pues, comprado estas especies, toma una libra del sulfur verde fixo y muélelo sobre un mármol o pizarra limpia hasta que se haga un polvo minutísimo; toma después tres onzas de sulfur blanco fixo y, en el mismo mármol, las molerás con cuidado, y guardarás aparte uno y otro. Toma también otras tres onzas de tierra rubra lucida ponderosa, que está compuesta del sulfur y el mercurio, y máxala también hasta que en la tal tierra no se vea nada de lo lucido, y queda un polvo rubicundo y grave. Y toda esta obra la llaman los filósofos *opus contritionis:* y a esta obra de contrición la llaman también *Hiems*, o Invierno, porque como el Invierno está destituido de todo fruto y virtud agente natural, así también esta obra de contrición está destituida de toda operación agente al *elixir*, porque nada de éstos antes está mezclado.

Hecha, pues, la operación del Invierno, luego sin intervalo comienza la obra de composición y mezcla de estas especies, que es así: a todos estos polvos de estas especies júntalas y mézclalas en el mármol, hasta que toda esta materia aparezca rubra, y a toda esta materia rubra divídela en dos partes iguales. Cada una de estas partes de esta composición o preparación se pone en un vaso propio y destinado a este fin; en tal vaso siempre se hace esta obra, de modo que el vaso alambico de vidrio se disponga así: han de ser dos vasos: el urinal y el alambico. La boca del urinal no ha de entrar en la boca del alambico —como regularmente se hace en todas las destilaciones—, sino al contrario, la boca del alambico ha de entrar en la del urinal. Después se embarra y cubre con el lodo filosófico, y se dexa secar y endurecer, y luego se vuelve a cubrir, de modo que no pueda evaporarse por las junturas espíritu alguno; y llámase la obra presente *opus veris*, porque como en el Verano universalmente todas las cosas naturalmente se unen, para fructificar, así éstas de que se compone el *elixir* se unen para fructificar y engendrar esta Piedra Filosófica.

Fáltanos ahora decir el residuo de esta operación. Y la que nos resta de hacer se llama *Aestas*. Porque así como los frutos de la naturaleza, por el calor, salen de la tierra y suben a gozar del aire, para llegar después al Otoño, esto es, a la naturaleza y perfección, así también en este *elixir* por el calor del fuego material salen de esta tierra y suben al aire para llegar al Otoño a perfeccionarse. Hablando, pues, de esta disposición, contrición y separación, dice (para concluir esta obra) Aristóteles —*Ad Alexandrum Regem* en el libro de *secretis secretorum*, cap. penult.—: *Oh Alexander! accipe lapidem mineralem, vegetabilem, et animalem, et separa elementa*. Luego debemos empezar por la separación de elementos, que es así:

De esta tierra rubra se han de separar los elementos; esto es, lo puro de lo impuro, lo diáfano del opaco, y lo claro de lo turbio. Es como se sigue: Puesta esta tierra en los dos vasos urinales con sus alambicos enlodados, entonces pondrás al vaso singular hecho a este fin en el aludel sobre cenizas, y el aludel esté seco y bien sigilado, con el lodo sobre el horno dispuesto para esta operación. Cada vaso ha de tener su horno y su aludel, y en estos hornos compondrás el fuego, templado de tal suerte que dentro del horno, en el hondón del aludel, puedas tener la mano sin peligro de quemarse. Y en esta disposición y continuada templanza del fuego está la felicidad de la obra, porque si das mucho fuego, la materia se fundirá en los vasos antes que vuelen los espíritus y antes de secarse dicha materia en el vaso, se quebraría todo y se perdiera toda la obra.

Dispuestos así los vasos con el templado fuego en sus hornos, entonces el vapor de estas materias sube al alambico en humo sutilísimo, y este humo se convierte en agua limpia, serena y clara, que contiene en sí la fuerza y valor de todas las especies de las cuales se engendran. La cual engendrada ya, y causada en el alambico, baxa por el cuerno de ciervo, o nariz del alambico, el cual ha de ser agudo, suave y corvo, a manera del cuerno de ciervo. Las primeras gotas de esta agua no sirven y, así, no se reciben en vaso alguno; y para saber el verdadero tiempo de recibirlas harás así: Después de quince o diez y seis gotas vertidas, tomarás un cuchillo caliente un poco, y ponerlo en la boca del alambico, y aguarda que caiga una gota sobre el plano del cuchillo y, si ésta se bullese y pusiese negra sobre el plano, entonces es tiempo de recibir el agua. Y si no, no, porque todavía contiene aquella agua gran porción de flema, y de ésta es preciso que se purgue, y no lo estará verdaderamente hasta que tenga la dicha señal.

Conocido, pues, que el agua se purgó de la flema, tendrás dos vasos para recibirla, de vidrio, que tengan el hondón redondo y el cuello largo como cosa de medio pie; y estos vasos sean espesos y fuertes, porque de otra suerte no retendrán al agua, porque su demasiada virtud y fortaleza los quebrará, y estos vasos los pondrás debaxo de los alambicos, de modo que entren dentro, juntándolos a los cuellos de los vasos cuanto pudieres, y cúbrelos con un paño de lino seco, y así recibirás el agua. Continuarás el fuego débil por un día y una noche; después aumentarás el fuego, no de golpe, sino es poco a poco hasta doblar el calor, y en este aumento de fuego se ha de continuar hasta que se ponga rubro el alambico, y en apareciendo rubro se ha de mantener en aquel color, y el fuego se ha de continuar en aquel estado, hasta que salga toda el agua, que ha de salir, y entonces añadirás más fuego, y hacerle con llama, para que aquellas partes más gruesas y fuertes salgan también, y este fuego de llama se ha de continuar por seis horas hasta que salga toda el agua fuerte y espesa, y aparece la tierra seca y sin humor, y así quedará el agua bien hecha.

Llámase esta agua, agua de mercurio y de sulfur, porque se engendra y sale de estos dos. Llámase también entre los chímicos fumo, viento, aceite, agua, aire, fuego, vida, alma y espíritu.

Y por fin el nuestro mercurio que buscamos, que es fuego comburente, disuelve todos los cuerpos con una obra sola, que es con la del Otoño. Llámase esta agua por los filósofos *lapis benedictus*, porque no es piedra ni tiene naturaleza de tal, y por esta razón se llama Piedra, porque los filósofos llaman Piedra a todo aquello de lo cual se pueden separar los cuatro elementos por artificio. Porque, hecha la separación de ellos por su conjunción o unión en este magisterio alchímico; es a saber, en la obra autumnal se suscita cierta substancia, a modo de las piedras, que por la admixtión del húmido con el seco se engendra. Llámase, pues, *benedictus* porque, de los elementos separados y después conjuntos sobre una quinta esencia (como diremos luego) que se llama espíritu de la Piedra, y porque el espíritu no aparece ni se toca, sino es tomando cuerpo en algún elemento, por eso este espíritu, por la nobleza de su naturaleza, toma cuerpo en la noble y superior esfera de los elementos: esto es, en la esfera del fuego, quedando siempre en su naturaleza espiritual, y por eso no es fuego ni tiene tal naturaleza de fuego, aunque habita en él. Y porque este cuerpo ígneo por su sutileza y pureza no se dexa ver de nosotros; y así, mediante los instrumentos idóneos y la industria, convirtiendo su sutil substancia, componiendo, condensando y secando, sublimando y destilando de la dicha materia, y se convierte en especie de agua y, manando ésta, se separa y limpia de las superfluidades de la flema. En esta dicha agua todavía no están los cuatro elementos, sino es sólo tres: agua, fuego y aire. Y estos tres juntamente se purgan y separan de su inmundicia; esto es, de las impuridades de su tierra. En esta separación del agua llamamos elemento aqüeo a su humedad, aire a la naturaleza de la agua que hace que todo el cuerpo fluya a manera de gotas de goma; y por esta razón llaman también *oleum*, o aceite. Fuego se llama en esta agua aquella virtud con la cual quema, calcina y disuelve los cuerpos, en el cual fuego habita el dicho espíritu de las Piedras.

Separados, pues, estos elementos de su tierra, y hechos espirituales con el espíritu de la quinta esencia, convertidos en agua (como tenemos dicho), se han de juntar a la tierra, para que esta tierra también se haga espiritual como los otros tres elementos.

Ya hemos llegado a la composición de estos tres elementos con el cuarto, que ésta es la composición que ocultaron los filósofos. Llámase esta composición *matrimonio del cuerpo con los espíritus*, porque en esta obra se junta el espíritu de la quinta esencia que está oculto en los tres elementos con nuestra tierra, que es el cuerpo, y se hace la unión o matrimonio, de tal suerte que la tierra se hace espiritual de naturaleza, sutil, y de espíritu, y desde entonces se empieza a perficionar la virtud; este espíritu de natura térrea que se dice: *quintum ex quatuor generatum*, por lo que dice el Filósofo: *Vis eius integra est, si versa fuerit in terram*. Hácese, pues, esta composición no con las manos, sino es por obra de la naturaleza, a la cual por magisterio admirable administramos esta materia, para que opere en ella.

Debe hacerse este matrimonio luego que el agua esté hecha, y no se debe esperar más que *ad summum* dos horas, porque se desvanece presto la virtud de este espíritu. Llámase esta obra del Otoño, porque así como los frutos llegan a su perfección y madurez en el Otoño, así esta agua consigue su perfección en este matrimonio. Llámase también *impregnatio lapidis*, porque cuando se hace este matrimonio o conjunción de este espíritu con el cuerpo, se impregna la Piedra —esto es, el cuerpo o tierra nuestra— de este espíritu de la quinta esencia, en el vientre de la dicha agua, en el cual vive oculto este espíritu. Hácese del modo siguiente.

Recitarios astrológico y alquímico

Lo primero, hemos de suponer firmísimamente que aquella tierra, o heces, de las cuales salió esta agua de los tres elementos, se ha de arrojar, porque no tiene virtud alguna, como dice Alphidio: *faecem projice in alia enim haec aqua plantatur, et radicatus*, y así, se entiende bien lo que dice Aros, que *opus istud in uno incipit, et in alio terminatur*. Tómese, pues, de nuestra tierra y quítense de ella todas las humedades superfluas, y sepárense de ella hasta que quede blanca, lucida, y afinada en un todo. De esta tierra purificada y hecha polvos, tomarás dos cortas cuantidades, y la una de ellas échala en uno de los vasos sobre el agua, y la otra porción en el otro vaso, cerrados ambos, y quitándolos el alambico y dexándolos sobre las cenizas calientes en los aludeles sobre el horno, y luego al punto que sea encerrado este cuerpo, cúbranse los vasos estrechamente con un paño de lino seco, y, incontinente que esta tierra caiga en dicha agua, empezará a bullirse, si fuese buena y hecha sin error; y, si no se bulle, es cierto que se ha errado la operación, porque no disuelve el cuerpo: Y así, conviene reiterar y hacer otra agua.

Se han de tener siempre dichos vasos sobre las cenizas cálidas, hasta que el agua dexe de bullirse, y, en cesando, queda clara, limpia y verde, y nuestra tierra queda líquida y casada con el espíritu de la quinta esencia.

Después de esta obra, tomarás otros vasos semejantes a los dichos, y pondrás en ellos esta agua cauta y sabiamente, de modo que aquello que quedó al hondón no se disuelva con el agua clara. Y así, en estos vasos bien cerrados con un paño de lino, guarda a la dicha agua hasta el caso de necesidad. Así se impregna esta agua y se hace el *elixir* para lo blanco, pero todavía no es perfecto ni consumado el coito ni matrimonio del espíritu con el cuerpo, sino sólo un verdadero principio y medio para la perfección. Llámase este cuerpo que se disolvió en esta agua *temperantia sapientum*, o agua de la vida, y el cuerpo que se desata, *gumma Philosophorum*, por lo que dice sin duda Aros: *Vide ubi misserunt aquam, ibi misserunt gumma, vel e contrario*.

Nótese que la primera parte del *elixir* es blanca y se hace de tierra blanca, y la segunda es rubra, porque se hace (como diremos) de tierra rubra, y así parece que hay dos *elixires* en este arte, pero no hay más que uno verdaderamente, que es para uno y otro; esto es, para lo blanco y para lo rubro. Ya hemos dicho del modo de composición de la parte alba; ahora diremos de la parte rubra. El Filósofo dice que en esta operación del *elixir*, que las mismas son las cosas que blanquean que las que rubifican; y así, tres son también las especies que se han de tomar para hacer este *elixir* rubro, pero con otro peso; es a saber, de sulfur verde doce onzas, de sulfur blanco seis, de tierra rubra ponderosa seis onzas, y en estos dos pesos sólo se diferencia el agua blanca de la rubra.

Pues de estas especies harás toda la obra ya dicha de Invierno, Verano, Estío y Otoño con la misma separación, contrición, decocción ígnea, en los mismos vasos, los mismos hornos y aludeles, con la misma separación de la flema del agua, y con el mismo matrimonio de la tierra rubra, con el espíritu de la Piedra en el agua. Empero la tierra rubra se debe separar de otro modo que la blanca de sus superfluidades; y así, antes que esta agua se ponga a purgar, es por su modo, y purificada y limpia y convertida en polvos o limatura, entonces se pone en el agua ya hecha, pero no se disolverá en ella porque no es el agua de tanta virtud, sí sólo se calcinará en polvos. Hecho esto, mueve cautamente el agua y ponla en otro vaso semejante al que tenía antes, de modo que quede el polvo de la calcinación de la tierra rubra sin agua en su vaso, y en aquella agua apartada pondrás algún cuerpo como a la tierra blanca, y se desatará en el agua. Deseca, pues, la tierra calcinada y guárdala con limpieza, de modo que no caiga sobre ella otro polvo, hasta hacer otra agua en la cual los disolverás. El agua hecha con estos pesos es más fuerte que la primera, porque ésta no puede disolver al mercurio en el agua y esta segunda lo desata.

Resta ahora que hagas otra agua de las dichas especies, pero con esta medida: de sulfur verde, doce onzas; de tierra rubra ponderosa, nueve onzas; y otro tanto de sulfur blanco. Y con estas especies opera y trabaja, como tengo dicho, recibiéndolas del mismo modo. Y en esta nueva agua pondrás los polvos rubros calcinados y, si se liquida o desata el agua rubra, o flava, ésta será buena y verdadera que buscamos; pero si no se disuelve, vuélvela a remover del agua, como hiciste antes y seca segunda vez la tierra rubra, y guárdala. Y así debes reiterar esta agua, aumentando siempre tres onzas de sulfur blanco, hasta que salga el agua que disuelva a la tierra rubra en agua limpidísima.

Indagada y hallada perfectamente esta agua, y disuelta en nuestra tierra rubra, la debes guardar aparte en un vaso cerrado, así como lo hiciste del agua blanca, y del mismo modo la reiterarás con la solución de la tierra rubra, hasta tener cuantidad bastante de la dicha agua rubra: en esta agua preparada de este cuerpo rubro pondrás como dos onzas de limatura o polvos de esta nuestra tierra y, si pudiese disolver más onzas, pondrás más, y si quedase algo por disolver de dichas onzas, no lo arrojes, sino ponlo aparte, y en la solución de otra agua lo puedes aprovechar. Y así, el agua primera blanca se llama *virgo vel puella* según Alfidio, y Ortulano la nomina: *Sperma faemineum album et frigidum.* Y esta agua rubra se llama *Juvenis pulcher habens pulchrum vestimentum*, que es el oro; y Ortulano la llama *Sperma masculino rubeo calido:* mas la primera agua, antes que se disuelva en ella el cuerpo blanco, la llaman *urina puellarum*, y a la rubra *urina virorum.*

Hechas, pues, estas dos aguas, se perficiona el *elixir* de este modo: del agua blanca recibe cuanto hiciste de una vez en los dos vasos, y otro tanto de la agua rubra, y tendrás una calabaza hecha de vidrio fuerte y espesa, cuya boca está formada a manera de urinal. En este vaso o calabaza juntarás las dos aguas, y saldrá toda el agua flaba o citrina, y así queda consumado el *elixir* para uno y otro, el verdadero matrimonio entre el cuerpo y el ánimo, la perfecta impregnación, o coito de la Piedra, de lo cual se seguirá buen parto.

Esta agua, hecha de las dos aguas, es nuestro oro, nuestra plata, el agua celestial y gloriosa, nuestro metal y nuestra magnesia, en la cual dice Aros que están los cuatro elementos, o cuatro cuerpos, a los cuales cuerpos llaman *nubes, et nives extractas oleum, et butyrum, et lunae spuma.* Llámanse también fermento de la Piedra por uno y otro, y plomo negro, toda nuestra operación, y el huevo filosófico, y toda nuestra sabiduría, la que revela Dios a quien quiere. Hablando de esta composición dice un filósofo chímico: *Ipsum enim est totum in toto, et id totum quod quaerimus, et quod cogitatur; in ipsa enim es fugiens, et fixum, tingens, et tinctum; album et rubrum, masculus et foemina simul composita compositione inseparabili.* Conviene, pues, al que intentare esta obra, no descansar hasta que se mezclen estas especies y se haga la tintura; y al punto que estas dos aguas se mezclen en el vaso, se debe cubrir para que no se exhale nada.

Son necesarísimos en este arte estos dos espermas, porque no se puede hacer verdadera tintura sin esta unión y composición. A estos dos espermas llaman *caudadronis* por la razón que veremos adelante. Y de todo lo dicho se infiere que se compone este *elixir* del oro oculto en esta nuestra tierra, limpio de la terrrestreidad del sulfur, que se dice sulfur de sulfur, y del argento vivo, que se dice argento vivo de argento vivo; estos dos últimos volátiles y fugitivos, pero conversos juntos y compuestos en fixos.

De la operación de la Piedra

Ya hemos dicho de la primera operación del *elixir*. Réstanos decir de la obra de nuestra Piedra.

Ya hemos visto que de estas dos cosas se hace uno, y de este uno *elixir* —y uno de otro— nace la verdadera y cierta Alchimia. Ahora veamos qué es *elixir* y de dónde se ha tomado este nombre; qué sea *Alchimia*, y qué este *Lapis*:

> *El elixir es cierto compuesto que contiene en sí la virtud mineral, rubro o citrino, de muchas especies limpidísimas y claras, juntas a la especie del agua, que contiene en sí la virtud mineral, condimento, antídoto y medicina de todos los cuerpos, que se han de purgar y transformar en solíficos y luníficos verdaderos;*

dícese *elixir* del verbo *elicio, -icis,* que es juntar, ligar una cosa de muchas, ya convertida en otra.

> *La Alchemia es arte que administra y muestra la esencia de los siete metales, y cómo éstos de sus formas imperfectas se han de reducir a la perfección.*

Dícese Alchemia de *Alembico,* y *Kymia,* que son dos vasos en los cuales este arte hace su complemento final en los tres órdenes o géneros de medicinas.

> *La Piedra es cierta fuerte virtud mineral junta y unida por el artificio alchímico de muchas especies en una, y tiene en sí la virtud de congelar al mercurio en naturaleza metálica verdadera, y de convertir todos los metales enfermos a su sanidad;*

y finalmente, es

> *la Suma Medicina de todos los cuerpos humanos, que conserva en ellos el humido radical, porque ésta es el agua de la vida.*

Hecho nuestro verdadero compuesto, o completo el *elixir,* se sigue la operación de la Piedra, según Hermes, que fue el Padre y Maestro de los Alchemistas. La primera disposición es nigrar. La segunda, blanquear. Y la tercera, cinerar. Y la cuarta y última, rubificar. Y con el acto sólo de cocer se finaliza todo el magisterio. Y como todas las cosas en la primera operación suben al cielo, por esta segunda todas descienden a la tierra y se fixan en la unión de la quinta esencia.

Hácese la disposición de lo negro como se sigue:

Toma el elixir como está en su vaso, y pon sobre él un alambico de vidrio, y ciérralo bien del mismo modo que hiciste en la extracción de la primera agua. Y así dispuesto, toma el dicho vaso y entiérralo en el estiércol de caballo, y harás el alma. Esto es, que salga aquella agua que está dentro del *elixir:* y esta agua la pondrás en un vaso fuerte de vidrio, separando el flema superfluo hasta que en el plano de un cuchillo o de otro hierro se bulla caliente, como diximos, y así has de continuar hasta que salga toda y parezca la materia en el hondón del vaso clara, rubra y sin agua. Después cuece y continúa hasta que esté del todo seca y negra, y —entonces— aquello que en la primera operación se llamaba *Esperma, Padre y Madre,* en esta operación se dice *tierra, o nutrix.* De esta separación del agua o del alma de su tierra o cuerpo, dice el Filósofo: *Fili a radio solis extrahe umbram suam,* porque se llama esta tierra entre los chemistas filósofos *Umbra solis, corpus mortuum, corona vincens, nubes, cortices matris, magnesia nigra, et draco qui comedit caudam suam,* y con otros infinitos nombres. Y el agua que salió de esta tierra se llama *cauda draconis, anima, ventus, aer, vita domum illuminans, lux meridiana, argentum vivum nostrum, lac virginis, totum secretum;* llámase también *sal nuestro armoniaco,* y *medio de juntar las tincturas.*

A esta tierra ya seca sacarás del vaso o calabaza con sutileza, y sabrás su peso, y la colocarás en otro vaso ancho, fuerte, y espeso, según la cuantidad de Piedra o Medicina que intentares hacer. El vientre del vaso ha de ser redondo; y el cuello, largo como de un pie. Y, puesta nuestra tierra o dragón en dicho vaso, se ha de colocar el vaso bien cerrado en el aludel, o sobre las cenizas, y darás fuego de leños al horno, cuidando de que la llama no llegue al vaso; y se continuará dicho fuego hasta que la tierra toda se disuelva en sí misma y se haga agua espesa y rubra. Entiérrase también este vaso en el estiércol de caballo caliente hasta que se disuelva dicha tierra. Desátase de este modo en cuarenta y nueve días; otros ponen este vaso al aire y así dexan que esta tierra se vuelva en agua rubra espesa. De la solución de esta tierra de sí misma dice Martyrizato: *Ars non completur nisi terra fuerit soluta;* pero otro filósofo, tímido en la operación, dice: *Citius autem perficitur hoc opus in humido, tardius vero in sico.* Nota, pues, que es de dos maneras la solución de esta tierra, una por sí sola, como hemos dicho, y otra por la cauda o agua impregnada que salió de ella. Y muchos filósofos no hicieron aprecio de la solución de sí misma, diciendo no ser posible sino con el agua y uno de los dos espermas de quienes fue criado. A esta solución la llamamos solución de cuerpo negro muerto, y a la solución que se hace por el agua se dice resurrección, vivificación y alma del cuerpo muerto. Aquella solución que se hace con la llama del fuego y el calor del estiércol no son propiamente soluciones, sino liquidaciones o fusiones, como las de la cera o el metal; con que hemos menester entender que la fusión aquí se ha de tomar por solución. Y, al contrario, la solución por fusión.

Líquida y fluida nuestra tierra, primeramente por sí, y por sí también disuelta al aire (guardándola del polvo), se toma el vaso con la tierra y se pone sobre la cenizas en el aludel sobre el horno, y en éste se hará un fuego lento, y se continuará hasta que se congele en una masa negra, cuya fractura ha de quedar luciente como la del vidrio, la cual masada y congelada, la volverás a que se disuelva por sí, y cuatro veces reiterarás esta solución y congelación. Y cumplida, quedará una tierra fixa, lucida, negra en la fractura y, echada en el cuerpo, lo altera en su color. Y cuantas veces se disolviese esta tierra y congelase, queda más sutil y penetrable. Y denegrida esta agua por la decocción, se llama *cinis clavellatus, aes combustum, sal combustum, terra mortua, ovum proprium Philosophorum.*

También es de notar que esta tierra muerta, cuando se separa de ella el agua, antes que se diseque y demigre, se llama *ignis, sal armoniacum, sal vitellorum ovuorum, sal honoratum, athincar nostrum, nubis coagulata, lingua maris, arsenicus sublimatus, stella Dianae, ventus corporatus, aduena, secretum naturae,* y otros infinitos, que me parece preciso ponerlos aquí para que no se confunda el que leyere los libros chímicos.

Completa, pues, la disposición de lo negro, vamos a dar la disposición de lo blanco de la tierra de este *Lapis Philosophorum:* Es, pues, de notar que en este negro de la tierra está escondida la blancura, y aunque a la vista es negro, en el entendimiento es blanco; y esta virtud que está oculta en ella se debe descubrir, y lo que está dentro manifestarlo afuera. Hácese esta disposición en el mismo vaso, sin separar ni remover de él la dicha tierra, de este modo:

Sabrás el peso de esta tierra y, después, disuélvela por sí, como lo hiciste en la denigración, la cual soluta, tomarás la mitad del peso del espíritu no fixo, esto es, del agua que salió de ella, que se destila por el alambico, y ponlo sobre la misma tierra soluta bien cubierto en las cenizas, o con fuego lento, o en el estiércol de caballo, y se continúa hasta que el agua y la tierra se hagan una cosa negra, clara y de otro color. Hecho esto, se ha de congelar todo, y reducirlo a masa en el mismo lugar, y en el mismo fuego, cuidando que no salga espíritu alguno. La señal de estar cocida ésta nuestra goma será si, dexando enfriar el vaso, el dragón estuviere duro, a modo de pez dura, y entonces estará bastante espeso y cocido, y expurgado de su flema. El agua que en esta decocción salió de esta goma o dragón, se puede guardar y recibir. Congelado, pues, este dragón, o goma, se pondrá en parte donde se disuelva por sí en agua espesa, y, ésta soluta, pondrás sobre las cenizas, como hiciste en la denigración, y queda completa la decocción y hecha un cuerpo opaco pero claro en su fractura.

Hecha esta decocción, vamos viendo las demás. Sabrás el peso de todo este congelado, como supiste en lo primero, y pondrás la cuarta parte de este congelado sobre la misma tierra congelada o el mismo congelado de dicha agua, espíritu no fixo —cauda draconis o esperma blanco, que todo es uno— en el mismo vaso, y sin la extracción del dragón del mismo vaso, y cuécelo, y ciérralo hasta que se congele y espese en una cosa negra como la pez. Disuélvase todo esto por sí y, soluto por sí, luego al punto pondrás sobre las cenizas en fuego lento, y se hace una masa de otro color más claro. Y así, con el mismo modo, el mismo régimen y peso (esto es, la cuarta parte de todo el congelado de nuestro argento vivo o agua blanca), se pondrá todo el congelado en semejante conjunción y congelación. Y, tanto por su cauda como por sí mismo, se disolverá este dragón y congelará. Se reiterará esta dealbicación por los pesos de esta agua blanca, o cola. Y por esto las rigaciones, adacuaciones, inspiraciones, vivificaciones, animaciones, y soluciones, tanto por el agua como por sí, en el mismo vaso y sin la extracción del dragón hasta que éste, o toda esta masa muerta como el hombre en el túmulo, poco a poco se anime, vivifique y resucite a la vida que estaba perdida en la denigración, y se hace una piedra cristalina blanca que participa de cierto verdor y persevera en el fuego, es fluente tingente, congela el mercurio, y transmuta perfectamente a cualquier cuerpo de metal imperfecto en perfecto lunífico o plata. Y si la obra la haces así con seguridad, llegarás al intento. Llámase esta Piedra blanca en los libros de los alchemistas, *Calix cineris clavellati, cinis albus, calx corticum ovorum, terra alba, magnesia alba, pulvis dealbata, luna calcinata,* y con otros infinitos nombres.

En este párrafo siguiente me parece preciso explicar muchos de los términos que al que no hubiere cursado esta filosofía lo confundirán. Son éstos: Blanquear y rubificar es lo mismo que calcinar y solver; congelar es lo mismo que componer y agregar. Asar es lo mismo que desicar o secar. Destilar, sublimar, y solver, es lo mismo que hacer descender, o baxar del cielo a la tierra. Solver en agua es lo mismo que descender, sublimar, hacer lo fixo volátil. Y congelar es también lo mismo que ascender y hacer lo volátil fixo. Solver por sí es hacer lo fixo soluto. Congelar lo soluto es lo mismo que calcinar lo soluto por sí; y este calcinar es dealbar y rubificar perfectamente. De este modo hemos de entender los diversos vocablos dichos y palabras de los filósofos que han profesado esta ciencia, que todo el horror y la falsa noticia con la inteligencia de sus metáforas ha sido el fundamento de tener por falsas sus operaciones.

Antes de explicar la rubificación es preciso que tratemos de la cineración. Hácese de este modo. Toma una onza de la piedra blanca dicha y ponla en el mismo vaso de donde hiciste su extracción, y harás que se disuelva por sí, como hiciste en la dealbación. Soluta, pues, esta onza, toma de sulfur rubeo, o argento vivo, o el esperma masculino, que guardaste aparte; y sea la cuantidad del agua rubra tanta como hiciste dos veces, y déxala que visiblemente se mezcle, hasta que se hagan una misma cosa y una agua clara, citrina, roxa, y que tira a rubra, y cierra el vaso con el alambico, como lo hiciste en la denigración. Esta agua se llama fermento del Sol, como la blanca fermento de la Luna. Y así como en el primer compuesto negro estaba lo blanco oculto y se hizo exterior lo blanco escondiendo al interior lo negro, así cuando se hizo blanco el exterior de esta Piedra quedó rubro el interior. Y así conviene que aquella blancura, que es exterior y manifiesta, se haga interior y oculta, que en este arte se ha de procurar hacer lo oculto manifiesto; y al contrario. Y así lo haremos en lo rubro con la operación del párrafo siguiente.

Toma, pues, el vaso enlodado con dicha agua, y ponlo en lugar de donde pueda poco a poco salir el agua, como lo hiciste en la denigración, y saca de ella la superfluidad de la flema, y recíbela y, antes que se espese, has de saber que aquello que aparece en el hondón del vaso es lucido, claro, rubro, fusible como la cera, y esto se llamó por los filósofos rubí, jacinto, coral, jaspe, etc., que lo dicen por su color. A todo esto lo secarás y asarás cuanto puedas, hasta que quede como sangre requemada; y esta asación o disecación se llama *cineratio*. Y así, queda completa la disposición del cinerar, que es preciso que sea entre el albo y el rubro, que son el fermento del Sol. Es de notar que la Piedra blanca, sin removerla de su vaso, se puede cinerar del modo dicho, y convertirla en fermento del Sol, pero se le ha de echar más porción del sulfur rubro, y se requiere mayor vaso, y apenas se hallará vaso de vidrio que pueda aguantar sin quebrarse la perfección de esta obra. Muchos cuecen y asan este fermento hasta hacerlo polvo y ceniza, llevados sólo de la voz *cinerar*, y por eso es tenido este arte de muchos por vil, falso y mentiroso, y es sólo porque no entienden ni se hacen capaces de su doctrina y varias metáforas. Y, siendo cierto que es del todo evidente y demonstrativa esta ciencia, es también constante que no tiene enemigos, sino necios ignorantes.

Ya llegamos a la última obra de esta Piedra, que es el rubificar. De esta operación dicen los filósofos que desde la dealbación hasta la rubificación no se puede seguir error alguno, porque del mismo modo se rubifica que se blanquea, en el mismo vaso, con los mismos pesos, con el mismo régimen, solo añadiendo el sulfur rubro, o el agua espiritual rubra, y se reiterará muchas veces cociendo, solviendo y congelando, hasta que todo este agregado o compuesto se rubifique y se haga un licor rubro, claro, fluido, que persevera en el fuego tingente, transmutante, que penetra y convierte al mercurio y a todo cuerpo sólido en suave y solífico verdadero, y que purifica y limpia al cuerpo humano de toda enfermedad, y conserva siempre en el estado sano. Finge todas las piedras preciosas rubras, así como la piedra blanca hace las margaritas y otras piedras preciosas blancas. Y ésta, en fin, es la bendita Piedra de quien dicen todos los alchemistas y chímicos que es: *Pater omnis heles mi, id est, totius secreti, vel thesaurus totius mundi, quem cui Deus vult substrahit, et largitur, ad cujus perfectionis inventionem plures sunt vocati, sed pauci ad hujus effectum perfectionem inveniuntur electi.*

Pues de esta Piedra ya completa nos quedan todavía muchas cosas por saber y conocer; son éstas:

así como del argento vivo, crudo y albo se impregna la cauda del dragón, o el *aqua lapidis ad dealbandum lapidem magnum*, según la opinión de muchos, así también dicen otros que del argento vivo rubro se impregna el *cauda draconis*, o el agua de rubificar esta gran Piedra blanca, y a esta agua llamamos sulfur rubro, así como a la dicha agua blanca también llamamos sulfur blanco, y de éstos se hace la impregnación del argento vivo. Pero en mi opinión mejor es que el color se haga de los metales, porque San Alberto Magno dice, en lo de *mineralibus*, que después de haber examinado siete veces el oro de algunos alchemistas, no se halló otra cosa que una tierra o hez muerta. Y así, dice el mismo, que son falsos alchemistas aquellos *qui per alba dealbant, et per citrina citrinant*, y mejor obran los que hacen esto del argento vivo y el sulfur, no del común, como se ha dicho, sí de nuestra rubra; y de ésta es de quien exclaman los filósofos diciendo: *Oh natura coelestis qualiter vertit corpora illa in spiritum! Oh quam admirabilis natura qualiter omnibus eminet, et omnia superat! Et est accetum uberrimum, quod facit aurum, esse verum spiritum*. Y esta agua, en fin, es la Piedra de las Indias, los Indios Babilonios y Egypcios, etc. Y habiendo ya dicho cuanto se ofrece en la operación de esta Piedra, síguese la última manifactura; es la

Proyección

Hácese la proyección de esta Suma Medicina sobre los cuerpos de esta suerte:

Según lo sutil que sea la Piedra, tanto más se ha de observar en esta proyección, de modo que siempre ha de ser mayor y más cantidad la del cuerpo que la medicina; y esto se ha de observar como regla general en toda proyección, tanto para lo blanco como a lo rubro, según el mayor o menor peso de esta Medicina: v. gr. Toma una onza de Medicina, y cincuenta onzas de plomo o estaño, y fúndelo en el fuego, y echa esta onza de Medicina sobre el plomo o estaño derretido, y todo se convertirá en Medicina. Y si éste no tuviese toda la precisa virtud para hacer dicha conversión, entonces tomarás menos porción de cuerpo y más de Medicina. De todo esto, así convertido, toma una onza, y del mismo modo la echarás sobre treinta onzas de plomo o estaño derretido, y todo se convertirá en Medicina, no tan fuerte como la primera que hiciste. De este último converso, toma también otra onza, y viértela sobre otras cincuenta de metal, y se convertirá en lunífico o solífico, según el color de la Medicina, porque si el *elixir* fue blanco, saldrá plata, y si rubro, oro; y este Sol o Luna convertida y engendrada por dicho medicamento excede al Sol y Luna naturales, tanto en quilates como en todas las propiedades medicinales. Y del mismo modo se hace la proyección sobre el Mercurio. Con esta Medicina harás el vidrio más hermoso y colorado, y fingirás piedras preciosas.

Cómo conserva esta Medicina a los cuerpos humanos en su sanidad, y los purga de sus enfermedades adquiridas, y le defiende de las futuras o con la nutrición o la fomentación, veremos en el siguiente párrafo.

Ya hemos dicho cómo los cuerpos metálicos enfermos se purgan, sanan, y se reducen a la perfección. Ahora nos resta decir cómo por esta Medicina se han de sanar los cuerpos humanos enfermos, y conservarlos en su sanidad. Como el hombre sea la más digna de todas las criaturas, pues Dios crió para sí y le sujetó todas las cosas, *omnia subjecisse sub pedibus eius*, con razón se ha de procurar conservar al hombre y mantenerlo en su juventud. Y esto hace esta Suma Medicina más virtuosa y más fuerte que todas las confecciones y bebidas de Galeno y Hipócrates; tanto, que hasta la lepra y el cáncer, por envejecidos que estén en el cuerpo, los expele, y lo dexa puro y limpio, de modo que sana con mayor eficacia a los cuerpos —en donde hay calor y movimiento— que aun a los cuerpos de los metales enfermos, y expele de ellos cualesquiera superfluidades: puesta esta Medicina en las confecciones, libra de las enfermedades futuras, y poca cantidad —sea bebida o aplicada— hace maravillosos efectos.

Dexo las experiencias a tu industria, y espero que al fin me has de dar las gracias. Dios te dé salud, y gracia para servirle.

ANEXO QUE CONTIENE LAS CLAVES QUE ABREN LA ENTRADA AL CERRADO PALACIO DEL REY

«Je vais donner dans ce petit Ouvrage l'histoire de la plus grande folie, et de la plus grande sagesse, dont les hommes soient capables. Est-il rien de plus insensé, que de vouloir changer la nature des Etres, et s'attribuer, pour ainsi dire, les droits et les prérogatives de Souverain Créateur? Peut-on s'imaginer qu'on puisse penser sérieusement à pénétrer, à dévoiler même les Voyes secretes, dont la Divinité se sert dans la formation de Corps Metalliques? Corps, dont à peine on connoît la composition.

Mais aussi n'est-ce pas être véritablement sage, que de réussir à ne devoir qu'à soi-même son bonheur et ses Richesses? Qu'il est glorieux et satisfaisant de trouver les moyens d'être utile à ses amis, de soulager les Pauvres dans leur indigence, de bénéficier la societé par des voyes louables, et avantageuses au bien public. C'est une douce consolation pour l'homme de bien de se pouvoir dire à soi-même; loin de chercher, comme tant d'autres,

*soit à envahir, soit à diminuer le bien
d'autrui, pour me procurer quelque avantage particulier, je suis en état de répandre dans le Commerce un bien, qui n'y est
pas, connu, et auquel on ne s'attend point.
Je me trouve heureux, sans rien ôter à
personne de pouvoir enrichir les gens de
mérite.»*

Nicolás Lenglet-Dufresnoy: Histoire de la Philosophie Hermetique. *Tome Premier. A Paris, chez Coustellier, Libraire, Quay des Augustins. M. DCC. XLII* (pp. 1-3).

DE LOS METALES

«*Todos los habitadores que oculta este Mundo Subterráneo, o región media de la tierra, son tres, metales, piedras, y medios minerales. Varias han sido las opiniones de los Phylosophos para determinar la materia de los metales; los que obedecen a Aristóteles dicen con él, que el halito, y el vapor peregrino de el Sol, y la disposición propria de esta media región, son la materia de los metales; otros dicen, que es la substancia elemental; otros, que una agua térrea, que no la han visto, pero dicen, que está sin duda en estas Cavernas, otros (y entre ellos los Espargíricos) aseguran con muchas razones, que es el Mercurio, y el Sulfur; y finalmente, otra secta defiende, que es un humido untuoso, sutil, que se encuentra en estas cavidades. Ciertamente creo, que todos ellos han hecho estudio de apartarse de la verdad, o que por la gloria de ser nuevos opinadores, han soñado tales delirios. La materia primera de todos los metales, piedras y demás mixtos de esta región*

*es la tierra y el agua Salina, y no hai otros
entes, ni dentro de este Mundo, ni fuera
de él, que sean proporcionados para producir
estos mixtos; sino es que digan, que
llueven del Cielo. Estas precisas piedras,
y metales engéndranse todos de la proporcionada
mixtión de tierra, y agua, incluyendo
en sí porciones de los quatro
elementos; pues cualquiera Sulfur, liquor,
piedra, o metal retiene en su cuerpo al
ayre oculto, y la parte espirituosa, que
es el fuego. Para hacer los metales, elige
la sagacidad de la naturaleza poca tierra,
y específica, y mucha agua, la poca porción
de tierra, se convierte en virtud de
el calor Astral, y vapores de esta Región
en Sulfur, y la mayor cantidad de agua,
en argento vivo, o azogue, y condensada,
y unida al Sulfur en la diuturna decocción
se clarifica la tierra, y destruidas
por el fuego las partes más térreas, y crasas,
queda fabricado de lo más salino, y
sutil el cuerpo metálico. Esas venas de
varios colores, que Vms. están viendo,
son disposiciones todas del metal; y así
las materias metálicas (y todas las demás
Subterráneas) son negras en la primera
cocción, en la segunda se vuelven blancas,
y en la tercera, adquieren la perfecta
maturación, que es el color rubro, que
es más perfecto, más clarificado y más
puro, que hace el fuego en los metales.
Vámoslo viendo en el oro, que es el más
insigne de los metales, y el que consta de
menos porciones térreas. El fuego de el
Sol, y el calor Subterráneo encuentran en*

la tierra una proporcional mixtión de ella, con el agua; únense con la tarea de la diuturna decocción estos cuerpos, y de ella resulta el Sulfur; buelve a cocer con los determinados grados de calor, que sabe dar la naturaleza, y de esta segunda cocción, mana el argento bibo; y últimamente en la tercera preparación, que es la última mano, salta la bellísima criatura de el oro, que fue a los principios negro sulfur, después blanco argento, y al último pálido oro, siendo su primera materia la tierra, y el agua, la segunda el bitriolo, que es una sal mineral, que resulta de la primera cocción, y la más inmediata al azogue, y el sulfur. Advierto a Vms. que siempre que me oigan decir, tierra, han de entender una tierra salina, o sal ya preparada para recibir el calor: y esto supuesto digo que los Chimistas consultando a su avaricia, y conociendo a su parecer la temperatura, y materia de este metal, han intentado, a fuerza de tragar humo, desvanecer carbón, y sudar tinta, hacer un metal parecido al oro, ya juntando vejetables, ya sulfures, azogues y otros mixtos, aplicando a ellos un calor material, que pudiese suplir el de el Sol; pero es locura, y necia ambición, y desmesurada soberbia, querer el hombre ser Dios, o ser naturaleza; a ésta la puede imitar, pero no la puede hacer: es imposible disponer un fuego material, cuyo influxo contenga el virtuoso calor del Sol; y es tan imposible elegir, y conocer entre la virtud de las materias elementales, qual sea la más dispuesta para dicha transformación; eso es tan claro como la luz de el Sol (dixo uno), y crea Vmd. que todos los que estamos aquí, aunque necios, no hemos asentido a semejantes locos, y a mí me olió unos doblones uno, que tenía el juicio encetado de esa manía, y aunque me hizo con sus palabras y argumentos muy posible esa transformación, nunca quise ver sus milagros, porque me havía de llevar mi dinero, como de contado me intimó, que para empezar sus artificios, necesitaba de mi bolsa. Eso buscan todos, y así Vmd. obró cuerdamente (le dixe) y en quanto a la doctrina, que hemos escuchado (volvió a decir el tal) de la generación de metales, confieso que a lo menos a mí no me queda duda, y que será como Vm. lo dice, y no de otra suerte, y también discurro yo que no avrá metal, que no esté impregnado de el azogue, y que todos los metales son Oro Imperfecto, o no conocido, o ya por la falta, o la sobra de materia, o por la carencia del preciso calor. Es así, dixe yo, pero además de las específicas materias, y decocciones, que Vms. tienen entendidas, deben creer, que en cada metal, trabaja con su influxo, y qualidad más específica un cuerpo celeste: y así el Sol cuida de cocer, calcinar y colorear al Oro; la Luna, a la Plata; Saturno, al Plomo; Marte, al hierro; Júpiter, al Estaño; y Venus, al Alaton. Infiérese esta impresión y oculto influxo de la similitud, así en las qualidades, como en el calor, que tienen di-

*chos metales, con estos Planetas, y como
Saturno es frío, y seco; y de color ceniciento, y el plomo contiene la misma tintura, y qualidades, de aquí arguyo yo el especial influxo, y ayuda de estas Estrellas, en cada uno de los metales, además del común fuego de el Sol, y de los demás vapores, y alientos Subterráneos.»*

Diego de Torres Villarroel: **Anatomía de todo lo visible e invisible** *(1738). Págs. 15-17.*

El concienzudo historiador francés Nicolás Lenglet-Dufresnoy —uno de los implicados en el complot que, en 1718, dirigieron el Príncipe de Cellamare (embajador de Felipe V en París) y la duquesa del Maine contra el gobierno del regente Felipe de Orleans— publicó en 1742 los tres tomos de una obra que es básica para la Historia de la Alquimia, y un modelo de investigación imparcial e inteligente. Su título: *Histoire de la Philosophie Hermetique. Accompagnée d'un Catalogue raisonné des Ecrivains de cette Science. Avec le Veritable Philalethe, revû sur les Originaux.*

En ella se somete a minucioso inventario todo el desarrollo histórico de la Alquimia occidental (para la época, «alquimia» y «filosofía hermética» eran términos sinónimos; sin embargo, debemos advertir que la alquimia *no* es toda la filosofía hermética). Además de las materias expresadas en el título, se incluye un breve documento que suele ser citado (en casi todas las historias de la alquimia) sobre todo por su carácter de símbolo que marca el triunfo de una nueva mentalidad. Se puede discutir la teoría de C. G. Jung *(Psicología y Alquimia.* Santiago Rueda. Buenos Aires, 1957; pág. 247), que sitúa en la época de Jakob Boehme la disociación del «químico» y el «hermético» en la Alquimia occidental. Pero lo que no se puede negar es que el documento a que nos referimos *(Des Supercheries concernant la Pierre Philosophale,* por M. Geoffroy l'Aîné. Mémoires de l'Academie Royale des Sciences. Année 1722. 15 Avril) expresa ya sin rebozo la firme intención de extender sobre el asunto un explícito certificado de defunción (al menos, oficial; que el muerto respire es otra cuestión). Este Geoffroy el Mayor expone sistemáticamente todos los trucos y artificios conocidos de los alquimistas embaucadores, y sus descripciones serán repetidas siempre que se levante alguna voz para negar la posibilidad del Arte transmutatoria.

En España también surgió la cuestión durante esta tercera década del siglo, con un carácter polémico bastante ponderado y sereno, sin esas centellas que caracterizaron los broncos ex abruptos de la polémica astrológica, debido sin duda a que el tema alquímico no tenía un verdadero *público* interesado, salvo por el aspecto marginal que se refería a los embusteros químicos.

Los dos escritos de Torres Villarroel que publicamos en este libro son de 1726. Veamos qué le han parecido al puntilloso crítico don Salvador Joseph Mañer, en cuyo *Repasso general de todos los escritos del bachiller D. Diego de Torres...* (Madrid, 1728), ya citado antes a propósito del Piscator Andaluz, leemos lo siguiente:

> «*El Hermitaño le dize lo que el Autor le pareció dezirse a sí propio, p. 17.* Has de imponerme *(prosigue)* en aquellos principios Astrológicos, sin los cuales ya sé yo que sudo en vano *(ya se explica la vanidad),* y si no me ayu-

dara la doctrina que mendigo a tus Pronósticos, fueran infructuosas las operaciones, y usos de Medicinas *(el despreciarle esto es lo que le mata). Pues aora pregunto yo: ¿Por qué lado necesita la Philosophia experimental de que se compone la Chímica, de los principios Astrológicos, ni aun de sus fines?, ¿ni qué ayuda le pueden dar a* las operaciones *Chímicas,* la doctrina de los Pronósticos, *para que no salgan* infructuosas? *Avrá algún Boticario Chimico, o Philosopho experimental, que diga necesita para* sus operaciones de la ayuda de los Pronósticos, *sino es que sea algún pobrete, que aya menester aún los quartos de la Luna? Y si el señor Torres confiesa de sí, p. 23, que* jamás alambicó una yerba, *¿de qué valor ha de ser su voto, para dezir que* sin los principios Astrológicos se suda en vano en las operaciones?

5. *Toda la noche segunda del referido papel, que según su largura no pudo dexar de ser la de 21 de Junio, la emplea en dezir contra la* Philosophia Alchimista, Chimica, Experimental, o moderna, que todo es uno, *p. 46, y dize, p. 30, que* es falsa la Philosophia de los Chimicos, *y si ésta es la misma que la Philosophia experimental, como vimos arriba, implica en el término; porque si es experimental, debe ser cierta, como acreditada de la experiencia: y el señor Torres se ha de ver precisado a dezir lo contrario, respecto de tener las calidades que a la ciencia le pide, p. 72, donde dize:* No llamo saber, sino al que descubre verdades, y da sus doctrinas demostradas; *y digo, el saber Astrología, ¿se le puede llamar saber, no pudiendo dar sus doctrinas demostradas? Sin*

embargo, el señor Torres prosigue contra los operarios de la Piedra Philosophal, a los que llama embusteros, p. 28, y con ellos embuelve los demás delirios de que usan los Chimicos, Philosophos y Médicos; *aprieta, que aquí le duele, en la p. 52 buelve a llamar embusteros a los primeros, en la 58 les nota sus locuras, y disparates. Y en fin, después de aver refutado, y echado de la gloriosa contra la Piedra Philosophal, y los que procuran su operación, dize en la pág. 69 que la verdadera Piedra Philosophal, es la gracia de Dios. ¡Jesús, y qué profunda sabiduría! Esto sí que es saber hallar la Piedra Philosophal en dos palabritas. ¡Válgame Dios, y qué trabajo le costaría encontrar con tan dificultoso hallazgo! Por cierto si, que como nos dize en sus despreci*os, p. 22, *es noticia que no se sabía en la Corte; aquí pudiera dezirle su amigo Quebedo, lo que le dixo en su* Perinola *a el Doctor Montalván, quando tratando éste en el* Para todos, *de lo mejor de lo mejor, dixo, que de los sepulcros, el mejor era el de Christo Señor Nuestro; y el otro exclamó:* Hombre, el sudor que te avrá costado noticia tan exquisita.

6. *Pero colguemos por aora en el Rollo esta Philosophal Piedra, mientras vamos a pasar con el señor Torres una buena noche en la tercera de su* Hermitaño, *donde desembaynando la cuchilla, da tajo a diestro, y siniestro contra la Medicina, y los Médicos, no queda injuria que no les inculca: si por ventura ay en ellos algún acierto,* lo hizo la casualidad, p. 74, *pero los yerros los tiene más fixos que las minas de Guipúzcoa;* ...

(...)

7. *Desculguemos ya la piedra, que dexamos colgada en el Rollo, y concluyamos, en que después de aver dicho contra sus inquiridores, y la operación de su busca, por no quedar fixo en una cosa tan a todas luces cierta de que es quimera, sacó la* Piedra Philosophal *antes abominada, y la dio al público con tales aseveraciones de poder conseguirse su hallazgo en la seria especificación, que haze en su busca, que según allí la pone, nos la podemos echar en el bolsillo»* (págs. 4-7).

Por cierto que, si queremos ahondar un poco más en las ideas químicas y mineralógicas dominantes en la época, puede ser útil traer aquí otro párrafo del mismo Mañer; éste, correspondiente a la crítica de la *Anatomía de todo lo visible e invisible...*:

«121. En la jorn. l. p. 13., se trata de los metales, y piedras, y de su creación se dize, que en ella tarda más de mil años la sagaz naturaleza. ¿Y en esto es digno de saber, el por dónde se le ajusta esta duración?, porque no pudiéndose asegurar el tiempo fixo de su principio, no se dexa percibir el modo con que se le alcance el fin. En las Indias de Oriente, y de Occidente se ha reconocido, y reconoce, así en piedras, como en metales, que en canteras, y socabones de Minas, abandonadas por inútiles, se ha buelto con el transcurso del tiempo, a hallar en ellos, lo que antes no tenían: prueba evidente, que no fue necesario en su creación el milenario de años que se les supone, y que su cálculo no fue otra cosa, que pasar cuentas por camandula de vieja soñolienta; y qué mayor prueba de la ridícula tardanza de los mil

años *en la formación del* Carbunclo, *y su influxo, que el aver tomado el señor Torres una, y otra noticia de la* falsa Philosophia de los Chimicos, *como por tal la califica en su* Hermitaño, *pp. 29 y 30, y teniéndola en tan buen concepto, como si allí no la huviese contradicho, nos plantifica aquí lo que le halló en su doctrina*» (págs. 56-57).

En suma, de todas estas críticas se desprende un denominador común: una vez más, es la pintoresca personalidad de Torres lo que atrae los dardos. No conocemos ningún escrito que se hubiera alzado indignado en aquellos años a combatir al Torres-alquimista como tal. En primer lugar, porque él mismo se curó en salud despotricando a placer en *El Hermitaño y Torres...* contra las ilusiones de los aficionados al horno químico.

En segundo lugar, porque —como debe haber quedado claro para cualquier lector despierto de estos tratados— los aspectos más visibles y explícitos de las ideas alquímicas de Torres se resuelven y se expresan sin cesar a través de aquellos temas nucleares que forman su moral ascética, su cosmología y antropología analógicas, etc.

El Torres alquimista no es otro que el Torres asceta y «médico de sí mismo». Esta es su Piedra Philosophal; y, por las operaciones y por los símbolos que le llevan a ella, podemos considerarle un verdadero iniciado, un adepto.

Ahora bien, el alquimista siempre ha sido un hombre ávidamente perseguido por los ambiciosos del oro o de la púrpura. Pero Torres emprende sus operaciones muriéndose de risa frente a un espejo, y así desorienta a todos, fabricando a la vez oro de los mejores quilates.

Además, la metáfora médica en que se resuelve todo su mundo moral y físico, y que es el modelo de sus operaciones alquímicas —ya que él cuece los metales con el designio de «purgarlos» de sus flemas y humores nocivos, para «curarlos» y, así, elevarlos a plata u oro perfectos— era muy acorde con las características de la química de su tiempo: si ésta se hallaba en un período de consolidación científica era porque, a partir de Paracelso, había encontrado un campo de aplicaciones prácticas en la Medicina que, desde entonces, se fusionó con la Química (o, más bien, para distinguir bien las fases, la Chímica) en lo que se conocía como chemiatría —o iatroquímica— que era el nombre con que se designaba la labor de aquellos médicos que eran partidarios de los medicamentos y remedios químicos, prefiriendo éstos a los tradicionales de la Medicina galénica (sangrías, purgas, cataplasmas y hierbas, fundamentalmente) *.

La polémica propiamente dicha (y en la que no intervino Torres directamente, por lo que no entraremos demasiado en ella) se produjo a raíz de la publicación —en 1727— de un libro curiosísimo y fundamental en la historia de la Alquimia española. Su título era: *El Mayor Thesoro. Tratado del Arte de la Alchimia o Chrysopeya...* (Madrid, 1727). Comprendía una buena traducción al castellano del famoso tratado de Aeyrineo Philaletha (seud.) titulado *Introitus apertus ad occlussum regis palatium* («La

---

* Una visión amplia y esquemática de la historia de la Alquimia en relación con el desarrollo de las diferentes fases de los modos de producción feudal y capitalista puede verse en KEDROV, B.: «Deux orientations de l'alchimie à l'époque de la Renaissance», en el volumen que recoge el Coloquio Internacional de 1963 sobre *Le Soleil à la Renaissance. Sciences et Mythes*, Université Libre de Bruxelles, P.U.B.-P.U.F., 1965, págs. 241-257.

Entrada Abierta al Cerrado Palacio del Rey»); y otros tres tratados más, debidos al propio traductor.

El tratado de Philaletha requiere alguna noticia. Se desconoce a ciencia cierta la verdadera identidad de su autor. Según R. Sterne Wilkinson, se trataría de un tal John Winthrop (1606-1676), primer gobernador de Connecticut, pero hasta hace pocos años se creyó que este Philaletha era George Starkey (1626-1665), y este dato es importante aunque no sea más que para encontrar las obras de Philaletha en los ficheros de algunas bibliotecas. La hipótesis que se recoge en los *Apuntes para una biblioteca española de libros... relativos al conocimiento y explotación de las riquezas minerales* (2 vols., Madrid, 1871-1872), de E. Maffei y R. Rua Figueroa, según la cual sería el inglés Tomás de Vaughan tiene el interés de que al menos la fecha de nacimiento coincide con la que dio el propio Philaletha en su tratado: 1612.

En el siglo de las Luces, una obra como la de Philaletha estaba llamada a alcanzar gran predicamento entre los chemistas. Todos elogian su *claridad*, aunque a mí me parece que eso es decir demasiado: Philaletha no fue menos oscuro que otros adeptos, pero fue evidentemente mucho menos farragoso que la mayoría. Todos sus tratados —en el libro antes citado de Lenglet-Dufresnoy pueden hallarse otros tres breves opúsculos, además del *Introitus...*, en latín y francés— son de una concisión y brevedad que maravillan, y animan a encender el horno sin más preámbulo. Por lo demás, se trata de un filósofo que emplea un lenguaje tremendamente alegórico, utilizando a veces incluso símbolos casi inusitados en los tratados anteriores —especialmente las famosas «águilas voladoras» y las «palomas de Diana», que dejaron perplejo al mismísimo Lenglet-Dufresnoy.

El traductor de Philaletha al castellano —que firmó su trabajo con el seudónimo «"Theophilo", no adepto, sino apto escrutador del Arte», y que más tarde se descubrió como Francisco Antonio de Texeda en un carta, que apareció en 1730 en las *Memorias de Trevoux*, contra Feijoo— añadió de su cosecha tres tratados. El primero, que precede al de Philaletha, lleva el título de *Tratado de la possibilidad de la Alchimia*. En él, además de defender el Arte con los más variados argumentos, expone la forma de transformar el hierro en cobre mediante la piedra lipis o vitriolo azul, y toma esta «transmutación» como experiencia incontestable que prueba la posibilidad de toda transmutación y, por tanto, de la Alquimia. Dicha «transmutación» del hierro en cobre es una *cementación* de base electroquímica, en la que el hierro desplaza simplemente al cobre, según esta fórmula: $SO_4Cu + Fe = SO_4Fe + Cu$. El procedimiento fue ya descrito por Bernardo Pérez de Vargas en su *De re metallica* (Madrid, 1569) y por Alvaro Alonso Barba en el *Arte de los metales* (Madrid, 1640). Así transcribe Luanco la exposición de este último:

> «*Es ocular desengaño, y prueba de la posibilidad de la transmutación de unos en otros (los metales), pues con ella (la caparrosa azul) deshecha en agua, sin más artificio, se convierte en cobre fino, no sólo el hierro, sino también el plomo, y el estaño, y aun a la plata hace descaecer de sus quilates, y la reduce a cobre, con poca ayuda de otro metal muy común.*»

Sigue al tratado del Philaletha un segundo opúsculo del traductor, que es el *Tratado de la Analysis del Arte de la Alchimia* que publicamos nosotros aquí, con el fin de ilustrar al neófito con una exposición clara y sistemática de los fundamentos teóricos y prácticos de este Arte. Y, finalmente, cierra Texeda su paquete de obras con una interesantísima *Mantissa metalurgica, que contiene avisos theoricos, y documentos practicos, muy provechosos para el beneficio de Minas;* trata fundamentalmente de los diversos modos de «ensayar» o comprobar la ley de los metales *.

Dos documentos anecdóticos que enriquecen este libro aún más son la carta del «adepto de Sevilla» que lo encabeza (cuyas iniciales «D.A.L.B.C.» están aún por desentrañar); y la *Censura* que sigue, firmada nada menos que por el mismísimo doctor don Martín Martínez, a quien nos hemos referido en este libro más de una vez. Este eminente cirujano, en el capítulo «De los Elementos Chímicos» (dentro del Diálogo V de su «*Philosophia Sceptica...*».

---

* Con posterioridad a la redacción del presente recitario salió a las librerías otro tal, que se pregona *Historia de la Alquimia en España* (Editora Nacional, Madrid, 1976). Su autor, JUAN GARCÍA FONT, añade poco a lo que ya dejó trabajado LUANCO hace setenta años —si no es una mayor modernidad en la erudición y en el estilo, y la ordenación cronológica de las materias que, sin embargo, no llegan a urdirse en «historia»—. No obstante, está bien escrito y resulta un compendio muy útil como panorámica general y como punto de partida básico y puesto al día. Las obras de Luanco siguen siendo clásicas y aún quedan sin superar en algunos aspectos, pero su extraordinaria rareza deja de ser lamentable y fatal, gracias a la aparición del trabajo de García Font, que clarifica todo un apasionante campo de estudio hasta ahora bloqueado.

El capítulo X («La Alquimia en el siglo XVIII, págs. 269-314) tiene para nosotros un interés muy especial, ya que trata con detalle —extractando y citando con generosidad los textos originales— de la polémica alquímica entre Feijoo y Texeda y de los escritos alquímicos de Torres Villarroel.

Madrid, 1730; pág. 109), se confiesa amigo de Texeda y no niega la posibilidad teórica de la transmutación en general. Pero no cree que pueda llegarse a obtener la Piedra ni el Elixir en la práctica. Esta va a ser también la postura inicial de Feijoo, el cual —más tarde— profundizará su ataque criticando incluso los fundamentos teóricos de la transmutabilidad de los metales.

En efecto, no pasó mucho tiempo sin que el padre Feijoo saltase a la palestra crítica a romper una lanza contra la tetralogía chemista de Texeda. En el Discurso 8 del tomo III del *Theatro Crítico* (disc. titulado *Piedra Filosofal)*, elogia el trabajo divulgador del traductor de Philaletha y somete a la Alquimia a una cerrada descarga de argumentaciones filosóficas y prácticas que —en otros discursos posteriores (especialmente en el titulado *Intransmutabilidad de los elementos)*— se acrecienta hasta adquirir la polémica una violencia que llegaba muchas veces a los ataques personales. Aunque, en general —repetimos— el eco de la discusión fue menor que el de la polémica astrológica.

Pero no vamos a enzarzarnos aquí en otra nueva polémica —esta vez entre «críticos» y «sopladores»— porque nuestros artilugios nos esperan: matraces, retortas, crisoles, alambiques, embudos, urinales y hornos están dispuestos para la obra.

TRATADO DE LA ANALYSIS DEL ARTE DE LA ALCHIMIA, PARA NORTE DE SUS AFICIONADOS Y ALUMNOS

F. Antonio de Texeda (Theophilo)

PROEMIO

Habiendo, desde mi infancia, sido aficionado —como a todas las Ciencias y Artes— al de la Alchimia, de cuyo estudio y práctica tengo larga aunque no total ni ultimada experiencia, me ha parecido añadir a la traducción de este Tratado la siguiente Analysis, para mayor claridad de él y distinción de las vías que tiene la Alchimia; a fin de que con las noticias que contiene le sea más fácil al principiante aficionado pisar fundamentalmente los límites de este Arte; ofreciéndole en ella lo que mi estudio, trabajo, experiencia y viajes con que he frecuentado la mayor parte de la Europa en el tiempo de más de veinticinco años (con algunos gastos no despreciables ni de poco momento), ha podido conseguir.

Yo lo daré todo por bien empleado como logre la satisfacción del lector, a quien pido que, si este corto volumen fuere de su agrado, que se aproveche de él y de sus buenos documentos; y, si al contrario, disimule los defectos que le pareciere serlos, conociendo mi buena voluntad, pues ésta ha sido el único motivo de la traducción de este Tratado y demás cosas que contiene: lo que he escrito para que, con su noticia, el curioso aficionado tenga la más individual que hasta ahora se puede encontrar, adelantándose mediante ella en lo teórico y práctico de este Arte de la Alchimia: el que, si intentare por los medios que al fin de esta Analysis le propongo, no dude que (con el favor de Dios) podrá conseguir lo mismo que otros muchos por los mismos medios han alcanzado. Para ésto, implore el Divino auxilio, que es el principio verdadero de todas las Ciencias, amando a Dios y al próximo; para que, en honra y gloria del primero y en utilidad y provecho del segundo, dirija todas sus operaciones, que, con tan buen principio, nunca dexarán de tener buen fin.

CAPITULO PRIMERO

De las divisiones y subdivisiones de la Alchimia

La Alchimia genéricamente se define que es una Ciencia o noticia de las cosas que pertenecen al Reyno Mineral.

Esta es de dos modos, *natural* y *artificial*; la natural es en cuanto contempla los principios de la naturaleza, las operaciones de los minerales, el nacimiento de los metales, su adelantamiento y fin, según sucede en las entrañas de la tierra.

Este operar de la naturaleza en el *Reyno Metálico* es solamente de un modo, que es incoando y adelantando ordenadamente sus operaciones, las que executa y perfecciona en las entrañas de la tierra.

Artificial es la que con el conocimiento de la fuerza y modo de obrar de la natural, indagando con el estudio y la práctica, adquiere la noticia de qué cosa sea, de qué modo, y hasta dónde pueden alcanzar con sus fuerzas la naturaleza y el Arte. Cuya consideración es de muchos modos, porque lo es también el método con que procede: porque, unas veces adelantando y otras atrasando y retrocediendo, executa variamente sus operaciones, con las cuales excita nuevamente el suspenso movimiento de la naturaleza, promoviéndola a executar cosas mayores y más perfectas.

La Alchimia artificial se divide en mecánica y philosóphica. La Alchimia mecánica es la que trata los minerales y metales, más por la certeza y destreza material de las operaciones que valiéndose de la especulación y estudio, para el formal conocimiento de sus naturalezas.

Esta Alchimia mecánica es algunas veces solamente natural, cuando los minerales y metales, conforme naturaleza los crió, separa los unos de los otros; lo que sucede cuando se sacan los metales de las minas, o de los imperfectos metales se separan los perfectos.

Otras veces esta Alchimia mecánica es natural y artificial, cuando mediante el fuego y operaciones chímicas, ayuda y promueve a la naturaleza en todo cuanto puede, aunque con método mecánico, de manera que saque de las minas más porción de metal, o que de los imperfectos exprima alguna corta porción de metal perfecto.

La Alchimia Philosóphica es la que, indagando las cosas por sus causas, procura adquirir la noticia formal de las cosas naturales, para saber fundamentalmente las operaciones que hace la naturaleza en las entrañas de la tierra: de las que después saque la consecuencia en qué cosa y hasta qué grado (cuando concurren la naturaleza y el Arte a operar) pueden adelantarse con sus fuerzas y actividad.

Esta Alchimia Philosóphica se vuelve a dividir en Alchimia universal y Alchimia particular.

Alchimia universal es la que, no sólo aumenta los sujetos que participan de la naturaleza metálica en la cantidad, sino que procura exaltarlos también en la cualidad y virtud, para que, multiplicada e universalmente, puedan a los imperfectos darles el último grado de la perfección metálica.

Alchimia particular es la que pretende reducir solamente la cantidad de la sustancia mercurial, de que participan los metales imperfectos (no por medio de medicina universal, sino por modo particular) en mayor perfección, como sucede coagulando y fixando el azogue en oro y en plata; tiñendo también la plata en oro; el hierro en cobre (aunque esto último sucede por otro método vulgar), y haciendo otras semejantes y peculiares operaciones.

La Alchimia universal tiene dos vías o caminos; el uno es la vía húmeda; y el otro, la vía seca.

La vía húmeda se llama aquella por la cual los sujetos del Reyno Mineral, capaces para ello, habiéndoles quitado con mucho cuidado todas las cosas superfluas y ajenas de su naturaleza, se retrogradan o disuelven en un licor húmedo y diáfano, que es el primer ser metálico, para que, adelantándole con el Arte, adquiera una calidad más noble y una virtud más activa: esto es, que de este licor se haga la universal medicina para todos los metales y enfermedades.

La vía o camino seco es aquella que, de los sujetos propiamente metálicos, saca una agua seca, opaca, y que no moja las manos, perfectamente homogénea y espirituosa; con la cual, y demás requisitos, se haga una semejante medicina a la antecedente, aunque de poder y virtud inferior.

Este camino o vía húmeda de la Alchimia se divide en tres: En la vía universalísima, universal, y menos universal. Y la vía seca, también se divide en universal y particular. De las cuales se hará un capítulo separado, para mejor inteligencia de cada una, de su sujeto y operaciones.

CAPITULO II

De la vía húmeda universalísima de la Alchimia

Esta vía húmeda universalísima, así llamada para distinguirla de todas las demás, es la que los Philósophos, indagando con mucha sutileza las operaciones de la naturaleza y especulándolas retrogrado o retrocediendo por su orden, desde su fin hasta su principio, las hallaron en un cierto sujeto genérico, más universal que todos los demás, que en sí contiene el Reino Mineral; porque éste está dotado por la naturaleza solamente del fermento primero del semen metálico; el cual sujeto, como materia caótica o del caos, contiene en sí solamente el primer grado de la naturaleza metálica; pero tan genéricamente que no tiene relación determinada a ninguna especie, ni de metal, ni de materia metálica. Esta materia o sujeto muy admirable —que, como muchos opinan y enseñan, es determinable a todos los tres Reynos Animal, Vegetable y Mineral— es estimado con tanta particularidad de los maestros de este Arte, que de temor de que su noticia se haga vulgar, la han equivocado y obscurecido con tantas y tan varias descripciones, ambiguas, enigmáticas, que muchos, por otras diferentes vías, aunque han conseguido la Alchimia, no la han podido alcanzar por este camino; o, lo que es más verosímil, que indagando esta Philosophía descrita tan obscura y universalmente, han hallado otros diferentes métodos en la misma vía húmeda, respecto de que, indicando los filósofos algo de esta preciosa materia, la han insinuado con el nombre de tierra virgen, preñada del espíritu del mundo, de sal, de la piedra imán de los Sabios, de los Planetas, del influxo de los Cielos, que recibe y atrae; de lo que está abaxo y arriba, juntos con la cadena de oro de Homero; otras veces, hablando de ella con menos universalidad, la enseñan o señalan por cierta hija de la tierra, engendrada de Júpiter, por la orina de Saturno, o por el vitriolo común; no porque sea comúnmente conocido, sino porque es común principio de todos los metales, según aquella muy notable doctrina que en latín dice: *Visitabis Interiora Terrae, Rectificando Invenies, Occultum Lapidem, Veram Medicinam;* que quiere decir: Visitarás los senos de la tierra, y rectificando, hallarás la oculta piedra y verdadera medicina. De este doctísimo dicho, en la lengua Latina las letras iniciales de cada palabra señalan la materia; las palabras, el lugar; y el sentido de ellas contienen la práctica de la operación: todo lo cual es entendido de los que vulgarmente philosophean del vitriolo común; pero no es así, porque los Philósofos y Adeptos lo entienden de otra manera y con otro sentido, mediante el cual, habiendo conseguido el Arte, no han querido publicar nada de este sujeto universalísimo, quedando su noticia sepultada en el silencio, de tal suerte que son muy pocos los que escriben de su teórica y práctica: esto no obstante, de la noticia que se ha podido sacar de ellos, se comunicará la siguiente:

Esta materia universalísima, o sujeto caótico, habiéndole sacado de su centro, se limpia de sus piedrecillas y terroncillos; y mediante el fuego, el aire y el agua, se purga y purifica, separándole las partes que pertenecen a otros Reynos; y al mismo tiempo se apartan las demás cosas, que son ajenas de su naturaleza; de manera que no quede más que el puro caos metálico para que, después, con circulaciones, distilaciones, cohobaciones y digestiones, unido perfectamente lo fixo con lo volátil, todo se haga volátil: lo cual conseguido, quedando este ente o primer ser metálico muy extendido en su misma humedad, ésta se le quita por repetidas distilaciones, hasta tanto que en el baño, no teniendo más que evaporar, *quede reducido en un purísimo primer principio líquido y de igual peso al de su naturaleza;* para que después, con las demás operaciones del Arte, por virtud del agente seminal intrínseco, excitado por el extrínseco y artificial, se pueda coagular en aquella *Sal* metálica fixa que en el fuego se liquida como el aceite: cuya última decocción de su coagulación se puede hacer por sí misma o añadiéndole la décima parte de oro: y este medicina, en forma como de sal, si se hubiese hecho sin oro, echándola en debida proporción sobre el oro fundido, se habrá de fermentar con él; de lo que resulta que el oro saturado con esta proyección se vuelve en una substancia como de vidrio, de un color roxo como el rubí, pero muy obscuro y muy poco transparente; el cual mezclado con triple, cuadrúple o mayor porción del primer licor, con la segunda rueda se puede reducir en medicina aurífica que tiñe toda substancia metálica. La que después, o con oro o sin él, se puede aumentar como se quisiere: con la advertencia que para curar todas las enfermedades y conservar la salud tienen los filósofos por mejor aquella medicina que se perfeccionó sin la fermentación del oro. Lo que se atribuye a esta **Panacea** o medicina universal, de que hace vivir mucho tiempo: dexo por ahora la consideración y decisión a los señores médicos, a quienes incumbe filosofar sobre este asunto.

En lo que queda dicho tienes, amigo lector, explicada separadamente la vía universalísima de todas las demás; cuya noticia, aunque genérica y sucinta, puedes estimarla hasta tanto que halles autor que te la dé más extensa y clara, que el encontrarlo creo que te será dificultoso.

CAPITULO III

De la vía húmeda universal

Para diferencia de la antecedente e universalísima, se llama esta vía la húmeda universal: porque muchos filósofos, aplicando el método y doctrina de la universalísima a esta vía universal, confundieron entrambas, principalmente atribuyendo a cierto sujeto o materia específica, señalada con el nombre de *Electro mineral no maduro*, la primera naturaleza universal caótica y metálica, que es el sujeto de la vía universalísima que dexamos insinuada. Para ésto, estando fundados los filósofos en la opinión de que la primera materia de los metales es la *Sal*, el *Azufre* y el *Mercurio*, por haberlos hallado en este sujeto específico mediante una artificiosa separación de sus partes superfluas y heterogéneas que, segregadas a imitación de los antecedentes filósofos poseedores de la vía universalísima, le retrogradaron o resolvieron en un ser líquido; y como este sujeto específico, en el vulgar examen, no da de sí ningún metal perfecto; por esto le llamaron Masa caótica, Saturno de los filósofos y padre de todos los metales: *lo cual, respecto del término en que está, por el que es, y en el que viene a ser*, se puede decir y conceder; *pero respecto del término anterior y que precede al principio de donde se saca*, de otro modo se debe opinar: y aunque se nota con el nombre de universal, y que con la artificiosa división son separables las primordiales y específicas substancias de sal, azufre, y mercurio; y de ellas preparadas según Arte, se eduzca la universal tinctura para los metales y curación de las enfermedades; no por eso se debe confundir con el otro sujeto de la vía universalísima; ni tampoco creer que sean ambos una misma cosa: porque así como cada vía tiene su distinta y específica materia, y por consecuencia distinto modo de obrar, del mismo modo cada una tiene diferente, y entre sí diferenciable, ciencia y doctrina, y necesita de diverso modo para su enseñanza: lo que es digno de que se note y se tenga cuidado con esta diferencia, para que no se confunda una vía con otra.

La práctica genérica de esta materia o sujeto indicado por el nombre de *Electro mineral no maduro*, se reduce a que se separen de él los tres principios de sal, azufre y mercurio; separados, se purifiquen y, con las debidas digestiones y distilaciones, *se unan en un ente líquido ponderoso, lácteo o como leche, diáfano, semimetálico, y que moja las manos:* al cual, dándole la debida porción de oro y adelantada decocción (según la doctrina de los filósofos) dará la tinctura filosófica, la que por su orden se puede multiplicar como la antecedente medicina.

CAPITULO IV

De la vía húmeda menos universal

También, para diferenciarla de las dos primeras vías húmedas, ésta se llama menos universal, aunque el sujeto o materia de su composición sea específico y de todos conocido *que es el oro,* el cual, por la retrogradación de su cuerpo, se disuelve en un ente líquido, reduciéndose en una naturaleza aurífica más universal.

Esta obra, por razón de su sujeto o materia, y de su disolución, tiene de algún modo conexión con la operación del oro potable, tan decantado entre todos los chimiquiastros vulgares, de manera que de su composición se hallan muchos procesos manuescritos e impresos; y también son infinitos los récipes que de su fábrica se encuentran, con tanta abundancia que casi no hay chímico, aunque sea el menos experto, que hablando más de esta materia que obrando, no dispute de su operación, y que no tenga la vanagloria de saberla: porque uno se funda en que sabe sacar el oro por alambique; otro, que sabe desanimarlo; otros, que saben disolverle sin ruido, ebullición, ni corrosivo; algunos, que saben separarle su tinctura, dexando el cuerpo blanco como plata; no pocos que saben disolver el oro de modo que no es más reducible; y otras muchas cosas semejantes a éstas, con las cuales les parece que ya merecen el nombre de filósofos, presumiendo con él poder enseñar a los demás: pero todos estos viven engañados de su propio dictamen, porque si consideraran bien la común sentencia y opinión de todos los filósofos que unánimemente dicen: *Que es más fácil el hacer el oro que el deshacerle;* no se admirarán de que, si la naturaleza cría el oro en un siglo de tiempo, ellos ya han gastado muchos siglos para deshacerle, sin provecho ni utilidad alguna. Para que con este desengaño, dexando sus ineptas y vulgares operaciones, se aplicasen con el estudio y especulación filosófica a pensar muchas veces lo que una habían de poner por obra; *porque no será verdadero oro potable, ni lo es, ni merece este nombre, aquel oro que no es radicalmente disuelto y reducido a un ente líquido, persistente por sí mismo, sin que quede con él parte alguna del menstruo disolvente; y el oro disuelto con el mismo peso (sin aumento ni disminución) del que tenía antes de la disolución.*

Esta práctica se executa de dos modos; el uno es con corrosivos que disuelven el oro, de tal manera castigarlo o fatigarlo por varias destilaciones, circulaciones y cohobaciones, manipuladas por mucho tiempo, hasta tanto que últimamente el oro disuelto, quedando en su primer peso, subsista por sí mismo en un ente líquido, separadas sus dos substancias sulfúrea y mercurial; ésta en el fondo del vaso, y la sulfúrea sobre ella, sin que quede mezclada con ellas, parte alguna del menstruo disolvente.

El otro modo es con el *circulado* menor, que es el primer ente de todas las sales, o por el licor del *Alkahest*, que es el circulado mayor, con los cuales se reduce el oro disuelto al estado que queda dicho: entonces el oro (por cualquiera de los modos referidos) disuelto o licuado, con separación de sus dos substancias correspondientes en el peso al que tenía antes de la disolución; subsistiendo por sí mismo en forma líquida, sin que quede con él parte alguna del menstruo disolvente, *es el verdadero oro potable:* del cuál así dispuesto se puede usar para medicina de las enfermedades. También uniendo estas dos disoluciones sulfúrea y mercurial, mediante una simple y benigna decocción con la cual se excite la reacción del agente sobre el passo, entre estas dos substancias, de ella resulta su coagulación en un cuerpo o sujeto muy medicinal, tanto para curar los metales como las enfermedades; el cual, porque a semejanza de la sal, se disuelve su substancia en cualquier licor, merece el nombre que tiene de oro potable.

CAPITULO V

De la vía seca universal de la Alchimia

Esta vía seca tomó su denominación del agua mineral con que se hace la operación filosófica; la que, desde su principio hasta el fin de su preparación, no muda su naturaleza ni cualidad exterior de ser *una agua opaca, o que no se transparenta, y que no moja las manos aunque se toque con ellas*.

Esta agua se prepara de dos modos; el uno se llama el mercurio simple de los filósofos, cuando se toma el azogue —que es el mercurio vulgar— y, depurado y sutilizado filosóficamente, se hace mercurio de los filósofos.

El otro es el mercurio vulgar y sacado de los metales, impregnado del azufre metálico, con lo que se hace duplicado, animado y acuido por el fuego que, perfeccionado con otras operaciones filosóficas, se llama *el mercurio duplicado de los filósofos*.

Estas operaciones se deben entender con la advertencia de que, de cualquier modo que sea esta agua seca dispuesta y manipulada, si no fuere preparada y adaptada según la doctrina de los filósofos, de ningún modo será legítima esposa, ni digna del Regio Esposo, sino muy desigual a él: con que, sin este requisito, aunque ambos se junten y abracen en el thoro reluciente, para que mediante el fuego y operaciones del artífice se les obligue a consumar el matrimonio, nunca la esposa, por muchas caricias y halagos que haga a su esposo, podrá atraer a su voluntad lo intrínseco de su corazón; y mucho menos le podrá persuadir a la intromisión del semen aurífico, sin el cual en vano esperará el artífice que hayga de nacer aquella Regia Prole: Pero, si antes de la unión, según los preceptos del Arte Hermético, fuere esta esposa curada de la lepra que tiene desde que nació; y con mucha perfección limpiado su útero (el que tiene muy sucio y lleno de un semen muy impuro) quitándole también algunas partes crasas de su cuerpo, y atenuando otras, las utilizare, volviéndola toda espiritual, ágil, y una hermosísima doncella; no adelantándola en otra cosa más que en cuanto a calentarla con el amoroso semen y espiritual fuego: entonces Gabricio, estando desposado con una Bella de estas calidades, encendido de sus amores, introducirá en ella su esperma y, abrazado con ella, padecerá desmayos, angustias y sudores de muerte, que se dexarán ver en el color negro de la operación: y en este tiempo será favorecido de su querida esposa, con leche virginal, aunque materna, hasta tanto que, recuperando sus fuerzas, resucite Rey triunfante y coronado siete veces, capaz y poderoso de coronar por Reyes a todos sus hermanos. Y en esto tienes, lector, distinguida de todas las demás, la vía seca universal, que es la que enseña nuestro Philaletha, y de que poseo algunas noticias y experiencias; y para que tú las tengas —si el tiempo ofreciere ocasión—, daré traducidos al público otros escritos de autores fidedignos y modernos que tratan de esta misma vía, para que por ellos con menos dificultad, llegues a tener noticias más individuales y claras de su práctica de las que este Tratado te subministra.

CAPITULO VI

De la vía seca particular de la Alchimia

Dos consideraciones tiene esta vía seca particular, una mecánica y otra filosófica. La primera toca a los Alchimistas mecánicos y vulgares, los cuales porque están siempre muy ocupados con millares de récipes, manuescritos e impresos que prometen hacer oro y plata, en cuyas experiencias gastan el tiempo y el dinero, no quedándoles por esto ni uno ni otro, los dexaremos también empleados como se hallan, sin decirles cosa alguna: pues tienen bastante asunto para no estar desocupados.

Lo que a la segunda toca, que es la philosóphica, son muy pocos los filósofos que hacen de ella mención, si no es Geber, Ricardo Inglés y algunos otros que con ligera pluma, tocando algo (como de paso), han escrito de esta vía particular, juzgándola superflua porque, siendo una rama del árbol de la universal que ellos mismos enseñan, por necesitar para su logro del mercurio filosófico, quien poseyere el árbol tendrá por consecuencia la rama, pues ésta nace de él.

Esta vía particular intenta la reducción de las partes mercuriales en cualquiera de los metales más perfectos, que son el oro y la plata. Y de esta última, la tinctura en oro; en lo que conviene genéricamente con la vía universal; pero se distingue en el modo particular con que lo executa; porque la vía universal, por la virtud exaltada de su medicina y proyección, fixa y tiñe en metal perfecto todo aquel azogue de que participa cualquier metal por iluminación: la vía particular, aunque es verdad que finalmente solicita lo mismo, es solamente del azogue vulgar y de la plata para teñirla en oro; pero con una diferencia: *porque ésta procura con diversas y continuas operaciones, disolver y aumentar el azufre metálico que, unido radicalmente con el mercurio, (a imitación de la naturaleza en las entrañas de la tierra) y con diferentes materiales, y una larga digestión, le fixa y tiñe por la maturación, y le convierte en metal perfecto de la naturaleza del azufre que tuvo por fermento.*

Para conseguir esto, muchos piensan valerse del mercurio de los metales; y, para ello, con varias operaciones, sacan el mercurio o azogue de ellos; pero es trabajo frustráneo y sin provecho, porque, si bien aquel mercurio es más noble que el vulgar por haber tenido la coagulación y fixación metálica; una vez ya separado de sus azufres y partes térreas que, unidas con él, componían el sujeto metálico de donde fue sacado, tiene la misma dificultad aquel mercurio que fue metal, para su fixación y tinctura, que el vulgar, que no ha llegado a serlo: por esta razón lo aciertan aquellos que, queriendo intentar esta vía particular, se valen del mercurio vulgar, pues tiene de su parte (como paciente) las calidades que necesita el agente (que es el azufre metálico) para darle la perfección de metal.

Esto se confirma de que todos los filósofos que hablan de la proyección, para hacerla, se valen (más que del mercurio que tienen en sí los metales) del mercurio común; el cual, según naturaleza comúnmente le cría, sin preparación alguna, le convierten en metal perfecto: *lo que demuestra que de su naturaleza toda su substancia está bastantemente dispuesta, sin otros requisitos para ser metal; pero no toda su substancia para ser principio filosófico.* Lo que es muy de notar y de tenerlo muy presente.

La práctica genérica de esta vía seca particular consiste en que el azufre que en sí tiene el oro, si no en cualidad, a lo menos se aumente en cantidad, con los debidos y aptos sujetos que suficientemente subministra la naturaleza para ello; de manera que no solamente tenga bastante para sí, sino también para informar los demás.

Igualmente el mercurio que, por razón de su simple naturaleza, es muy distante del oro y de la coagulación metálica, es menester ayudarle; si no es quitando algunas partes superfluas, porque —como queda dicho— no le dañan para esta operación, a lo menos introduciéndole las que necesita para ayudar la naturaleza con lo que le falta, añadiéndole azufre e introduciendo el fermento o agente, para disponerlo más fácilmente a la coagulación de metal. Y así debidamente preparados los sujetos, unidos y regidos por un grado de fuego y tiempo conveniente, guiando la naturaleza y ayudando el Arte, conseguirá el Artífice lo que desea; de modo que esta transmutación, como sucede naturalmente con muy largo tiempo debaxo de tierra, se consigue asimismo en mucho más breve tiempo sobre la tierra. Y, aunque con un solo acto casi instantáneo (como en la proyección de la vía universal) no se experimente la transmutación de toda la materia (como en ella sucede) por medio de una virtud muy multiplicada, que por su exaltación tiene la medicina. Con todo eso, poco a poco y por sus grados, con sucesivos actos particulares y simplemente con el mercurio y el oro antes bien dispuestos, se verá la misma transmutación que con bastante lucro se logrará, como lo acreditará la experiencia y, con ella, lo verdadero y posible de esta vía seca particular.

Pero, amigo lector, para que vengas más en conocimiento de la dicha vía seca particular que (como le parece y cree el vulgo de los alchimistas ignorantes) es la más manual y más fácil, respecto de que como tal juzgan con sus vulgares récipes impresos y manuescritos que la han de lograr, sin que consigan con ellos más de acabar con sus caudales y los ajenos, prometiendo siempre hacer plata y oro, el que deshacen y consumen en las vanas operaciones que practican; te pongo aquí traducidos los capítulos 15 y 16 que trae Ricardo Inglés en su Correctorio, el cual trata en ellos algo más difusamente que los demás autores tocante a la posibilidad y alguna práctica genérica de esta vía particular, dando razones muy fundamentales para su conocimiento y poder saber en lo que consiste y a cuánto se extiende su posibilidad y actividad; los cuales son los siguientes:

El Correctorio de Ricardo Inglés contiene diez y ocho capítulos breves, de los cuales el capítulo 15 se intitula así: Que solamente dos operaciones particulares sean verdaderas en el Arte de la Alchimia; de las cuales la primera consiste en el azogue o mercurio vulgar.

Lo primero que declaró universalmente a todos los que indagan este Arte, a los cuales llegare la noticia de estos escritos, es que, en toda la extensión de él, no hay más que dos vías particulares que particularmente se perfeccionan; como lo dicen los filósofos y lo demuestra la naturaleza, aunque los engañadores hagan infinitas dealbaciones y rubificaciones con que burlan a los que creen fácilmente.

El primer particular, tanto en lo blanco como en lo rubio, está en el mercurio, sin administrarle perfecta medicina; bien que el cuerpo con el cual se perfecciona contiene en sí, y de sí mismo, tinctura particularmente, como ésta sea excitada y puesta en movimiento con el Arte y las operaciones, según requiere la naturaleza.

Lo primero, que de una y otra especie se perfecciona particularmente por la naturaleza, es porque, como el mercurio sea la primera materia de todos los metales, y esté compuesto de una tierra blanca muy sulfúrea y de agua clara; por ésto, la blancura de la tierra se transparenta por la limpieza del agua y, como enseña la experiencia, causa en él un color albísimo; y como es inmaturo, o por madurar, es posible fixarle en Sol y en Luna. Por esto dice el Philósopho: Mézclese con otros cuerpos metálicos, porque son de su materia, y porque ellos son engendrados de éste; y entonces por aquel artificio de la mezcla, puede introducir para sí, y en sí propio, una digesta naturaleza, de modo que con ellos se perfeccione: y de este modo con los metales, con los cuales se mezcla, se hace semejante a ellos, sin mezclarse con cosa alguna de extraña naturaleza; porque la naturaleza muy simplemente apetece su naturaleza, y no se perfecciona por otro medio extraño; esto es, que el Sol sólo se perfecciona con el Sol; la Luna, con la Luna; Venus, con Venus, y así de los demás: porque cada metal introduce en el mercurio su actividad; y también porque éste contiene en sí su buen azufre por madurar, el cual por el Arte se hace maduro; y por esto los otros metales, de este modo coagulados y particularmente inficionados por su mismo azufre, no pueden hacerse (como el mercurio) ni Sol ni Luna.

La primera razón es porque, si los cuerpos metálicos imperfectos se transformasen y mezclasen radicalmente con el Sol y la Luna; entonces sucedería que el mercurio de ellos tendría en sí aquel primer azufre malo que tuvieron ellos antecedentemente y en su principio; y, aunque se purgasen, con todo eso, no se podrían purgar tanto que se redujesen en mercurio, como lo estuvieron antes de unirse con esta superfluidad sulfúrea, y por ello tampoco pudiera el cuerpo perfecto ser disuelto en tal mercurio; y así, no pudiendo ser disuelto en él, estando las naturalezas cerradas de ambas partes, cada uno, en el examen de la separación, se desuniría del otro, porque no tendría en sí naturaleza perfecta con la cual se pudieran perfeccionar las propias soluciones de ellos mediante el Arte, para que otros cuerpos perfectos ayudasen a ello con su naturaleza, la que es naturalmente perfecta.

La segunda razón es porque si los cuerpos metálicos imperfectos, sin estar disueltos, se juntasen con los cuerpos perfectos, mucho menos se harían oro ni plata, porque naturalmente por su coagulación están cerradas sus naturalezas de una y de otra parte; y no habiendo medio que abra aquellas naturalezas, tampoco la fuerza y actividad de una, no se puede juntar con la otra con una natural unión, ni mezclarse o disponerse de modo que se reduzcan en mercurio, del cual unos y otros tuvieron su origen: y por esto, con la aspereza del fuego, se separarían unos de otros; esto es, por la combustión de la naturaleza imperfecta y resistencia de la naturaleza perfecta, como claramente se conoce.

Pero, cuando quisieres juntarlos, haz el medio por el mercurio, o reduciendo ambos sujetos en mercurio, el cual desata y abre las naturalezas, para que totalmente uno pueda pasar a otro, y el perfecto introducir su actividad y perfección en el imperfecto, y que consigo se perfeccione.

Estas son las operaciones y labores de la vía particular, con las cuales se puede hacer oro y plata; pero no universalmente.

Nota que el mercurio crudo —esto es, filosófico— disuelve los cuerpos y los reduce en su primera materia mercurial: pero el mercurio de los cuerpos no puede hacer esto. Esta disolución proviene de la crudeza de su azufre, que tuvo en su primera tierra blanca, de la cual, y con agua clara, fue hecho o compuesto desde su principio: por lo cual, aquella crudeza siempre apetece corroder lo que es más próximo a su naturaleza: y por esta razón es por lo que disuelve en mercurio al oro primeramente, después a la plata, y así a los demás.

Por esta razón, el otro mercurio de los cuerpos no puede hacerlo así, como el mercurio crudo; porque por la congelación que tienen, aquel azufre crudo que antes estuvo en el mercurio está ya alterado en su naturaleza, y por eso no corroe como el primero, ni abre lo cerrado; y por esta razón una actividad y substancia no puede entrometerse en la otra, sino que cada uno de los cuerpos queda de por sí aunque constuctualmente estén unidos; porque naturalmente de una y otra parte están cerradas las naturalezas: por lo cual en el examen y con la aspereza del fuego lo imperfecto se quema, por razón de que una naturaleza no puede socorrer la otra.

Pero porque el argento vivo crudo puede hacer esto —esto es, abrir las naturalezas cerradas, para que cada cosa de éstas pueda ayudar a la otra más cercana de su naturaleza— por esta razón, si disolvieres, con el mercurio crudo, plata, hallarás naturaleza de plata; si oro, hallarás naturaleza de oro; si plomo, de plomo; y del mismo modo los demás metales, porque son congelados por su mismo azufre, y éste se hace semejante a ellos, como dice el filósofo.

Si verdaderamente estos cuerpos que participan de su naturaleza mercurial —a saber, los imperfectos— no pueden perfeccionar el mercurio, mucho menos lo podrán hacer aquellas cosas que no son de su naturaleza mineral, así como tú lo buscas en los estiércoles y otras cosas. Por esta razón es posible particularmente transmutar el mercurio en oro y plata; pero no en venus, plomo, y demás cuerpos imperfectos, como lo has oído.

Nota también que es de dos maneras la disolución de los cuerpos en mercurio; por el mercurio, y en agua mercurial. La primera disolución se necesita para lo particular; la segunda, para lo universal.

La primera solución de los cuerpos en mercurio no es otra cosa que la resolución de lo congelado: esto es, que por medio de la disolución solamente, lo cerrado se abre, por razón del ingreso que hace una naturaleza en la otra; y esta resolución es la que sucede en los particulares.

La segunda solución es en agua mercurial; y ésta es para lo universal: pero ésta no se hace por la sola solución del azufre no maduro en mercurio, sino por medio de la putrefacción del cuerpo y del espíritu en lo cálido y húmedo: por razón de que la putrefacción es solución y separación de todas las cosas, que unas con otras están ligadas por naturaleza; y de este modo se desunen las partes que mutuamente están unidas, de manera que cada una de las partes se separe de la otra: lo que sucede por la disolución de los elementos, a saber, del agua y de la tierra, que fueron unidos en la generación del mercurio; y estas mismas partes, habiendo sido purgadas, se juntan por la conversión de la naturaleza, y se aman mucho más que antes, por razón de su mundificación y limpieza, aunque esta separación y división no se puede hacer en los cuerpos más que por medio del espíritu; y de este modo, el Arte trasciende o sobrepuja a la naturaleza por este camino, respecto de que las cosas artificiales se hacen presto; aunque antes, las cosas naturales con prolixidad fueron hechas.

No creas que éstos son elementos vulgares como el agua de las nubes y cosas semejantes, sino que lo húmedo es agua; lo seco es tierra; lo cálido es aire; y lo seco es fuego: y de este modo están en las naturalezas de las cosas elementares: porque de ningún modo puede el Arte tan naturalmente separar sus partes, de modo que totalmente se transmute en los elementos simples que antes fueron; porque en el principio la naturaleza mezcló una cualidad con otra. De esta suerte, puede bien el Arte separarlas de manera que lo húmedo se separe de lo seco, y lo frío de lo cálido; pero con todo eso, por la natural comixtión, siempre una calidad posee todavía la naturaleza de la otra en alguna parte; y por eso se pueden (al contrario) juntar por el Arte, así como fueron divididas.

Y la razón es porque, si una cualidad no participara la naturaleza de la otra; a saber, el agua no participara la naturaleza de la tierra en cuanto a la frialdad; y el aire la del agua en cuanto a la humedad, y así de los demás: entonces se seguiría de ello que toda obra natural sería destruida totalmente, porque serían los elementos puros o simples como lo estuvieron antes de la generación del mercurio; y también, que el Arte destruyese la naturaleza comenzando por la cabeza o parte principal del ser del compuesto; esto es, desde el estado del ser del oro y de la plata, que es el último, hasta el primero; esto es, hasta el de argento vivo; y, pasando más adelante, hasta los puros elementos según y como fueron antes de la generación del mercurio. Lo cual no es posible que el Arte lo pueda hacer tan remotamente: y, caso que fuese posible, entonces sería necesario que el Arte (excepto aquella primera materia del mercurio, esto es, de los metales) compusiese nuevamente los elementos; y que otra vez volviese a engendrar el mercurio, así como lo destruyó; lo cual es imposible que el Arte lo pueda nunca hacer.

Pero el Arte puede muy bien destruirlo desde la cabeza hasta los pies; esto es, que el mercurio, que es el que edifica el compuesto desde los pies hasta la cabeza, le vuelva en una forma más sutil, de natural substancia, de la que fue antes: de este modo se dividen las especies de las cosas, cuando se han de transmutar en otra forma, de la que antes tuvieron, como dice Aristóteles; y así, sepan los artífices de la Alchimia que las especies de las cosas no se pueden transmutar (lo que es verdadero y el mismo hecho lo confirma) sino es que se conviertan o resuelvan en la primera materia, esto es, en argento vivo: y yo contra este dicho no aconsejo nada, porque el hacerlo de otro modo es imposible.

Prosigue el mismo Ricardo Inglés en el capítulo 16, intitulado así: Del segundo modo particular, que está en la Luna.

Habiendo dicho arriba que la Luna contiene en sí un azufre blanco, así como el oro, porque en ella está oculta debaxo del color blanco la especie del fuego; por esta razón es posible que toda plata sea convertida en oro; porque como dice el Filósofo, no es oro aquello que antes no fue plata.

Es cierto que la plata contiene en sí algunas calidades indigestas, de las cuales puede ser purificada, de manera que por medio del Arte particular pase a ser mercurio fixo; esto es, que venga a adquirir una naturaleza muy cercana de la del oro; porque entonces todo aquello que contiene el oro contiene ella en sí; y por lo que más se digiere es por la oposición del azufre rubio de los filósofos; y por él mismo se causa el color cetrino, cuando se junta con el cuerpo perfecto de la Luna, porque son puramente de una naturaleza.

Pero esto, en los otros cuerpos imperfectos, es imposible el hacerlo, porque no son tan próximos a la naturaleza perfecta del oro, como lo es la plata; y porque en la generación de los imperfectos es de impedimento el azufre adustible y fétido, como porque los dichos cuerpos no son medio para la última perfección de que habla el Filósofo, donde dice: que no se hace tránsito de un extremo a otro, sino por un medio; en lo que quiere decir que del mercurio no se genera el oro, si no es que antes sea plata: y además de ésto, porque tampoco los cuerpos imperfectos tienen en sí un azufre ígneo, que totalmente no quema, sino un azufre combustible e inflamable: y por esta razón no se pueden particularmente transformar en mercurio fixo, porque siempre en el examen del fuego el mencionado azufre combustible los quema. Y en esto tienes las causales y razones de qué modo particularmente se puede hacer oro y plata.

De todo lo referido en estos dos capítulos antecedentes del mencionado Correctorio de Ricardo Inglés (con el cual convienen entre otros autores Sendivogio, como adelante se dirá) puedes lector conocer clara y distintamente que son dos solamente los sujetos en orden a los cuales esta via particular produce sus efectos; el primero es el mercurio vulgar, el cual —por medio de ella— se puede transmutar en plata y oro.

El segundo es la plata, la cual se puede teñir en oro; pero, fuera de estos dos sujetos, es imposible la transmutación de los otros metales, como cobre, hierro, plomo, estaño, en metal perfecto de oro y plata por medio de la vía particular. Por las evidentes y naturales razones que el mismo autor refiere; aunque es muy dable y cierto que esto se puede conseguir por cualquiera vía de las universales, sea húmeda o seca, como queda dicho.

Ya se dixo también que de esta vía particular —de la que nuestro autor Philaletha hace mención en el capítulo undécimo de su Tratado, donde opina del modo como se halló el perfecto magisterio— han escrito muy pocos autores; porque siendo un ramo de la universal, es indispensablemente para ella necesario el mercurio filosófico en el cual se disuelve el oro en su primera materia próxima mercurial, para que, así abierta su naturaleza, pueda unirse radicalmente con el mercurio vulgar y comunicarle su perfección mediante la cocción y reiterada cohobación de las naturalezas, con lo que pueda fixar y teñir al mercurio vulgar en metal perfecto de oro o plata, según el azufre blanco o rubio que se le juntara. A lo que contribuyen algunos materiales que como instrumentos ayudan a esta obra; sucediendo del mismo modo con la plata para teñirla en oro, cuyo cuerpo se disuelve, prepara y atenúa para que el azufre metálico del oro, disuelto —como queda dicho— en el mercurio filosófico, la abrace y con la digestión la comunique su tinctura aurea.

Siendo éstos los únicos modos ciertos y evidentes que hay en esta vía particular para obtener por medio de ella la total perfección, solamente de la plata y del azogue se conoce con evidencia que es indispensablemente necesario el saber y poseer el arcano y composición del mercurio filosófico, que es el menstruo de la vía universal, porque él es solamente quien puede disolver el azufre y mercurio del oro en su primera próxima materia mercurial, porque sin él, y sin el modo de hacer la operación, todo lo que se intentare será en vano, como queda demonstrado en lo que dice —con los demás filósofos— Ricardo Inglés, el que llama al mercurio Filosófico: *mercurio crudo, compuesto, o hecho de la tierra blanca y del agua clara;* lo que indica los materiales que le componen.

Este verdadero supuesto es la razón porque son pocos los filósofos que escriben y enseñan esta vía particular; respecto de que, dependiendo su posibilidad del mercurio filosófico, cualquiera que le poseyere una vez será ocioso y muy en vano que se ande (como dicen) por las ramas, sino que trabaje sobre la vía universal, que es el tronco y raíz de la particular: pues es muy cierto que con sólo el mercurio filosófico —como dice nuestro Philaletha y, con él, muchos más filósofos, aunque no con tanta claridad— se puede hacer la Piedra Philosophal, aunque no se tenga noticia del arcano del oro filosófico: porque mediante el mercurio filosófico es muy posible —como claramente enseña el mismo Philaletha— componer y hacer el oro filosófico del oro vulgar, celebrando antes los casamientos de Venus que dice en el capítulo 19, sin lo cual será todo en vano; y después, con éste y nuevo mercurio filosófico, el elixir de los filósofos.

Esta tan legítima causal para que se intente la vía universal por la cual, una vez hecho el elixir, se aumenta su virtud y cantidad en poco tiempo mediante un muy moderado fuego. Y siendo exaltado, adquiere con el aumento duplicada actividad de teñir. Aquella vía, pues, tiene tan innumerables ventajas a la vía particular como claramente se demuestran y puede cualquiera venir en su conocimiento. Y, además de las referidas, tiene la vía particular el obstáculo de ser muy tardo en disponerse su primer efecto y finalizarse su operación —como dice Sendivogio— que la vía universal: por lo cual, y porque continuamente es menester trabajar para obtener lucro de ella, la han despreciado todos los filósofos, como el ser así lo afirma (con otros muchos filósofos) el mismo Sendivogio en su Tratado de *Sulphure, capítulo de los tres principios de todas las cosas,* cerca del fin. Cuyas palabras traducidas en Castellano son las siguientes:

«Si quieres producir metal, fermentarás con metal; pero si árbol, tomarás por fermento la semilla del árbol. Como diximos, la operación es una, fuera de la cual no hay otra alguna que sea verdadera. Por eso yerran aquellos que dicen que es verdadero que hay vía particular alguna además de esta única vía y única materia natural, porque no se tienen las ramas sino del tronco de los árboles; y es imposible y necio o loco querer producir antes la rama que el tronco: *Es mucho más fácil hacer la Piedra Filosofal que hacer el menor particular, con utilidad, que persista y resista a todo examen, como el metal natural.* Hay muchos que se alaban de que pueden fixar la Luna; pero sería mejor que fixasen el plomo, o el estaño, porque según mi juicio tan difícil de hacer es lo uno como lo otro; porque éstos no resisten al examen del fuego hasta tanto que estén en su naturaleza perfecta: la Luna por sí misma es bastantemente fixa, y no necesita de sofística fixación. Pero, como hay tantas opiniones como personas, dexamos a cada uno en su opinión. Y el que no quisiere tomar nuestro consejo e imitar a la naturaleza, que se quede en su error. Es verdad que se pueden hacer particulares llegando a tener el árbol, de cuyas varitas se pueden ingerir muchos árboles; así como teniendo una agua se pueden cocer en ella diversas y varias carnes y, según la carne que en ella se cociere, tendrá el sabor el caldo; pero esto siempre sucederá con el mismo fundamento, etc.»

Y en el Prefacio de sus doce Tratados, dice el mismo autor así:

«Y aunque se hallan muchos holgazanes que de miedo o malicia, porque no se les descubran sus imposturas o engaños, gritan que saben extraer el ánima del oro, y con pomposo y vano engaño de esta obstentación o presumpción dicen que la saben introducir en otro diverso cuerpo; esta promesa se experimenta vana e incierta, con detrimento de la pérdida de los gastos, trabajo y tiempo. Por lo que sepan por muy cierto los hijos de Hermes que las extracciones de las ánimas de los metales —como dicen—, sea del Sol o de la Luna, hechas por cualquiera vía vulgar y alchimística, no son más que vanas persuasiones: lo cual no es creído de muchos; pero últimamente se verifica con su daño por la experiencia, que es la única maestra que enseña la verdad. Y, al contrario, el que por el camino o vía filosófica pudiere hacerlo sin engaño, de modo que la más pequeña porción de metal, aunque sea sin ganancia o con ella, la dé tinctura de plata o oro, que sea permanente a todas las pruebas que se requieren, puede afirmar con razón que tiene las puertas de la naturaleza abiertas para indagar mayores y más altos arcanos; los que podrá adquirir con la bendición de Dios, etc.»

Por estas razones, y para desengañarte con ellas, amigo lector, dando crédito al autor que las dice, por ser de los más auténticos, verdadero e ingenuo, te las confirmo, haciéndote saber que todas las recetas de hacer oro y plata que hallarás manuescritas o impresas, si fueren de autores clásicos y filósofos expertos como Geber, Lullio, Valentino, Sendivogio, Philaletha y demás; éstas no las debes entender literalmente como ellos las escriben; porque de este modo nunca llegarás a lograr nada ni en lo particular ni en lo universal; porque todos éstos, en las dos dichas vías, siempre se valen del mercurio filosófico, porque sin él no se executa cosa alguna, para lograr la total perfección de los metales en el Arte de la Alchimia, ni particular ni universalmente, como queda demostrado. Y por consecuencia te puedes persuadir a que son inciertas todas las recetas vulgares, tanto manuescritas como las que se encuentran en libros de autores que no son fidedignos, con estilo claro e inteligible y fácil. Porque con su noticia nunca podrás alcanzar transmutación perfecta, real ni física, en metal perfecto de plata o oro, sino sofísica y aparente. Y si de algún metal imperfecto, por accidente, llegares a sacar alguna corta porción de oro, como del hierro o del cobre; y de plata, como del estaño y plomo, sepas que esto no es haberse hecho transmutación de parte alguna de sus cuerpos, sino que has llegado a separar estas pequeñas cantidades de metal perfecto de oro o plata que los cuatro metales inferiores algunas veces contienen en sí. Lo cual es de más gasto y trabajo que lucro y provecho.

Por esta razón, tampoco no creas la receta de los clavos del cinabrio, o vermellón, porque a lo último conocerás el engaño de esta operación. Ni menos la plata compacta que disponen algunos, que no la toca el agua fuerte. Ni las mineras que pretenden hacer con plata quemada hirviéndola en agua con azufre y otros materiales. Ni de otras que con solo fuego intentan lograr. Ni de blanquear el cobre, ni de graduarle en oro. Ni de reducir el estaño y cobre a plata, en todo ni en parte. Ni de fixar el mercurio con el cocimiento del cardenillo y otras cosas que le coagulan, como lo hace también el vapor del plomo y del estaño. Ni tampoco por sí mismo, aunque en el fuego se vuelve un polvo roxo. Y, en fin, absolutamente no te creas de receta alguna ni modo alguno vulgar; porque no adelantarás más que trabajar y gastar en balde, como yo hice los primeros ocho años que comencé la práctica de la Alchimia, en los cuales no quedó casi operación alguna sofística, por innumerables y diferentes modos, que yo no intentase, de manera que sería muy largo el referírtelas todas. Hasta que, por último, me desengañé de la imposibilidad que tenía lo que yo pretendía hacer, y entonces conocí cómo había estado todo aquel tiempo enfermo en el Hospital de los Locos de la Alchimia, del cual me separé, y comencé a convalecer con el estudio y práctica de los filósofos; y con él, de día en día he conocido los absurdos que se cometen en el mencionado Hospital. De éste, amigo lector, puedes librarte y escarmentar en cabeza ajena si quisieres; y, si no, aunque te parezca que no digo verdad, el tiempo y la experiencia hará que por último, y con daño tuyo, te desengañes y me creas.

Pero si quisieres —dexando la Alchimia vulgar— practicar el Arte de la Alchimia Philosóphica, y buscar la materia para la composición del mercurio filosófico en la vía universal que enseña nuestro Philaletha como el más claro e inteligible autor, en este Tratado suyo hallarás —si fueres versado en las operaciones espargíricas y purificación de los metales— por dónde de sus escritos puedas colegir la materia, la que insinúa (por lo que dice en el capítulo undécimo de este Tratado), y el modo de su preparación le hallarás en el capítulo séptimo del mismo. Y para poder conseguir el fin que deseas, te puedes valer de los buenos consejos y direcciones que te doy en el último capítulo de este Tratado, que es el método más proporcionado para buscar el mencionado mercurio filosófico, el cual es la llave de todo el Arte, pues con él solamente puedes entrar a visitar los recónditos arcanos de la Alchimia. Y si éstos no te parecieren bien, puedes elegir los medios que juzgues más proporcionados para poder alcanzarlo. Aunque temo que no has de encontrar otros más aptos, a menos que tengas algún amigo adepto que te lo revele, diciéndote la operación filosófica con toda claridad, que de este modo tendrás la fortuna de comenzar por donde muchos —con mucho estudio, trabajo, gastos y tiempo— han deseado acabar y no han podido. Cuya felicidad yo me alegraré que logres, para que la emplees en servicio de Dios y en bien del género humano. Y, si no, la de los desengaños y avisos que te doy en lo que dexo referido, sin más interés que el de tu provecho y utilidad.

CAPITULO VII

Del sujeto de la Alchimia universal

Ya que queda analysada la Alchimia y distinguidas sus vías húmedas y secas, universales y particulares, ha parecido no ser fuera del propuesto escopo el tratar del sujeto y objeto de la Alchimia universal, de su causa final y dificultades. Para que con el pleno conocimiento de sus partes obtenga el lector más fácilmente el de sus operaciones; para lo cual comenzaremos por el presupuesto título de este capítulo.

El sujeto genérico de la Alchimia universal son todas las cosas que participan de la naturaleza metálica. El sujeto específico, es toda substancia mercurial y sulfúrea, ambas depuradas con mucha perfección de todas sus terrestreidades heterogéneas y superfluas mediante la naturaleza y el Arte. Pero, porque del conocimiento de este sujeto y de su preparación es de lo que depende poder conseguir el fin que se desea, se discurrirá filosóficamente para saber los efectos por sus causas, tanto los favorables como contrarios, y por ellos poder distinguir las cosas, qué son, por qué, y de qué modo son. E igualmente, las que no son, por qué y de qué modo no son. Para que con alguna claridad se pueda adelantar con el discurso su conocimiento.

Según la opinión del autor del tratado intitulado *Arcano y obra de la Philosophía Hermética* —cuya lectura y doctrina es muy provechosa para todos los que quieren tener fundamentales noticias de este Arte— el primer motor de la naturaleza es el fuego interno y todas sus operaciones. De esto se infiere que cualquier cosa que se hace o se perfecciona en el Arte Alchímico se consigue con el fuego externo, el cual excita, adelanta y modera el interno.

De lo dicho resulta esta notable consecuencia, de que el mercurio de los filósofos, siendo impelido por el fuego externo a operar, es necesario que para obedecerle tenga disposición su calidad interna. Esto es, que sea su substancia pura y únicamente mercurial, y separada de todo género de azufre ajeno de su naturaleza, esto es, terrestre y superfluo. Porque, al tiempo que el fuego externo executa sus acciones en la humedad mercurial, si ésta no está muy depurada del referido azufre térreo, las exerce también en él, quien más fácilmente recibe sus impresiones y por lo mismo con más brevedad padece alteración, y con ella las partes mercuriales con que está unido las atrae a sí, y poco a poco interiora la humedad y exteriora la sequedad. Y de este modo, por causa del azufre térreo que está junto y unido con la humedad mercurial, ésta, que debiera ser activa hasta la disolución del cuerpo solar, se hace pasiva. De modo que, cuanto más padece la excitación del fuego, más se enajena de su naturaleza húmeda y recibe la seca. Por lo cual se vuelve inhábil para poder hacer la disolución, mediante la cual solamente se puede conseguir la radical unión del cuerpo con el espíritu. Cuyo cuerpo, finalmente, ni disuelto ni unido radicalmente, sino mezclado —como polvo— con el espíritu, viene a convertirse todo en un polvo roxo e inútilmente rubificado, que ni tiene la calidad de fundirse ni de penetrar, como debiera. Por lo que se queda el artífice sin poder conseguir su intento.

Y, al contrario, si esta agua mercurial fuere —según la doctrina de los filósofos— depurada con perfección de toda terrestreidad sulfúrea y extraña de su naturaleza con intromisión del fuego fermental homogéneo; entonces queda constantemente con su humedad en el fuego, y siempre hábil para disolver el cuerpo. Y así dispuesta esta agua ígnea, siendo excitada por el agente o motor externo, poco a poco penetra, sutiliza y disuelve el cuerpo sulfúreo en su naturaleza mercurial, en la que se aumenta continuamente su virtud, en cantidad y calidad, hasta tanto que, habiendo totalmente disuelto el cuerpo en una identidad mercurial y semejante a sí misma, quedando el cuerpo y el alma hechos una misma cosa e inseparablemente unidos, se hace esta agua de activa pasiva. Por causa de que habiéndose con la solución del cuerpo puesto en libertad el fermento sulfúreo, éste, como más poderoso y agente masculino, comienza entonces a exercer su actividad, y con ella sucesivamente a reducir el femenino en su naturaleza áurea y fixa. Esto lo consigue con una continua decocción, cuyo régimen y dirección, volviendo, y adelantándose, habiendo vencido toda la humedad de esta masa y vuelto lo fluido seco y lo volátil fixo (con conservación de la fluxibilidad), se termina y perfecciona. De lo cual se puede colegir el sujeto y calidades que debe tener para su perfección, sin las cuales no se puede conseguir el Arte de la Alchimia.

CAPITULO VIII

Del objeto de la Alchimia universal

Según la conforme doctrina de los filósofos, es el objeto de la Alchimia universal la Piedra Philosophal, o tinctura phísica de los filósofos, capaz de multiplicarse en cuantidad y calidad según la voluntad del artífice. Pero sobre el punto físico de qué causa y cómo suceda este admirable efecto, no conveniendo todos en una misma cosa, la enseñan con diversidad, atribuyéndola unos a la repetida solución y coagulación; otros, a la mayor sutilización causada por el fuego y repetidas operaciones. Muchos dicen que el fuego externo se junta con el interno y con su materia, si no en cantidad notable, a lo menos —como se experimenta— en la cualidad sensible; no faltando tampoco quien la atribuya a la influencia de los Astros y planetas, como si fuera una hiperbólica evidencia la multiplicación de su actividad. Pero no es de admirar; porque si este efecto le queremos indagar por sus causas, es muy dificultosa su explicación para poder mostrar *por qué causa este sujeto mercurial, unido con el oro, no pasa a ser oro sino a ser tinctura áurea; y por qué ambos, con nuevo mercurio, adelantados por muchos círculos de decocción, se multiplican no solamente en la cantidad sino también en la cualidad; esto es, que se aumenten con mayor virtud de perfeccionar y más dilatada actividad de teñir:* cuya consideración, para quien desea saber por las causas los efectos, y de ellos diferenciar sus operaciones, no dexa de ofrecer materia de la cual se puedan educir varios discursos, fundados en las operaciones y dictámenes de los filósofos, como es el siguiente.

Todo agente natural, en el sujeto que exerce su acción, es su intento el reducirlo a su naturaleza, como se experimenta en todas las generaciones, y también en la operación filosófica; porque la humedad mercurial filosóficamente adaptada, como agente que participa más de la cuantidad y calidad mercurial, se une con el cuerpo solar, que penetra disolviendo su vínculo metálico; y separando la poca tierra que en la negrura exterior de la operación se demuestra, le reduce en su naturaleza, de tal modo que ambos se hacen un ser mercurial fluido e inseparable.

Sucedido esto, porque es más poderoso el fermento metálico y sulfúreo, estando éste desatado y libre de sus ligamentos, y convertido en un purísimo y activísimo fuego fermental, excitado por el externo, executa su reacción en toda la masa del húmedo mercurial; e, interiorando la humedad, sucesivamente introduce la sequedad que, exteriorándose, coagula y fixa la humedad. Y aunque toda la humedad mercurial la determina el fermento sulfúreo, éste, por faltarle las necesarias partes térreas y crasas de que ha sido despojado —quedando un espíritu puro, ígneo— no la transmuta en metal, sino con su acción fermentativa la convierte en su naturaleza sulfúrea, penetrante y tingente: y así este azufre fermental que antes, por el exceso de la cuantidad y cualidad mercurial, estaba como vencido y *en la blancura de la operación*, todo convertido en mercurio; adquiriendo con esta mutación su libertad, y conservando interiormente escondido su color roxo y virtud ígnea y sulfúrea por medio de una decocción continuada y excitada por el fuego externo. Como más poderoso, —aunque no en la cuantidad— predominando en la cualidad, explica graduadamente su actividad e imprime a la humedad mercurial —que debe ser totalmente espiritual— poco a poco su calidad sulfúrea, con la cual la perfecciona, comunicando su virtud y acción fermentativa infinitamente dilatable; executando esto mismo siempre que quisiere unirle el artífice con el nuevo mercurio y reiterar la operación.

Del mismo modo sucede esto, que se experimenta en la levadura. Pues vemos que una corta porción de ella es capaz de poner en movimiento un cuerpo de masa de magnitud muy superior al suyo, lo que, mediante el calor y tiempo conveniente sucede. Y, después, cualquier parte de la misma masa es capaz de hacer lo mismo sobre otra diferente, en cuantidad y cualidad, tantas veces como se quisiere. De manera que se puede proceder en infinito, por razón de que la virtud fermentativa que tiene la levadura en sí, volviendo la masa levadura, queda su cantidad puesta en movimiento, en el cual consiste igualmente la exaltación de su calidad comunicable que igualmente participa. Por causa de que cuanto más tiempo se auxilia con un calor adecuado, más se exalta —además de la cantidad— la virtud y fuerza fermentativa de su cualidad; para que con más pronta, poderosa y extendidamente imprima su virtud.

A semejanza de esto sucede en la obra filosófica cuando el azufre fermentativamente tingente se multiplica cuantitativamente y, con el mismo fuego externo que igualmente excita, cualitativamente se aumenta. Porque con cualquier tiempo y en cualquier reiteración de la decocción, gradúa mucho más la propia virtud, volviéndola más potente. Y cuanto más poderosa es esta virtud, es más activa. Y cuanto más activa, más dilata sus fuerzas; y cuanto más las extiende, tanto más es poderosa de teñir y de informar con su tinctura áurea —en la proyección— la substancia mercurial de los metales: de donde proviene que, además del aumento de la cantidad, el de su calidad, que en la primera operación con dificultad de tinctura. Reiterando la decocción, tiñe una parte ciento, luego mil, y así multiplicativamente se exalta de tal manera su virtud penetrante, fixante y tingente, que no se puede numerar lo dilatado de su cualidad en la latitud de su tinctura.

CAPITULO IX Y ULTIMO

De la causa final de la Alchimia y de sus dificultades

Las riquezas y la salud, que —después de servir a Dios— son los dos polos de la felicidad de este mundo, son la causa final de la Alchimia que, como tan deseados cuanto conocidos de todos, no necesitan de mayor explicación. Pero, para que se tenga noticia de su certeza y verdad de sus efectos y virtudes, pondré aquí el sentir de diferentes filósofos auténticos, del cual se podrá colegir el modo de usar de ella para la curación de las enfermedades.

Hermes dice que quien sabe este Arte de la Alchimia es poseedor de infinitas riquezas, y el más poderoso de todos los reyes. De manera que si viviera muchos millares de años y cada día debiera mantener un millón de personas, nunca pudiera llegar a ser pobre.

El mismo autor confirma lo que queda dicho, repitiendo que el que es rico con la noticia de este Arte tiene la misma posibilidad que el que tiene una vela encendida, que sin que le haga a él falta puede dar luz a otras muchas. No sólo porque puede transmutar todos los metales en oro y plata, sino principalmente porque al hombre y a cualquier animal le preserva, conservándole la salud. Si, del elixir blanco, se da tanta poción como un grano de mostaza a los que tienen calentura, los cura; y también a los que han tenido cuatro años lepra, purgándose con esta medicina, se la quita y los sana enteramente.

Rasis, filósofo, dice que si se diere del elixir rubio, en alguna bebida apropiada y un poco caliente, a los paralíticos, frenéticos, hidrópicos y leprosos, y a los que tienen la gota, después que éstos hayan sudado, sanarán enteramente. Y que ambos elixires, blanco y rubio, sanan los esciáticos y la paralisin, aunque estén para morirse. Y también, que si ambos polvos se aplican a las narices de una mujer que no puede parir, la hace echar el feto aunque esté muerto.

Hermes dice que untándose la cara con el elixir, mezclado con cosas untuosas, quita las arrugas y las manchas de ella, y hace la cara moza y de buen parecer.

Geber dice que el elixir rubio cura todas las enfermedades crónicas que los médicos dan por incurables: que hace al hombre volverse mozo o remozarse como el águila, y que viva quinientos años como lo lograron algunos filósofos que tres veces cada semana tomaron de la medicina, tanto cada vez como un grano de mostaza.

Otros filósofos dicen que esta medicina del elixir, tomada por de dentro, cura todas las enfermedades interiores y, untándose con ella por defuera, las exteriores. Y que también se curan con ella la pasión cardíaca, oética, ilíaca, cólica, ictericia; el accidente, o enfermedad ægidij, con epilepsia, y todo género y especie de calenturas: la gota rosaria, untándose, la disuelve. Quita todo el mal fermento del estómago, constringiendo todo el fluxo de los humores contrarios: tomándola por la mañana en ayunas, quita la melancolía y tristeza de ánimo, y deseca toda suerte de fluxo reumático: aclara la vista, los sentidos y el ingenio más que todas las demás medicinas.

Otros filósofos dicen que esta medicina da oído a los sordos, quita el dolor de los flatos de las orejas. Los nervios anudados, los extiende con su untura. Restaura los dientes roídos lavándose con ella, y quita el dolor de cabeza y el mal olor del aliento, y vuelve el olfato perdido: bebiéndola, conforta el corazón y los espíritus. De los ojos quita el grano, la tela, la cataracta, la mancha, la nube, el cuernecillo o uña, el calor, las obscuridades, y hace crecer las pestañas. Todas estas cosas con facilidad se curan con esta medicina, que es la mayor también para los ojos porque quita el fluxo de las lágrimas; los medio ciegos los restaura y cura los ojos, cuando están encarnizados, quitando la hinchazón. Sana también todo género de apostemas como el cáncer, fístola, noli me tangere, antrax, serpigines, impetigines, estrameones, escabies, el prurito y la tiña. Quita también las cicatrices de las heridas, de modo que nace nueva carne en ellas. El vino avinagrado y corrompido, le repara. Disuelve la piedra, y expele toda suerte de venenos, bebiéndola. Contribuyendo en muchas cosas más de las referidas a la salud del cuerpo humano, porque es la más noble de todas las medicinas en el olor y sabor, en su virtud y efectos. Y es de notar que esta medicina se debe siempre mezclar con medicina de las boticas apropiada al intento de las enfermedades que debe curar, tanto en las purgas, cordiales y demás cosas que se toman por la boca, como con los ungüentos, cataplasmas, aceites y unturas que se practiquen exteriormente.

Lullio dice que todas las enfermedades del cuerpo humano, que puede tener desde la cabeza hasta los pies, si fueren inveteradas de un mes, las sana en un día; si de un año, en doce días; si de mucho tiempo, en un mes: por lo cual se llama esta medicina la Triaca Magna.

Hermes dice también que si el elixir se toma por siete días contínuos, cada día tanto como un grano de semilla de adormideras, se caerán los cabellos blancos, o canas, y nacerán otros negros, de modo que, de viejo, cualquiera se volverá mozo y fuerte.

Arnoldo dice que el elixir sana todas las enfermedades, alegrando el corazón y, corroborando su virtud, expele todas las enfermedades del cuerpo; conserva la juventud y hace en los viejos reverdecer la mocedad: no dexa que se pudra la sangre, ni que sobredomine la flegma, que se requeme la cólera ni que se exalte la melancolía; antes bien, purifica la sangre, purga la cabeza del fluxo rehumático; aumenta la memoria, quita el vicio de emborracharse, conforta el calor del estómago, aparta el veneno del corazón, humedece las arterias, disuelve los humores detenidos en los pulmones, y consolida las úlceras de ellos, aumenta el húmedo radical, provoca la orina, rompe y deshace la piedra. Purga y purifica los espíritus vitales, y restaura, conserva y preserva todos los miembros del cuerpo. Y generalmente cura todas las enfermedades cálidas, húmedas, secas y frías, más eficaz y brevemente que todas las demás medicinas. De modo que, si la enfermedad es de un mes, la cura en un día; si de un año, en doce días; si de mucho tiempo, en un mes: porque brevemente expele todos los humores mal dispuestos, y aumenta los bien dispuestos. También restaura la potencia generativa si está perdida: pero, no obstante esto, es muy cierto que el hombre debe morir, porque esta medicina sólo se extiende su virtud a conservar la salud y, según su mayor perfección a alargar la vida incomparablemente más que todas las demás medicinas hasta ahora halladas.

Ya que se han dicho las causas finales de la Alchimia y los efectos que éstas producen, diremos también de sus dificultades, advirtiendo primero al lector que no imagine que esta análisis es inventada de mi cabeza, sino que es recopilada de la mayor parte de los autores alchímicos y filósofos más auténticos, cuya noticia he conseguido mediante la práctica y estudio que he tenido en este Arte —además del de la Philosophía, Leyes, Cánones, Dogmas, Moral, Mathemática y otras ciencias y artes que he cursado— por más de veinte años de tiempo, habiendo estado la mayor parte dellos en casi toda la Europa, donde he adquirido estas noticias con la práctica de diversas lenguas que he aprendido, y la amistad de hombres muy doctos y adelantados en la pericia de este Arte que he frecuentado. Y aunque los seis capítulos de este Tratado, en los que se prueba y evidencia la posibilidad del Arte Alchímico, son míos y efectos de las causas que dexo dichas, del largo y contínuo estudio, manipulación y experiencia, con todo eso, esta Analysis de la Alchimia no lo es más que en cuanto he recopilado su noticia que, dividida en fragmentos, se encuentra en los autores dispersa. Para que así unida sea más fácil al lector el tenerla y comprehenderla, y por ella pueda saber distinguir las materias y operaciones de este Arte, que, sin este requisito, es moralmente imposible. Y esto es tan cierto que yo me hubiera alegrado cuando comencé este estudio y práctica haber tenido las noticias que doy ahora a los principiantes, que creo me hubiera adelantado más en su pericia que lo que estoy hasta ahora. Pues solamente he adquirido la ciencia práctica de la operación filosófica hasta la cocción, donde al presente me hallo entre los escollos de la experiencia. Pero con esperanzas en Dios de que mediante los regulares y evidentes buenos principios y medios lograré el deseado fin.

El motivo de haber hecho la traducción de este Tratado de Philaletha ha sido que, como soy español y hijo de la patria, he querido dar al público brevemente la utilidad de la noticia de sus fundamentos para que muchos no gasten el tiempo, la salud, el dinero, el estudio y trabajo en balde. A cuyo fin haré presentes las muchas dificultades que tiene este Arte de la Alchimia, y requisitos indispensables que necesita cualquiera que quisiere emplearse en su estudio y práctica. Para que, noticioso de todo, si inadvertidamente quisiera profesarle, no se quexe de nadie sino solamente de sí mismo, pues sin las debidas premisas ha intentado lo que no debiera. Para esta precaución y que los codiciosos no sean tan fácilmente engañados de los impostores, como cada día se experienta, daré al fin de este capítulo algunos avisos desinteresados y provechosos a todos los que se ocupan o quisieren ocuparse en la Alchimia. Los que serán igualmente nacidos de mi estudio y experiencia.

Pero, volviendo a nuestro propósito de las dificultades que tiene igualmente, y aun mucho más, que las demás ciencias y artes la Alchimia, digo: Que, además de muchos obstáculos naturales que puede haber de parte de los sujetos que quisieren darse a este Arte, por sus enfermedades, genios, comprehensiones, pobreza y otros semejantes, hay otros muchos de parte del Arte que superar y vencer para que no se persuadan los que tuvieren noticia de este pequeño libro que solamente con su contenido podrán luego ponerse a hacer la obra filosófica, ni a manipular sus operaciones. Porque no obstante la diversidad específica de materias, de caminos, o vías, y de operaciones que hay, aunque éstas no fueran en el principio y medio tan varias, sino que fuera una la materia y la operación, no pudiera tan fácilmente saberlo, ni su método. Pues, siendo para indagarlo necesaria la lectura y estudio formal de los libros de los filósofos que tratan de este

Arte; luego se encuentra en ellos la dificultad que ofrece la variedad de nombres tan diversos y opuestos entre sí literalmente de que usan los filósofos: la diversidad de sus opiniones, las descripciones tan diferentes de la materia y de sus operaciones, de sus medios, de sus adminículos y circunstancias, que no dexarán de detener mucho tiempo al principiante para poder hallar su noticia con estudio y trabajo continuado: lo que es mucho más difícil, a vista de la variedad específica de vías, materias y operaciones que muestran los filósofos, que como adquiridas por diversos medios, diversamente las enseñan.

A lo referido se junta que este Arte no se escribe hablando con los propios y vulgares nombres de las cosas, ni tampoco —como en las demás ciencias y artes— con un sentido claro y explicación inteligible; sino con un estilo obscuro, ambiguo, enigmático, metafórico, parabólico, y muchas veces (aunque no en el sentido) con palabras deceptorias y cautelosas: mezclando las operaciones últimas con las primeras; las primeras con las últimas; y unas y otras con las intermedias. Anteponiendo lo que se había de posponer y diciendo después lo que se había de decir antes: muchas veces con sentido alegórico las cosas que sirven en la operación, como medios o instrumentos, escribiéndolas —a los poco cautos— como materia principal, la perfecta por la imperfecta. Con la que se debe comenzar, por aquella con que se debe acabar, y al contrario: la última operación, que es la cocción continuada por sus grados, explicándola como si fueran muchas operaciones, y confundiéndolas con las operaciones de la primera preparación. Porque unos dicen que se ha de separar la materia; otros, que se ha de tomar la mejor parte de ella; algunos aseguran con juramento que toda la materia se convierte en la última perfección del elixir.

Además de lo referido, se junta también la dificultad de que no todos los autores son verdaderos, porque aunque han escrito del modo de hacer la Piedra, muchos no la han ni practicado, ni visto; y, enseñando en lo aparente como filósofos, engañan aun a los más doctos con sus doctrinas. A menos que no sean muy expertos en los fundamentos práticos y especulativos de este Arte: todo lo cual unido a los demás inconvenientes es un abismo de dificultades en el cual se sepultará el más experto.

Por lo que (amigo lector) te hago saber que este Arte, arduo para la inteligencia y difícil para la execución, le han abandonado muchísimos por los inconvenientes dichos. Y aunque se han distinguido las partes de la Alchimia y, para su noticia y de la generación de los metales, operaciones de la naturaleza y posibilidad del Arte, se han juntado con el Tratado de Philaletha los capítulos que le preceden, y por ellos se da mucha luz de las materias, caminos y operaciones principales de la Alchimia, como por su Analysis, cuales no hallarás en el todo, pero ni en parte, que en muy pocos autores; con todo eso, te advierto con ánimo sincero de que antes de entrar en este Arte consideres también la dificultad que hay de que —aunque tengas y poseas cualquiera de las materias (que, como queda dicho, son genéricamente una pero específicamente diversas) aptas para la obra— el saber el modo como se ha de proceder con ella (como dicen los filósofos) *éste es el trabajo de esta obra;* éste es aquel nudo Gordiano que no se desata sino con la fuerte espada de Alexandro; y éste es el trabajo hercúleo, o de Hércules, y el que sólo con sus fuerzas y constancia —esto es, solamente con un ánimo constante en el estudio, en la especulación y práctica del principiante y experto aficionado— se puede vencer: el cual debe de ser tan asiduo para superarlo que muchos, estando en el verdadero camino y con apta materia, del enfado de no haber podido con facilidad conseguir su noticia con la experiencia, dexaron la operación imperfecta y, de ello impacientes abandonaron este Arte después de muchos gastos de tiempo y dinero y, de esto picados, escribieron públicamente contra la Alchimia, graduándola con sus opiniones de incierta, deceptora y fabulosa, con aquel proverbio que comúnmente, para inepta definición de la Alchimia, se dice en Latín: *Quod sit Ars sine Arte; cuius principium, mentiri; medium, laborare; et finis, mendicare:* lo que quiere decir, describiendo satíricamente la Alchimia por su ser, principio, medio y fin, que *es un Arte sin Arte, cuyo principio es mentir; su medio, el trabajar; y su fin, el mendigar:* procurando con semejantes definiciones desacreditar un Arte que, por lo ingenioso y provechoso de sus efectos, debe ser más noblemente estimado que todos los demás.

Y así, principiante estudiante, antes de poner mano en cosa alguna, considera bien todo que te advierto de inconvenientes y dificultades; y también los medios que te propongo para superarlas, pues son los únicos que me parecen más proporcionados, y consisten en lo siguiente.

Para vencer todos estos obstáculos en parte, además de la aptitud natural, de la inteligencia, la aplicación, la constancia, el estudio y la experiencia, son necesarias tres cosas: tiempo, salud y dinero. Tiempo, porque sin él no se puede hacer ni alcanzar cosa alguna, como porque es preciso su mayor parte emplearla sin estorbos de otras preocupaciones en este Arte. La salud es también muy necesaria, porque quien no la goza enteramente, ni puede con asiduidad aplicarse el estudio contínuo, ni menos soportar el andar continuamente junto al fuego, como se necesita para execución de las manipulaciones. El dinero, que es el nervio principal de todas las cosas, lo es también de ésta; porque mal podrá gastar en filosofar quien no tiene dinero para comer: además, que faltando éste como lo más necesario, ni hay gusto ni quietud en el ánimo para dedicarlo a cosa alguna más que al pronto anhelo que la precisión diaria causa, para la manutención propia y de la familia de cada uno.

Supuestas estas tres cosas, si el principiante aficionado hubiere estudiado la Filosofía Aristotélica será lo mejor; pero si no, con haber pasado las súmulas será bastante para entender los autores, que los más escriben en Latín como lengua más común; porque con los principios de la Dialéctica que sepa podrá formar artificialmente las illaciones de las cosas, sacando por el conocimiento de las causas el de sus efectos; y asimismo por los efectos juzgar la capacidad, aptitud y vigor de las causas: de manera que procure siempre indagar las razones, los motivos y los modos por los que naturaleza hace sus operaciones, y lo mismo debe hacer en las del Arte; para que con este conocimiento pueda discursivamente adelantar la noticia del modo de operar de la naturaleza y del Arte.

Procurará después adquirir los autores más clásicos, auténticos y verdaderos, que tratan de este Arte: como *Arnoldo de Villanova, Alberto Magno, Basilio Valentino, Geber, el Conde Trevisano, Raymundo Lullio, Helmoncio, Ripleo, Artephio, Flamello, Sendivogio,* y otros autores clásicos; y también los tratados que se encuentran en *el Museo Hermético,* en cuyo estudio y lectura, con atención y consideración, continuará, teniendo siempre muy en la memoria todo el contenido de este libro, en cuyos primeros seis capítulos —la Analysis de la Alchimia—, unida a la más clara explicación y doctrina que hasta ahora ha salido al público de nuestro Philaletha; tendrá en todo esto casi la llave maestra para abrir muchas dificultades; entender sucesivamente el estilo y modo de explicarse de cada autor; qué vía o camino fue la que poseyó; qué parte de los materiales y de las operaciones explica más o oculta menos; para advertir en los demás, si halla de ellos noticia más positiva y clara, anotando en un cuadernito los lugares que conozca convienen unos con otros sobre un mismo asunto, para tenerlos presentes cuando se le ofrezca hacer memoria de ellos; cotejarlos con otros que de nuevo hallare, y poder discurrir lo que por ello se debe entender, o lo que quisieron decir los autores; observando las materias sobre que citan a otros, para que de esta suerte del modo de decir de uno halle la explicación en otro; y con un libro adquiera la inteligencia de otro: y al mismo tiempo, con personas de algún modo en este Arte inteligentes, conversando, confiriendo y dificultando, que —como en todas las ciencias— sutiliza y agiliza las potencias, adquirirá el conocimiento de muchas nuevas especies y recapacitará e imprimirá en la memoria las antecedentes: con cuyo exercicio logrará para la práctica las noticias más adecuadas que mediante la luz de este pequeño volumen, puede con poca dificultad (si fuere ingenioso) conseguirlas: *pues sin vanidad puedo asegurar que, si considedare bien con discursivas y repetidas lecciones su contenido, adelantará teórica y prácticamente más en un mes que sin su noticia pudiera aprender de los demás libros en diez años;*

y creo que a quien le pareciese hyperbólico lo que digo, le desengañará la experiencia.

En el tiempo que se ocupará el ingenioso aficionado en adquirir la noticia teórica y elemental de sus fundamentos, se exercitará en la manipulación de los prácticos, para que por sus grados la adquiera igualmente como la especulativa: de esto le dará luz el *Curso Chimico de Lemery*, que habiéndole perlustrado con atención y entendido, comenzará a manipular sus operaciones espargíricas y médicas que trata con toda claridad: para esto se valdrá de alguno de los expertos boticarios que hay en esta Corte, que le disponga los hornillos, vasos e instrumentos que para la manipulación necesita. Pues, aunque en el libro de Lemery están delineados, si no tuviere experiencia, no le será fácil el mandarlos hacer a propósito para lo que deben servir. Y, aunque es cierto que no necesita de tantos como allí se demuestran, quien no quiere hacer totalmente profesión de la espargírica sino meramente adquirir alguna práctica, con todo esto, deberá tener horno de viento para fundir, además del de fuelles; de reverbero mayor, de sublimar, de distilar, de digerir y evaporar y de calcinar: Deberá tener también vasos, alambiques, retuertas, matrazes, embudos, evaporatorios, phiolas y recipientes de vidrio de diferentes magnitudes; retuertas, crisoles y vasos de barro. De cobre, tendrá baño de vapor, de refrigerio y de maría. Los instrumentos de hierro son muelles, urgonero, gancho para sacar la ceniza, tenazas de vaciar, rillera, y pala para echar el carbón en los hornillos. De metal tendrá un almirez y un crisol para vaciar los régulos. Cedazos de cerda y de seda, y otras menudencias que sólo se ofrecen a la memoria cuando hacen falta para manipular con más facilidad.

Dispuestos los hornos, vasos e instrumentos como queda dicho, comenzará el principiante a manipular, según el orden que lleva Lemery, por el oro y demás metales, para saber el modo de sus depuraciones y separaciones unos de otros; cómo se subliman y volatilizan algunos, se reducen en polvos, en licor, y en otras formas. Después pasará a los medios minerales, haciendo de algunos la anatomía de sus principios, sacando sus flegmas, espíritus, sales y aceites, y separando cada cosa de por sí; lo que executará igualmente con los vegetables y animales, de manera que experimente el diferente modo que hay de proceder en la separación de sus principios, purificación de ellos, de sus sales volátiles y fixas en todos los tres reinos Animal, Vegetable y Mineral; y con estas manipulaciones sepa y entienda prácticamente la significación de las voces y términos que más generalmente se usan en la Chímica y Alchimia, como son coagular, digerir, disolver, sublimar, distilar, fixar, volatilizar, alcoholizar, cohobar, y otros muchos cuya noticia teórica trae Lemery en en capítulo sexto de su Curso Chímico, donde explica los términos de este Arte; para que, enterado de todo el principiante aficionado, por esta práctica pueda con la lectura y el estudio hacerse ágil en el modo de manipular, de administrar el fuego, de graduarle y gobernarle, indagando con los experimentos las fuerzas ocultas de la naturaleza, y con las que el Arte la ayuda para mayor exaltación de sus virtudes, purificación de sus impuridades y separación de sus heterogeneidades, entera y perfectamente.

Habiendo ya adquirido la teórica y práctica de la Chímica o Spargírica, y con la lectura de los filósofos, las noticias, para deliberar la execución de las operaciones de la Alchimia, primero deberá el aficionado estudiante determinar qué vía o camino quiere seguir en este Arte, si el húmedo o el seco. Y de éstos, la especie que le pareciere más de su genio, o de la que tuviere más conocimiento y noticia. Ya sea en la vía húmeda, cualquiera de sus tres especies como la universalísima, la universal y menos universal; ya en la vía seca universal, con el mercurio simple, como dice Geber y otros, o con el duplicado, como enseña nuestro *Philaletha, Sendivogio, Artefio, Flamello, Rogerio Baco, Raymundo Lullio,* el *Rosario Magno de Arnoldo de Villanova,* el *Clamor de la Voccina,* el *Rosario Menor, Ricardo Inglés, Calid Rey, Avicena,* el *Conde Bernardo Trevisano, Ripleo,* la *Turba de los Philosophos* y otros muchos. O con la particular. Y de aquella vía o camino que intentare seguir, deberá separar a todos los autores que tratan de ella para solamente leer éstos con frecuencia; y cuando en ellos no podrá hallar lo que desea consultará los demás para poder indagarlo. En este tiempo no omitirá conferenciar con personas expertas y que tengan alguna noticia y práctica fundamental de los Dogmas y principios de este Arte, aunque no sean consumados o perfectos Maestros en él, como son los Adeptos; porque son pocos los que hay en el mundo, y menos los que se pueden conocer por tales. Y de este modo, con la continuación, paciencia, trabajo, estudio, constancia y favor de Dios, que implorará, sirviéndole y amándole, y también al próximo como a sí mismo; para lo cual pedirá su santo auxilio con repetidas súplicas y oraciones, deseando poseer este Arte para su santo servicio, y beneficio de sus criaturas; podrá conseguirlo. Y por ello repetir infinitas gracias al Divino Dador, Unico e Omnipotente, que en Trinidad de Personas, Padre, Hijo y Espíritu Santo, reina y reinará por los siglos de los siglos.

MORALEJA

Ya hemos dicho que los almanakes del Gran Piscator de Salamanca eran unos útiles compendios de meteorología, medicina barata (preventiva, fundamentalmente), y de filosofía moral estoica. Todo ello cementado con la matemática de los astros, que no era mala metodología.

A menudo se ha dicho que Torres fue el apóstol de la más negra superstición y fanatismo. Cualquiera que tenga en el entendimiento ojos y no legañas se apercibirá en seguida de que eso no es más que una patraña de bobos para engañar a bobos.

El mensaje de Torres, esto es, el núcleo de su problemática como escritor, es moral. El sujeto de esta Moral es el «pequeño mundo» del hombre. Y esta concepción del hombre como microcosmos, que supone una relación con el universo fundada en la analogía, determina un ámbito moral extraordinariamente amplio, cósmico a su vez. Cuando Torres aborda cualquier aspecto del pensamiento (matemáticas, medicina, filosofía natural, astrología, agricultura, alquimia, etc.) adopta un criterio de *verdad* que no es meramente intelectual, sino más bien *moral*. ¿Por qué? ¿Por puro reaccionarismo científico? No lo creamos. De hecho, admite plenamente la *verdad intelectual*, y tan exigente se muestra a este respecto que sólo respeta aquellas ciencias que pueden llamarse exactas, por basarse sus demostraciones en el rigor de las matemáticas. Por lo demás, sus criterios científicos son empíricos, baconianos y profundamente burlones frente a todo *sistema* teórico, sea antiguo o moderno.

El hecho de que explique la máquina del Mundo por el *Almagesto* de Ptolomeo no nos parece una objeción digna de tener en cuenta, ya que es algo perfectamente congruente con el nivel científico dominante en la época, y ya hemos dicho que no nos interesan las ideas científicas de Torres con el fin de situarlas *a posteriori* y juzgar si fue a favor o en contra, de la pretendida corriente ascendente del Progreso.

El escepticismo de Torres frente a todo sistematismo teórico tiene también —como veremos— una raíz moral; pero, desde el punto de vista científico, no es más que un ejemplo de ese eclecticismo radical que dominaba toda aquella época de transición entre ciencia antigua y ciencia moderna. Podemos llamar a Feijoo *novator*, si nos place, pero no «moderno» en sentido estricto. Del mismo modo, Torres tampoco es estrictamente un «antiguo»: en muchos aspectos puede ser considerado incluso un verdadero *novator* (sin negar, por otra parte, la impronta *restauradora* —que ha señalado Sebold—, que, como toda actitud restauradora, no deja de estar motivada por una sensibilidad y una intención perfectamente nuevas).

En todo caso, uno y otro se mueven en un ambiente científico de transición en el que coexisten mezclados los dos sistemas (o «modos de producción científica»), de tal modo que las posturas más «avanzadas» son básicamente eclécticas. En la mayor parte de las ocasiones, las ideas que se discuten con más furor no son las de la ciencia moderna del XVII (que, en estos años, no ha hecho más que iniciar su penetración en España), sino las del siglo XVI, es decir, la ciencia renacentista.

Pero todo esto no nos importa sino tangencialmente. Hemos afirmado antes que su criterio de verdad no es sólo intelectual, sino básicamente moral. Aquí estamos también ante un fenómeno histórico de transición entre dos tipos de problemática diferentes. Por un lado, esta predominancia moralista sobre las cuestiones intelectuales es heredera de la cosmovisión barroca. Por otro, refleja convicciones características de la Ilustración. Y a veces va mucho más allá. Vamos a intentar explicarlo.

Se ha subrayado muchísimas veces el carácter tradicional de la formación literaria de Torres Villarroel, su fervorosa admiración por los escritores españoles del siglo XVII y, especialmente, por Quevedo. Todo ello se refleja fielmente en todos sus escritos, en su estilo, y, por si hubiera todavía alguna duda, nos lo repite él mismo en todos los escritos autobiográficos en que habla de su formación intelectual. En el maravilloso viaje crítico por los estantes de la biblioteca del Ermitaño —que es un episodio de innegable sabor cervantino— queda explícito de forma tan tangible y documentada que estoy seguro de que todo aplicado exégeta de don Diego de Torres ha llorado de emoción al leerlo por primera vez.

Dentro, pues, de su formación literaria de ascendencia barroca, puede entenderse su ascetismo moral, que, naturalmente, tiene una justificación última de carácter teológico.

Veamos ahora la segunda parte de la cuestión o, si se quiere, la segunda cara de este géminis perfecto que era don Diego. Seguramente, el lector poco atento ha pensado ya para su capote: «¿Qué tontería es esa de acomodar al farsante Piscator entre el preclaro cortejo de adeptos de las Luces? ¿Qué cuernos tiene que ver ese payaso embaucador con la radiante geometría de la Razón Ilustrada?»

Yo respondo que no sólo tiene mucho que ver, sino que, a fin de cuentas, va mucho más allá de la propia Ilustración. La filosofía de las Luces parte de la consideración de los hombres como iguales potencialmente, siendo tan sólo la ignorancia el único factor de desigualdad entre ellos y de infelicidad. Basta, por tanto, difundir las luces de la Razón, iluminar, ilustrar, extender estas luminarias a todos los hombres, para que cada uno sea consciente de sus verdaderos intereses y, dando por supuesto que estos intereses (debido a la naturaleza esencialmente idéntica de todos los hombres) son compartidos necesariamente —en tanto que adecuados a la Razón universal— por toda la Humanidad, alcanzar así la general armonía y felicidad, suma de las individuales.

El punto de contacto de Torres con esta mentalidad que llamamos ilustrada, se halla en el común carácter catártico y salvífico que atribuyen a la pedagogía [54].

---

[54] Ya se han señalado multitud de veces los concretos fundamentos económicos y socio-políticos que hicieron posible y estructuralmente necesaria esta filosofía, como instrumento que utilizaron las monarquías absolutas para sobrevivir a la crisis de la sociedad estamental; el papel fundamental de la mentalidad optimista de la naciente clase burguesa, etc. No desarrollamos aquí estos aspectos básicos porque los damos por supuestos. Pueden verse excelentemente tratados en el ya clásico libro de

Nuestro astrólogo es un divulgador incansable de los temas más diversos (incluida la tauromaquia). Ahora bien, toda actividad divulgadora está esencialmente encaminada a la manipulación del público al que va dirigida.

El mensaje moralizador de los ilustrados de Carlos III fue la potenciación de las ideas de utilidad, provecho y eficacia materiales como vías para conseguir la «felicidad»: esta felicidad no era más que el aumento de la riqueza económica de la Nación; y, dado que ésta era la suma de los individuos, al aumentar aquélla aumentaba la de los «sumandos». La moral abstracta de los ilustrados —sometida a test psicotécnico— prefería «razón-producción» a «voluntad-consumo». Y es que su entronización de la Razón no era más que la racionalización del Trono.

La moral de Torres, sin embargo, es *concreta*, porque no se justifica por la Razón, sino por la voluntad. No se trata de hacer que «el Hombre» alcance «la Felicidad», para lo cual se hace precisa una acción «iluminadora» desde arriba, desde la Razón y el Poder absolutos. El «hombre» de Torres no es un ente de razón, sino un verdadero *sujeto* concreto, físico: su felicidad no es cuantificable, sino sensible, experimentable; y —como nacida de su «razón subjetiva», esto es, de su *voluntad*— no puede llegarle de fuera, no puede serle otorgada desde el exterior, sino que, necesariamente, la adquiere por sí mismo, y no se la debe a nadie.

En este sentido, el carácter «baconiano» del Yo torresiano —que ha puesto de relieve Russell P. Se-

---

RICHARD HERR *España y la Revolución del siglo XVIII*, Aguilar, Madrid, 1964, y en los trabajos de M. ARTOLA, A. ELORZA, G. ANES, etcétera.

bold más de una vez— se impone como categoría fundamental para entender la intención y el alcance de su obra. Si el propio Sebold no resiste la tentación de comparar a Torres con Benjamín Franklin; y Guy Mercadier —como vimos antes— se acuerda de J.-J. Rousseau al comentar el texto expurgado de la *Vida natural y católica*, es, evidentemente, porque, detrás de su mundo ptolemaico, su estética formalmente barroca, su religiosidad ascética, sus ideas astrológicas, iatroquímicas, etc., detrás de todo ello, late una problemática ideológica tan sorprendentemente nueva —digamos: «burguesa»— que uno no encuentra un marco de referencia adecuado en aquellos primeros años del siglo XVIII, sino mucho más tarde.

Torres es uno de los primeros intelectuales españoles de quien pueda decirse que vivió con holgura de sus escritos (y no es que después de él hayan precisamente abundado, ni mucho menos). Su caso es especialmente notable en cuanto que la comunicación directa que mantenía con un público muy amplio (que, entre otras cosas, compraba cada año al menos una obra suya), sin la servidumbre de tener que depender de la censura ni de las alabanzas de círculos minoritarios, le permitía una autonomía profesional nada común: y no sólo como escritor, sino también como catedrático. Tan sólida era su posición —y de ello se enorgullece en muchísimos pasajes de sus obras— que, aparte las numerosas reediciones de muchas de éstas, le fue posible reunir todas ellas en catorce tomos de «obras completas», que aparecieron en 1752 y que fueron financiados por suscripción pública, inaugurando así un sistema de venta que había de tener fortuna bastantes años después. La lista de suscriptores, que se publica ostentosamente en el primer tomo, y que está encabezada por el propio Rey, figurando en ella gran cantidad de personajes ilustres, como, por ejemplo, el marqués de la Ensenada, da una idea bastante clara de la gran aceptación de este verdadero «escritor de moda».

Podemos decir que Torres fue «escritor profesional» en una época en la que éstos todavía no habían sido *inventados*. Por otro lado, su actividad académica le incluía en un estrato social de rígidas características: también aquí surgía el conflicto, ya que él, ni era suficientemente serio y adusto como para ser aceptado en el gremio de los doctos, ni su actividad astrológica contribuía tampoco demasiado a mantener el prestigio social debido a la profesión.

Toda su moral individualista y sus concepciones ascéticas se reflejarán, pues, en este conflicto con la sociedad de su tiempo. ¿Quiénes son sus enemigos? ¿Contra quiénes lucha?

Veamos. Diego de Torres es un burgués que «ha llegado» «por su propio esfuerzo», que se ha abierto camino en un tipo de sociedad rígidamente inmovilista. Como para todo el mundo, para él, sus enemigos particulares son *los* enemigos del Hombre. Su mentalidad «proto-liberal» no está todavía sensibilizada (porque carece del adecuado contexto social y porque sus materiales ideológicos son formalmente antiguos) para llegar a conclusiones políticas acerca de la sociedad estamental. Su crítica no se basa en una concepción política o social de la libertad, sino moral y antropocéntrica. El método es el escepticismo y la ascesis personal. Los fines del hombre son cosa del hombre concreto; sus decisiones nacen de su voluntad y nadie puede tomarlas en su lugar. Así, vimos que las furibundas críticas contra los médicos ofrecen siempre una *alternativa*, que es metodológicamente «ilustrada» (en tanto que se basa en la pedagogía: difundir los conocimientos, las recetas, los remedios) pero «libertaria» en su justificación final (que cada uno sea el médico de sí mismo). El corolario, por supuesto, es la desaparición de los médicos, como grupo parásito cuyo carácter de sacerdotes, de intermediarios en un asunto que es personal e intransferible por definición, se considera nocivo y superfluo.

Y muy semejante es su posición frente a otro «aparato» institucional que le toca muy de cerca: el de la cultura. Torres es fundamentalmente un hombre de libros: hijo de libreros y padre de libros. Como tal, asume plena y conscientemente su papel cultural y académico. Ahora bien; ha tenido diversas dificultades para acomodarse en este papel. En más de un sentido, es un advenedizo. Por ello, no puede dejar de percibir críticamente todas las contradicciones y miserias inherentes no tanto a la actividad científica o literaria en abstracto, como a sus concreciones institucionales. Y ve a éstas como tales algunas veces, pero muchas otras no, sino como consecuencias directas de la naturaleza humana —incluso de la suya propia. De ahí que sus críticas siempre corrosivas y lúcidas se resuelvan con la mayor frecuencia en el esperpento, en el humor estoico y quevedesco, que nace de una actitud desengañada frente al mundo y frente-al propio yo, tratando desesperadamente de salvar este último a base de dejarlo en los cueros del ascetismo.

En suma, Torres es ante todo moralista (como Quevedo). Su actitud frente a la Medicina tiene el mismo valor que las críticas contra el sistema académico y, en general, contra la función de dominio a que acceden los «expertos» de cualquier clase mediante la sacralización de su labor y de sus conocimientos.

En este sentido, los dos tratados sobre Alquimia que aquí editamos son, a nuestro juicio, el ejemplo más acabado, en la obra de Torres, de rigurosa desmitificación de la respetabilidad objetiva de la «Ciencia» (mito apoyado contundentemente en el indisoluble maridaje de ésta con el Poder). Y, en el caso del segundo tratado —el de la Piedra— no hay tampoco que olvidar que es una excelente guía de viaje por los alambicados vericuetos de las «retortas» filosofales.

Que no es moco de pavo.